VIDAS AMEAÇADAS

Dados Internacionais de Catalogação na Publicação (CIP)
(Câmara Brasileira do Livro, SP, Brasil)

Arroyo, Miguel G.
  Vidas ameaçadas : exigências-respostas éticas da educação e da docência / Miguel G. Arroyo. – Petrópolis, RJ : Vozes, 2019.

  Bibliografia.

  2ª reimpressão, 2021.

  ISBN 978-85-326-6299-6

  1. Educação – Aspectos sociais 2. Educação de Jovens e Adultos 3. Educação pública 4. Ética 5. Pedagogia 6. Políticas educacionais 7. Professores – Educação I. Título.

19-29432   CDD-370.114

Índices para catálogo sistemático:
1. Éticas da educação e da docência   370.114

Cibele Maria Dias – Bibliotecária – CRB-8/9427

Miguel G. Arroyo

VIDAS AMEAÇADAS

Exigências-respostas Éticas da Educação e da Docência

Petrópolis

© 2019, Editora Vozes Ltda.
Rua Frei Luís, 100
25689-900 Petrópolis, RJ
www.vozes.com.br
Brasil

Todos os direitos reservados. Nenhuma parte desta obra poderá ser reproduzida ou transmitida por qualquer forma e/ou quaisquer meios (eletrônico ou mecânico, incluindo fotocópia e gravação) ou arquivada em qualquer sistema ou banco de dados sem permissão escrita da editora.

CONSELHO EDITORIAL

Diretor
Gilberto Gonçalves Garcia

Editores
Aline dos Santos Carneiro
Edrian Josué Pasini
Marilac Loraine Oleniki
Welder Lancieri Marchini

Conselheiros
Francisco Morás
Ludovico Garmus
Teobaldo Heidemann
Volney J. Berkenbrock

Secretário executivo
Leonardo A.R.T. dos Santos

Editoração: Fernando Sergio Olivetti da Rocha
Diagramação: Raquel Nascimento
Revisão gráfica: Nilton Braz da Rocha
Capa: Claudio Arroyo
Ilustração de capa: **1ª capa**: Grupo Matizes Dumont, Pirapora, MG.
4ª capa: Antonio Angelo Garcia Higino Pires

ISBN 978-85-326-6299-6

Editado conforme o novo acordo ortográfico.

Este livro foi composto e impresso pela Editora Vozes Ltda.

A André e Vicente, netos crianças, e a tantas crianças que nos lembram com Guimarães Rosa: "Um menino nasceu, o mundo tornou a começar!" Um apelo ético de construir-nos outro mundo novo que lhes garanta o direito a uma vida justa. Humana.

SUMÁRIO

De imagens quebradas a vidas ameaçadas – Apresentação, 9

Parte I – Que vidas ameaçadas?, 25

1 Educação pública ameaçada. Seus docentes-educadores ameaçados. Por quê?, 27

2 Vidas ameaçadas? De quem?, 33

3 Que vidas mais ameaçadas, de que coletivos sociais?, 45

4 Coletivos criminalizados por lutar por políticas afirmativas das diferenças, 59

Parte II – Que ameaças? De quem? Por quê?, 75

1 Crianças que sabem-se ameaçadas e por quem, 77

2 Ameaçar vidas ameaça o direito à vida, 81

3 Vidas não vivíveis porque não reconhecidas vidas de humanos, 89

4 Vidas não protegidas para a segurança de outras vidas que exigem proteção, 100

5 A pobreza ameaça vidas, 106

Parte III – Que exigências-respostas éticas, 119

1 Violência moral ameaçadora de vidas, 121

2 O drama ético chega às escolas, à EJA. Outra ética docente-educadora?, 128

3 O valor da vida em crise: que exigências éticas por recuperar o valor da vida?, 135

4 Afirmar, defender o valor da vida humana, 144

5 As mães "órfãs" de filhos que o Estado levou, 152

6 Aprender das mães a ética de proteger as vidas ameaçadas dos filhos, 155

7 Corpos precarizados que interpelam nossa ética profissional, 162

8 A função *ética* da Pedagogia: reconhecer que toda vida merece ser vivida, 175

9 Tempos de um anti-humanismo político, ético, pedagógico?, 188

10 Reafirmar identidades afirmativas da educação, dos educandos--educadores, 205

11 Vida precária, vida passível de luto, 216

12 Tomar partido em defesa do direito a vidas humanas, 222

13 Por que exigências-respostas éticas da educação, da docência?, 231

14 Vidas ameaçadas que exigem justiça e ética, 240

Referências, 251

DE IMAGENS QUEBRADAS A VIDAS AMEAÇADAS

Apresentação

Aprendamos com as mães resistentes: "Não irão nos calar". "Enquanto viver, luto!" "Queremos justiça". A resistência tende a crescer como um modo de produção de um novo sentido da existência social, um novo sentido da vida... porque o que está em jogo agora não é apenas sua pobreza como uma persistente experiência, mas o que está em jogo é nada menos do que sua própria sobrevivência.

"A defesa da vida humana e das condições de vida se vão construindo no novo sentido das lutas de resistência de uma maioria da população mundial... Esse novo horizonte de sentido histórico – a defesa de condições da própria vida e dos outros – inspira as lutas e práticas sociais alternativas por uma existência social possível..."

Quijano (2014, p. 856).

"Fui ficando só sem cuidados. Todos que nos cuidavam tomaram outros rumos e, com eles, foi o carinho que eu vivia. De novo voltam a preocupar-se comigo não por cuidados, mas por medo. Porque me tornei um incômodo."

Fernando Pessoa

Comecemos por uma interrogação: por que trazer a docência, a educação, o pensamento pedagógico, a formação para deixar-nos interrogar por vidas ameaçadas? Parto de uma constatação: os educadores, docentes, gestores das escolas públicas, sobretudo, da EJA, das universidades sabem-se interrogados por essas vidas com que trabalham. Interrogados para entendê-los. Para entenderem-se como docentes-educadores.

Há um dado interrogante e alentador: aumentam encontros, congressos de docentes-educadores, gestores das Redes municipais, estaduais, sobretudo públicas. Nesses encontros, as questões centrais: que educação, que docência em tempos de conflitos, em tempos de ataques à educação. Sobretudo, em tempo de ataques aos jovens, adolescentes, crianças que chegam às escolas em vidas ameaçadas, em um sobreviver precarizado. Interrogações que vêm crescendo nas últimas décadas e se radicalizaram no presente. Que interrogações, que mal-estar docente-educador vivido nas escolas, na EJA? Que respostas a essas interrogações vêm dos coletivos de educadores?

Uma constatação perpassa as análises: as interrogações mais radicais vividas pelos docentes-educadores vêm do precário viver-sobreviver dos educandos, do saberem-se em vidas ameaçadas. Parto de uma constatação: essas interrogações e respostas e as vidas precarizadas-ameaçadas dos educandos que as provocam têm uma história. Vêm de longe, interrogando as identidades educadoras, o pensamento pedagógico, a história da educação. Não são novas, mas vêm se tornando mais radicais, sobretudo nas escolas públicas, aonde chegam as infâncias, adolescências oprimidas. O que há de novo? O viver dos oprimidos se tornou um mais in-humano, injusto sobreviver, provocando as lutas por escola, por educação, tornando as interrogações éticas mais desestruturantes. Exigindo respostas mais radicais da educação e da docência.

No livro *Imagens quebradas* (2004), constatava que há apreensão nas escolas, e não apenas com salários, carreira, condições de trabalho. Há apreensão diante dos educandos. É deles que vêm as tensões mais preocupantes vivenciadas pelos docentes-educadores-gestores das escolas, sobretudo públicas. Os Outros educandos que desde a década de 1980 chegaram às escolas estariam colocando a seus mestres que novas indagações? Estariam provocando um mal-estar fecundo? Trazendo novas interrogações às identidades docentes-educadoras?

Com a quase universalização da educação básica: média, fundamental e até infantil os docentes-educadores tomaram consciência de que os educandos são Outros, as imagens de infância flor, primavera, espelho, esperança, anúncio de um viver sorrindo, a cantar... mudaram. *Imagens quebradas* de infâncias a quebrar imagens dos mestres, não mais jardineiros, fiéis a conduzir essas infâncias a sorrir e cantar em um futuro promissor.

Na epígrafe, Fernando Pessoa lembra-nos de que essas imagens quebradas desde infâncias não era algo novo: "A criança que fui chora na estrada... Quero ir buscar quem fui, onde ficou. Quero poder imaginar a vida como ela nunca foi..." As imagens românticas da infância quebradas: imagens de infância que nunca foi, sobretudo de infâncias que choram nas vilas, favelas de fome, pobreza, de vidas, corpos precarizados.

São essas infâncias Outras que chegam por milhões nas escolas públicas, mostrando suas imagens quebradas, obrigando os docentes-educadores a serem Outros. Quando os educandos são Outros, as educadoras, educadores obrigados a serem Outros. As interrogações mais radicais sobre quem somos, qual o nosso *Ofício de mestre* (ARROYO, 2000) chegam-nos da realidade dos Outros educandos, de seu viver-sobreviver. O ofício de educar é um dos ofícios mais perenes da formação da espécie humana. Um ofício tenso diante de processos tão brutais de desumanização.

Como humanizar as infâncias-adolescências que a sociedade desumaniza? É a pergunta para o ofício de mestres que Paulo Freire (1987) colocou com tanto destaque: como humanizar oprimidos roubados em suas humanidades? No texto comemorativo dos 50 anos da *Pedagogia do oprimido – Paulo Freire: outro paradigma pedagógico?* (ARROYO, 2019), colocava-me estarmos em tempos de requintadas opressões do Estado: jovens, adolescentes, militantes sabem-se ameaçados das violências de Estado. Uma radicalização política da opressão. Novos tempos ainda mais radicais: as velhas-novas formas de opressão, de roubar humanidades se radicalizaram em processos de exceção, de extermínio social, de classe, racial, de milhares de jovens-adolescentes--crianças, militantes, negros, mulheres como Marielle. Nova radicalidade da opressão que chega às escolas redefinindo o ofício de mestres.

De corpos precarizados a corpos ameaçados?

No texto *Corpos precarizados que interrogam nossa ética profissional* (ARROYO, 2012a), observava que nas escolas públicas não há como ignorar os corpos precarizados que chegam marcados pela fome, pelos sofrimentos, pelas múltiplas violências e doenças. Corpos crianças-adolescências nas escolas, jovens-adultos na EJA condenados a vidas precarizadas. Desses corpos precarizados vêm apelos para rever valores sociais, políticos e pedagógicos. Lembrava que educadoras-educadores se perguntavam como as vítimas se veem em corpos precarizados, como esperam reconhecimento. Destacava como seus educadores-docentes se deixavam interrogar diante desses corpos precarizados. Na formação faltou uma pedagogia dos corpos priorizando didáticas de cultivar os espíritos.

A presença de milhões de educandos vivendo em corpos precarizados, obrigando a reinventar outras pedagogias dos corpos. Como entender, acompanhar educandos em exercícios tensos de ser crianças em corpos tão precarizados? Como ver humanidade em vidas e corpos precarizados? Com que pedagogias garantir aos sujeitos desses corpos precarizados seu direito a saberem-se precarizados no sobreviver? Que estruturas os condenam a esses corpos-vidas precarizados? Como fortalecer suas resistências como coletivos em lutas por vida justa, humana? Nos coletivos de docentes-educadores vinham avanços por reconhecer as indagações que vinham desses corpos precarizados e por responder com ética, política, pedagógica. Outra ética gestora, pedagógica, que escute o apelo ético que vem das infâncias-adolescências em corpos precarizados.

Os corpos que nestes tempos políticos chegam às escolas, à EJA chegam mais do que precarizados; chegam ameaçados, decretados ameaçadores de vidas extermináveis. Corpos que não merecem viver vidas ameaçadas. Sabem-se ameaçados de viver não viver. Viver nas vilas, favelas, morros sob intervenção, em persistentes ações policiais, ameaçados, com medo, vendo as mães chorando filhos exterminados... é muito mais radical como vivência humana do que as tradicionais vivências de vidas em corpos precarizados. Os docentes-educadores tomam consciência da radicalidade de educar, ensinar, acompanhar, humanizar corpos ameaçados de infâncias, adolescências, jovens-adultos. As exigências éticas radicalizadas diante de corpos-vidas ameaçados, criminalizados pelo Estado, pela Justiça.

Quijano (2010) lembra-nos que no corpo se reflete a exploração, a fome, a pobreza, mas vai além: "É o corpo implicado no castigo, na repressão, nas torturas e nos massacres durante as lutas contra os exploradores... Nas relações de gênero trata-se do 'corpo'. Na raça, a referência é ao 'corpo'; a 'cor' pressupõe o 'corpo'"... Que exigências éticas radicais vêm dessa política de não segregar apenas corpos precarizados, mas ameaçar corpos-vidas como crimináveis-extermináveis? Questões que apelam à ética docente-educadora.

Não há como ignorar, não ver os corpos dos educandos sejam crianças ou adultos como corpos oprimidos, ameaçados. As teorias pedagógicas sempre os olharam. Como? Irrequietos, indisciplinados, violentos a serem submetidos à razão, ao controle, à moralização, aos processos de ensino, aprendizagem. Corpos olhados, avaliados sob a racionalidade, moralidade do paradigma único, racional de aprendizagem e de formação. Corpos sob o olhar pedagógico, moral, religioso, regulador, disciplinador. As normas disciplinares sobre pontualidade, ordem, estudo, para-casas, silêncios, posturas... tinham como destinatários, sobretudo, os corpos dos educandos pensados sem moralidade.

As pedagogias dos corpos para controlar os instintos de agressão, de disciplina ou indisciplina, revelando as subjetividades e até as marcas coletivas do gênero, raça, classe. Corpos que se revelam nas ruas, sobrevivendo, trabalhando, temidos, reprimidos. Corpos que se revelam nas escolas, nas salas de aula, nos recreios, onde têm um lugar singular, mais temidos do que ouvidos, compreendidos. Essa tendência a ver os corpos pobres, negros como incômodo, ameaça à disciplina requerida pelas didáticas de ensinar, aprender tem levado a não ser reconhecidos como corpos de sofrimentos, de opressão, de vidas ameaçadas, de sobreviver, mal-viver, não viver. Dimensões do humano que os corpos revelam não percebidas quando os corpos são ignorados ou disciplinados como problema, incômodo nos processos de ensinar, aprender, como problema até de ordem pública nas cidades, nas ruas.

Ignorar os corpos dos educandos bloqueia vê-los oprimidos, mas resistentes a opressões. Ver os educandos apenas como mentes a iluminar, ignorando e até controlando os corpos tem empobrecido os próprios processos de aprender e, sobretudo, de entender, acompanhar seu desenvolvimento humano como totalidades humanas corpóreas (ARROYO, 2017). Corpos de sofrimentos, de medos, de opressão, de ameaças, de resistências por libertação. Não dar centralidade a ver os corpos de sofrimento, de opressão, de resistências limitou a pedagogia a ver dar centralidade aos processos de desumanização que os corpos sintetizam.

Ver mentes incorpóreas a iluminar e não ver corpos de opressão, de desumanização priva a docência e a educação de dar a centralidade requerida para perceber, reconhecer a desumanização que os corpos levam às escolas. Faltam teorias sobre os brutais processos de desumanização que corpos oprimidos, vidas ameaçadas, criminalizadas levam às escolas. No livro *Corpo-infância* (ARROYO & SILVA, 2012b) destacamos a urgência de Outras pedagogias dos corpos que reconheçam esses corpos oprimidos que nos interrogam como oprimidos e como resistentes. Estamos em tempos não só de corpos precarizados, mas ameaçados, criminalizados, exterminados. Tempos dos processos de desumanização levados ao extremo. Como não olhar, escutar esses corpos? Como não reconhecer as interrogações que vêm desses corpos-vidas ameaçados para nossa ética profissional?

Em busca da libertação, os corpos infantojuvenis se afirmam sujeitos de culturas, de linguagens, de movimentos políticos, de presenças nos espaços públicos. Dos corpos vêm demandas por igualdade de gênero, raça, por direitos sociais, políticos, criticando as segregações de gênero, etnia, raça de que os sujeitos corpóreos são vítimas. Que interrogações vêm dessas presenças resistentes, afirmativas dos corpos infantojuvenis para o pensamento pedagógico, para a formação de docentes-educadores? Têm mudado as formas disciplinadas de ver, tratar os corpos nos processos de ensino-aprendizagem e de formação? Os Pacotes anticrime criminalizam as formas de ver os corpos pobres, negros, jovens, adolescentes, os decretam corpos-vidas ameaçados porque corpos ameaçadores. O disciplinar, temer os corpos dos educandos não só persistem, aumentarão com a chegada dessas Outras infâncias, adolescências, jovens populares pensados na cultura política e pedagógica como síntese dos instintos, imoralidades, irracionalidades, indisciplinas. Uma visão tão negativa que vem de longe em nossa história, reposta como política de Estado. Como resistir? Aprender com os corpos em movimentos. Resistentes.

Com a chegada desses corpos pensados com imagens tão negativas têm chegado questionamentos que interrogam a pedagogia, as teorias de ensino-aprendizagem e, sobretudo, interrogam as teorias de desenvolvimento humano. As desumanizações que esses corpos de opressão expõem são um campo de radicais interrogações para a docência, a pedagogia e para os processos de humanização. Os corpos dos educandos não podem mais ser pensados como problemas para a docência e a pedagogia, mas exigem ser pensados como síntese dos processos tensos entre humanização-desumanização, campo nuclear para todo humanismo pedagógico.

Corpos precarizados, ameaçados, uma síntese agravada em tempos de vidas corpóreas ameaçadas, criminalizadas. Tempos de corpos decretados de terroristas, de militantes extermináveis. Os corpos infantojuvenis decretados um problema não só para os processos de ensino-aprendizagem, mas para a ordem social nas cidades e nos campos. Corpos destinatários preferidos do Pacote Anticrime, da justiça justiceira. Corpos-vidas ameaçados como uma forma de marcar os Outros negros, indígenas, mulheres, militantes na nova ordem política do Estado. São essas as vidas, corpos ameaçados nos tempos de políticas de criminalização que interrogam com novas radicalidades éticas e políticas a educação e a docência.

Do Estado de Direito ao seu desmonte

Vínhamos respondendo a essas questões que foram enfrentadas nos movimentos por direitos à educação, por um Estado de Direitos. A educação como direito atrelada às lutas por todos os direitos humanos: direito à terra, teto, trabalho, renda, vida. Avançamos na afirmação de uma escola pública de direitos como resposta aos avanços sociais no reconhecimento da infância como sujeito de direitos. As pressões sociais, políticas dos movimentos sociais por serem reconhecidos sujeitos de direitos pressionaram por um Estado de Direitos. As pressões das famílias populares, das mulheres mães pelos direitos dos filhos pressionaram o Estado a garantir uma escola de direitos. Quando a infância, adolescência se afirmam sujeitos de direitos, as escolas e seus profissionais são obrigados a se afirmarem garantidores de direitos. Os avanços ou os retrocessos no reconhecimento da infância popular como sujeito de direitos têm sido o referente da afirmação ou negação das escolas públicas serem escolas de direitos.

Uma pergunta obrigatória: estamos em tempos de reconhecimento social, político dos coletivos populares, dos trabalhadores e de seus filhos como sujeitos de direitos? Estamos em um Estado de Direitos? As escolas públicas estão sendo atacadas por terem-se afirmado escolas de direitos? Radicalidades por terem reconhecido e fortalecido os avanços populares? Quando os avanços nas afirmações dos coletivos populares por direitos são reprimidos, condenados, até criminalizados, as tentativas das escolas públicas, universidades e de seus profissionais por fortalecer os direitos populares serão reprimidas e criminalizadas.

Em que tempos estamos? De reconhecimento e fortalecimento político de um Estado de Direitos ou de destruição dos avanços, de repressão, criminalização dos coletivos sociais em lutas por direitos? Questões que acompanham estas análises na tentativa de entender as possibilidades e limites de reconhecer as escolas públicas, universidades espaços de direitos. Entender as possibilidades e limites de afirmar nossas identidades docentes-educadoras e de afirmar, fortalecer os educandos populares em suas resistências por direitos.

As manifestações públicas em defesa do público, das escolas, universidades públicas como espaços de direitos em defesa do Estado de Direitos revelam a consciência social, política, profissional de estarmos em um Estado do privado, de destruição dos avanços populares por direitos e como consequência a repressão, criminalização dos coletivos sociais que vinham afirmando-se sujeitos de direitos, pressionando por um Estado – espaços públicos – escolas, universidades de direitos. Do Estado de onde esperar proteção de vidas chegam pacotes criminalizadores de vidas. Que exigências éticas, políticas para o pensamento pedagógico?

Dos oprimidos vêm exigências de Outros paradigmas pedagógicos

No final de 2018 celebramos os 50 anos da *Pedagogia do oprimido* com um encontro internacional. No texto de abertura, lembrava que a Pedagogia do Oprimido continua de extrema atualidade porque os oprimidos existem, aumentaram, a opressão vem do Estado em formas requintadas de roubar humanidades, de criminalização e de manter os Outros em vidas ameaçadas. A interrogação destacada no celebrar os 50 anos da Pedagogia do Oprimido: dos oprimidos vêm exigências de Outro paradigma pedagógico? *Paulo Freire: Outro paradigma pedagógico* (ARROYO, 2019). Nestas análises – Vidas ameaçadas – pergunto-me se das vidas precarizadas vêm Outras epistemologias para pensar a política, o poder, o Estado, as políticas, a educação, a docência?

As diversas ciências vêm repensando-se, repensando suas epistemologias, vendo, ouvindo, estando atentas às interrogações que vêm, sobretudo, dos oprimidos. Na apresentação do livro *Outros sujeitos, outras pedagogias* (2012) trazia na epígrafe Eric Hobsbawm: "É a tomada de consciência política das populações primitivas que tornou nosso século XX o mais revolucionário da história". Dessas populações primitivas presentes na política, nos movimentos sociais, nas ações coletivas expondo a opressão a que a sociedade, os Estados, as estruturas opressoras os submetem, vêm para as ciências humanas as indagações mais radicais para repensar-se, para buscar Outras Epistemologias. Desses Outros sujeitos em ações coletivas, mostrando, expondo as opressões a que são submetidos, mostrando-se resistentes à desumanização vêm interrogações radicais a repensar o pensamento pedagógico, a exigir Outras Pedagogias. Outro paradigma de humano.

Paulo Freire, Hobsbawm como que sintetizam as interrogações epistemológicas que vêm chegando às diversas ciências da persistência da opressão, da desumanização e também da consciência resistente que vem dos oprimidos, das populações primitivas à opressão, ao sofrimento humano. Boaventura de Sousa Santos (2010) lembra-nos que toda dominação é uma dominação epistemológica. "O colonialismo, para além de todas as dominações porque é conhecido, foi também uma dominação epistemológica, uma relação extremamente desigual entre saberes que conduziu a supressão de muitas formas de saber próprias dos povos e nações colonizadas, relegando muitos outros saberes para um espaço de subalternidade" (p. 11).

Das resistências desses saberes subalternizados, da consciência das populações primitivas dos saberes feitos de experiências de opressão vêm interrogações epistemológicas, vêm Outros paradigmas pedagógicos. Quando as opressões, subalternizações se sofisticam, quando as humanidades são roubadas pelo Estado, pela justiça criminalizadora, pelo condenar milhões a vidas ameaçadas, nos limites do viver-sobreviver, somos obrigados a reinventar as formas de pensar, reinventar os paradigmas epistemológicos e pedagógicos. Quando a consciência política dos oprimidos e suas lutas por emancipação social, política aumentam e são reprimidas com violências de Estado, somos obrigados a reinventar outras pedagogias emancipadoras, outras respostas políticas, éticas, pedagógicas.

A cidadania negada. A vida negada

De onde vêm as interrogações mais radicais para o repensar-se das ciências humanas? Acompanha-nos a hipótese de que as interrogações mais radicais vêm da precarização do viver-sobreviver dos trabalhadores empobrecidos. Um tema de estudo-formação obrigatório: como essa precarização do viver-sobreviver destrói vidas de crianças adolescentes que chegam às escolas e de jovens-adultos à EJA. Como esse tornar a vida precária até ameaçada interroga o pensamento pedagógico. Buscar como as diversas ciências humanas vêm se deixando interrogar pela precarização da vida.

Pablo Gentili e Gaudêncio Frigotto (2008) organizaram uma coletânea de análises sobre *A cidadania negada*, dirigindo o olhar pedagógico para as interrogações que chegavam de "vivermos em uma conjuntura marcada por transformações profundas e contraditórias. O avanço das forças produtivas aumenta as possibilidades de prolongar e melhorar a vida humana, ao mesmo tempo em que mutila e torna *precária a vida* de quase metade dos habitantes do planeta". "Milhões de seres humanos, especialmente do Terceiro Mundo, sofrem, ainda hoje, as consequências brutais da fome e de doenças endêmicas... Mais de um bilhão e duzentos mil adultos são violentados pelo horror político, econômico do desemprego estrutural, enquanto milhões de meninos e meninas são quotidianamente submetidos a maus-tratos, negando-lhes os mais elementares direitos humanos, desintegrando-os física, psicológica e afetivamente" (p. 9).

Mais um trabalho a reconhecer o quanto o pensamento social, político, pedagógico se deixou interrogar pelas possibilidades e, sobretudo, pelos limites de melhorar a vida humana, sobretudo interrogados pela mutilação, precarização da vida de milhões de seres humanos. Questões, interrogações a que pensadores como Florestan Fernandes, Caio Prado Júnior, Chico de Oliveira... que responderam em suas análises deixando-se interrogar. Quando as instituições da sociedade não dão conta mais de que o ser humano viva com um mínimo de dignidade humana, que função das ciências sociais, humanas, da pedagogia? Especificamente, a pedagogia não é demandada a entender, responder com ética as indagações que chegam dos milhões de crianças, adolescentes, jovens-adultos vítimas de estruturas sociais que tornam sua vida tão precária? Que interrogações chegam dessas vítimas de vidas tão inumanas para a pedagogia, a docência, para o pensamento pedagógico? Como entender, acompanhar percursos não humanos, mas inumanos de educandos no limite da possiblidade humana, da dignidade de uma vida justa humana?

Questões colocadas nas análises de *A cidadania negada*, já em 2008. Questões radicalizadas em tempos de ameaçar vidas, de ir além de vidas precárias mutiladas para vidas criminalizadas, extermináveis, radicalizando ainda mais as indagações sobre a educação, a docência, o pensamento social, político, ético, pedagógico.

Vidas precarizadas, ameaçadas interrogantes das ciências humanas

As ciências sociais, humanas, a literatura, as artes em sua diversidade se têm deixado interrogar pelas vidas ameaçadas, pelas ameaças e por que estruturas sociais, econômicas, políticas ameaçam os oprimidos. O pensamento pedagógico, os docentes-educadores, convivendo nas escolas públicas, na EJA com corpos precarizados, vidas ameaçadas, não têm como não se deixar interrogar. Que interrogações vêm de corpos, vidas ameaçados? Que respostas-análises têm vindo da diversidade das ciências humanas?

Uma resposta exigida: como as diversas ciências humanas incorporaram as interrogações que vêm das vidas ameaçadas? Josué de Castro (1946), em *Geografia da fome*, destacava a pobreza como uma ameaça ao justo, humano viver de milhões de brasileiros. Destacava que a pobreza não é um fenômeno natural, mas uma produção injusta, social, política, econômica. Milton Santos (2009) destaca a globalização da pobreza, da fome, as cidades viraram cidades dos pobres. A pobreza territorial, estrutural – pobreza não por escassez, mas por concentração da riqueza, da terra, da renda, do desemprego, subemprego.

Um ponto destacado na diversidade das ciências humanas: a pobreza, o desemprego, os espaços in-humanos ameaçam vidas, *Vidas desperdiçadas* (BAUMAN, 2005), *Vida em fragmentos: sobre ética pós-moderna* (BAUMAN, 2011). A produção de seres humanos, descartáveis, escravos, redundantes, refugos humanos. As tensões dos Estados com os refugiados na Europa repõem esse drama ético de vidas negadas, em busca de asilo, de refúgio, de vida, os sem papéis, migrantes. As favelas, a exploração imobiliária reproduzem esse tratar trabalhadores empobrecidos, migrantes sem terra, tratados como lixo humano, jogados nas periferias como lixo urbano.

Judith Butler (2006), na diversidade de suas análises e especificamente em *Vida precária*, traz para a reflexão a precariedade da vida, os sofrimentos, as humanidades ameaçadas que invocam, apelam a cumplicidade, indiferença diante de vidas precárias, ameaçadas... As vidas precárias, ameaçadas, violentadas, exterminadas trazendo interrogações radicais para o pensamento, a política, a ética, para autores como Emmanuel Lévinas (1995). Que pontos esse destacar a vida precária interroga o pensar pedagógico, a educação, a docência? As vidas precárias, ameaçadas repõem o direito à vida como o primeiro direito humano, direito básico de toda inteligibilidade e garantia dos direitos humanos. Essas vidas ameaçadas repõem o mandamento básico – não matarás. Ameaçar, criminalizar vidas repõe a brutalidade antiética da morte. Os rostos ameaçados pedem que não os deixemos morrer, que choremos, denunciemos para não ser cúmplices de sua morte. As Artes reforçam esse apelo: "quem cala sobre teu corpo consente na tua morte... quem cala morre contigo... quem grita vive contigo" (*Menino*, de Milton Nascimento e Ronaldo Bastos).

Mas que limites de gritar contigo nas escolas? Quando a professora aconselha ao menino de 12 anos a não mexer com droga, que poderá morrer e ele responde: "sei professora que vou morrer, mas que diferença – morrer este ano ou no próximo ano?" Essa professora, todos nós somos invocados pela morte do outro, com um apelo radical tendo de conviver com infâncias-adolescências que se sabem ameaçadas pela morte como seu destino. Só no Rio de Janeiro 24 jovens-adolescentes assassinados por mês. Violência e morte apelando para proteger, preservar vidas como exigência ética até das escolas.

Nesses olhares das diversas ciências humanas, as vidas precárias, o sofrimento humano aparecem com destaque. Toda ameaça a vidas provoca sofrimento. As crianças, adolescências em vidas ameaçadas levam sofrimentos para as escolas. Lévinas e Butler destacam como ver nos rostos de vidas ameaçadas rostos de sofrimento humano. Os noticiários mostram quem denuncia esses sofrimentos: as mulheres mães, pobres, negras de vidas ameaçadas, exterminadas. No dia 14/08/2019, a notícia: seis adolescentes, jovens mortos no Rio em menos de uma semana. Mãe de 17 anos morta com o filho de 1 ano no colo... Os rostos de indignação nos noticiários: mães pobres, negras chorando os filhos, defendendo os filhos. "Meu filho não era drogado, não era criminoso, voltava de trabalhar no supermercado. Foi morto porque negro".

A desumanização como política no precarizar vidas

Ao destacar as análises das ciências humanas sobre corpos-vidas ameaçados será necessário priorizar que interrogações trazem para o pensamento pedagógico, para a função docente-educadora. Um ponto destacado nessas análises sobre vida precária: a desumanização, a ruptura do ser – vida precária, humanidade precária. A desumanização como política, como norma no precarizar corpos, vidas. Os tempos de Estado, justiça que criminaliza, decreta vidas extermináveis, são tempos de desprezar o humano, a humanização, logo desprezar a educação como humanização. O paradigma de humano que inspira e defende todo humanismo pedagógico desprezado como política de Estado. É a forma mais radical de atacar a educação, as ciências do humano.

A radicalidade ainda se radicaliza quando as vidas ameaçadas são de jovens, adolescentes, crianças símbolos da celebração, da esperança do humano. Judith Butler nos lembra: "A relação entre representação e humanização não é uma relação tão simples como pode parecer. Se o pensamento crítico tem algo a dizer sobre a situação atual deverá referir-se ao campo da representação donde a humanização e a desumanização acontecer como política..." (p. 176). Os padrões de poder, a justiça, a mídia representam a uns como humanos e os Outros como menos humanos.

Boaventura de Sousa Santos (2010) lembra que desde a colonização os Outros foram pensados decretados com deficiência originária de humanidade. Quijano (2010) reforça: pensados decretados em estado de natureza, não de humanidade. Esses imaginários não são repostos ao decretar os Outros extermináveis? Ao justificar seis mortes de jovens negros em menos de uma semana? O choro da mãe – "meu filho foi morto porque era negro" – deixa explicitar a consciência de que essas representações, imagens de in-humanos porque negros persistem e são repostas como política. As vidas ameaçadas, exterminadas, a cor de seus rostos revelam o racismo como desumanização persistente em nossa cultura política.

Que exigências éticas para a educação e a docência? Aprofundar como educadores esses seletivos modos, representações em nossa história e com destaque no presente de decretar Nós síntese do humano único e os Outros os in-humanos. Das análises das ciências humanas sobre as vidas precárias destacando como a desumanização acontece como política chega uma interrogação à pedagogia: Com que humanos se tem identificado o pensamento pedagógico em nossa história social, política, cultural, pedagógica? Que coletivos étnicos, raciais, de gênero, classe são reconhecidos como o símbolo dos humanos da Nação e de Deus acima de todos e de tudo? Toda identificação-reconhecimento do Nós humanos veio acompanhada do não reconhecimento dos Outros como humanos de sua segregação como in-humanos. Nos tempos de Estado de Direitos tentamos superar essas dicotomias abissais de Nós humanos e os Outros inumanos. Em tempos de políticas de criminalização esses abismos são repostos. Em tempos em que a humanização e a desumanização, sobretudo, são assumidas como política.

Trazer com destaque as vidas precárias, vidas desperdiçadas, os sofrimentos, as segregações abissais entre vidas de humanos que merecem ser vividas e vidas de in-humanos a serem ameaçadas leva essas análises a priorizar as violências como política de Estado. Às escolas chegam vidas ameaçadas, violentadas. Que centralidade dar às violências que sofrem desde a infância e levam às escolas?

As violências como política de Estado

Perguntamo-nos nestas análises por que ameaças, talvez o mais correto fosse que violências. O Estado, os governantes, a justiça não ignoram, até reconhecem que o pacote anticrime criminaliza, que as mortes – seis em menos de uma semana – são violências de Estado, mas legitimadas para conter as violências que vêm dos criminosos. Violências legitimadas exterminando vidas de jovens, adolescentes ameaçadores das vidas de homens de bem, de Ordem e Progresso. O sofrimento que vem dessas violências de Estado provoca reações até violentas. A violência leva a um círculo vicioso gerando novas violências que terminam legitimando nas respostas, ações criminalizadoras de vidas.

As ciências humanas interrogadas pelas vidas precárias destacam essas violências no decretar vidas ameaçadas. Judith Butler se pergunta: "Qual a relação entre a violência por que se hão perdido vidas decretadas não valendo a pena e a proibição do choro, protesto público? A proibição do protesto, lamento, indignação pública é a continuação da violência... O desprezo às vidas perdidas e a seu lamento, a insensibilidade frente ao sofrimento humano e à morte se converte em um mecanismo por meio do qual a desumanização é reafirmada" (p. 184). As imagens de encarcerados mortos revelam o nível de violência legitimada. Revelam a opção por uma política antiviolência para legitimar as violências. Cria-se uma cultura de estado de violência, apoiado pela mídia para legitimar as violências contra suspeitos ou decretados violentos porque pobres, favelados, negros. Que autoimagens criam nas infâncias pobres, negras essas violências de imagens de ameaçadores extermináveis. Com essas imagens de seus coletivos chegam às escolas. Chegam violentados, esperando que nas escolas não sejam também decretados violentos.

Um drama ético preocupante: nem adolescentes, crianças são poupados dessas imagens de violentos. Agências internacionais dão maior destaque a crianças fora da escola, no trabalho infantil, no que vitimados, criminalizados pelos Estados, suas justiças e forças da ordem. E as escolas, que imagens se fazem e destacam dessas crianças, adolescências ameaçadas em seu viver?

Imagens de violentos, de indisciplinados, de sem cabeça para as letras, de rebaixar nosso Ideb? Quando as imagens oficiais e da mídia dessas infâncias-adolescências são tão cruéis, violentas, ameaçadoras de seu viver, a ética docente é obrigada a reagir e com ética política e pedagógica denunciar que vidas estejam sendo precarizadas, ameaçadas, violentadas.

O Estado, a mídia usam as imagens até de adolescentes, crianças para condená-los como violentos. Como resistir? A pedagogia, a docência podem e devem explorar as imagens, corpos de infâncias, adolescências ameaçadas, exterminadas para mostrar a brutalidade da política ameaçadora de vidas. Judith Butler lembra que na Guerra do Vietnã foram as imagens de crianças queimadas e morrendo que despertaram indignação, remorso e pena. Preservar vidas infantis e adolescentes tem um valor político na cultura. À pedagogia cabe a exploração política desse valor político diante de vidas infantis-adolescentes ameaçadas. A pedagogia tem por função histórica cuidar da infância, acompanhá-la nos percursos de humanização, logo seu dever de ofício: resistir, denunciar a desaparição do humano aceito como político em tempos de ameaçar vidas humanas.

Vidas ameaçadas que transmitem uma demanda moral

Uma lição que vem dos estudos sobre vidas precárias – perguntam-se por que demandas morais vêm dessa imoralidade política de decretar vidas ameaçadas até de jovens, adolescentes, crianças. Uma pergunta para a educação, a docência: que demandas morais vêm dos educandos que chegam às escolas em vidas ameaçadas? Uma constante nas análises de vidas precárias, desperdiçadas, ameaçadas, exterminadas: transmitem uma demanda moral. Demandas morais que vêm dos rostos dos Outros. As demandas morais não vêm de minha reflexibilidade, do atrever-me a pensar, de optar por valores morais, mas vêm das imoralidades de exterminar vidas. Vêm dos corpos-rostos dos que se sentem, sabem-se, reagem a ser ameaçados.

Lembro-me de uma professora: "olho essas crianças, alunos a minha frente, seus rostos-corpos de fome me interpelam". As interpelações éticas mais radicais para os docentes-educadores de educandos pobres em vidas ameaçadas vêm de seus rostos, corpos, olhares. Dos outros vêm os modos como somos interpelados moralmente (BUTLER, p. 166). Das violências antiéticas vêm as demandas mais radicais por ética. O rosto do Outro me faz uma demanda ética. Que demandas éticas chegam à educação, à docência dos rostos-corpos dos educandos que chegam em vidas ameaçadas?

Judith Butler cita Emmanuel Lévinas (1995): "A proximidade do rosto é o modo de responsabilidade mais básico. O rosto é o outro antes da morte mirando através da morte e manifestando-a. O rosto e o Outro pedindo-me que não o deixe morrer só como se fazê-lo significava volver-me cúmplice de sua morte... Minha relação ética de amor pelo outro provém do fato de não poder sobreviver por si só... Na ética, o direito de exigir do outro tem prioridade sobre o meu existir" (p. 22-24). Lévinas nos diz: "a morte do outro me invoca e me apela como se minha indiferença me tornará cúmplice". A mesma cumplicidade da música *Menino*. Como se não reagir à morte do outro me tornará cúmplice. Lévinas lembra-nos que a conservação, proteção da vida dos outros não é suficiente para legitimar exterminar as vidas dos decretados ameaçadores das vidas que merecem ser vividas. Este o argumento usado para legitimar vidas dos decretados ameaçadores de vidas que merecem ser vividas. Proteger as vidas do Nós não legitima moralmente as violências de exterminar as vidas dos Outros. Os Outros não são o rosto do mal e o Nós não são o rosto do bem.

Os estudos sobre vidas precárias, ameaçadas destacam o chorar essas vidas como um gesto político. O próprio pranto de quem sofre o medo, as ameaças é um gesto político, ético de resistência, condenação ao sofrimento, às ameaças. Butler (2006) coloca como título do livro: *Vida precária – O poder do pranto e a violência*. Um dos seus capítulos: Violência, pranto, política – "A questão que me preocupa... o que é que conta vale como humano, as vidas que valem como vidas... o que faz que uma vida mereça ser vivida" (p. 46). Uma preocupação, uma exigência ética para a educação e a docência: o que fazer para que as vidas dos educandos mereçam ser vividas.

Agrego minhas análises em três partes.

Na Parte I, a pergunta articuladora é: *Que vidas ameaçadas?* As escolas, os seus profissionais ameaçados, a educação ameaçada, que vidas de que coletivos ameaçados.

Na Parte II, a pergunta articuladora é: *Que ameaças e por quê?* Destaco a ameaça à vida, primeiro direito humano. Não reconhecidos educáveis, humanizáveis, decretados ameaçáveis.

Na Parte III priorizo *que exigências e respostas éticas?* Das vidas ameaçadas na sociedade que chegam às escolas vêm apelos éticos que impactam os educadores-docentes-gestores. Com que respostas éticas respondem?

Parte I

QUE VIDAS AMEAÇADAS?

Ouvir o depoimento de crianças que se sabem e se desenham ameaçadas: "Nunca pode sair de casa, porque tem tiro, nem uma criança poderia sair". "Quando passou o tiro a gente correu para dentro da escola, até minha mãe me buscar. Quando dá mais tiro eu fico em casa". "Uma vez minha mãe saiu pra ver minha vó e deu tanto tiro que me escondi atrás da máquina de lavar". "Todo mundo na minha casa chora"...

"Cartas das crianças das Favelas da Maré enviadas para a *Justiça* do Rio". *In: El País.*

"São esses corpos que exigem emprego, moradia, assistência médica e comida, um sentido de futuro... São esses corpos que vivem a condição de um meio de subsistência ameaçado, infraestrutura ameaçada, condição de vida precária, acelerada. São pessoas, em número crescente, perdendo casa, benefícios previdenciários e perspectivas de emprego. São populações consideradas descartáveis. A racionalidade do mercado dizendo quais vidas devem ser protegidas e quais não devem ser protegidas. Há políticas que decidem a morte de determinadas populações... que decidem que as pessoas morram. A gestão da vida e da morde decide e põe em prática quem vai viver e quem vai morrer..."

Butler (2018a, p. 17).

1
EDUCAÇÃO PÚBLICA AMEAÇADA. SEUS DOCENTES-EDUCADORES AMEAÇADOS. POR QUÊ?

As manifestações cívicas em defesa da educação pública ameaçada nos deixam como perguntas: Por que esses ataques, ameaças às escolas, universidades públicas e a seus profissionais, docentes-educadores, pesquisadores? Estamos em tempos de um Estado que destrói os avanços na educação pública. Por quê? Acompanha-nos a hipótese de que o Estado criminaliza os mesmos coletivos sociais, raciais, étnicos, de classe que vinham lutando por educação pública. Vinham lutando por se reafirmar sujeitos de direitos humanos à educação atrelados a direitos à terra, teto, renda, trabalho, saúde. Vida. Por um Estado Público de Direitos. Logo, atacar a educação pública para atacar os classificados como ameaçadores por lutar por direito até à educação. Ameaçar essas vidas ameaça a própria educação, o próprio trabalho docente-educador. Que vidas ameaçadas? De que coletivos?

Resistir em defesa da educação pública exige resistir a vidas ameaçadas

Tempos de entender uma lição histórica que o que destrói o Estado de direitos destrói o público, segrega a educação pública, a docência pública: é a histórica segregação dos coletivos populares e de suas infâncias, adolescências, jovens e adultos. A precarização da escola pública e dos direitos dos seus profissionais sempre foi inseparável das segregações históricas dos coletivos sociais, étnicos, raciais, de gênero, classe mantidos em um precaríssimo sobreviver. Em vidas ameaçadas.

Resistir em defesa da educação pública exige resistir às vidas ameaçadas dos mesmos coletivos sociais que chegam às escolas, à EJA, às universidades como cotistas sociais, raciais ou como militantes camponeses, indígenas, quilombolas. Reconhecer que os coletivos sociais, raciais, étnicos, de gênero, de orientação sexual, classe são decretados vidas ameaçadas traz uma exigência ética, política para a educação, a docência, a gestão escolar: são os mesmos coletivos que chegam às escolas públicas, à EJA e às universidades por cotas sociais, raciais? Entender que os coletivos sociais ameaçados, criminalizados são os mesmos que chegam às escolas públicas ajudará a entender-nos nos limites de ser docentes-educadores de vidas ameaçadas. Ajuda a entender as repetidas ameaças à educação, os cortes na educação, a precarização das escolas, do trabalho docente-educador. Os cortes são mais do que de recursos, são cortes, são ameaças de vidas.

Os pesquisadores, docentes nas universidades públicas e os educadores e gestores das escolas públicas e da EJA tentam entender como as ameaças a vidas dos coletivos sociais, étnicos, raciais afetam os seus direitos, até o direito à educação. Afetam a função das escolas e universidades e o trabalho dos profissionais. Quando os coletivos sociais, raciais, de gênero, classe que lutam por direitos, por educação, por vida são ameaçados no seu sobreviver, suas escolas, universidades, seus profissionais serão ameaçados de um precário sobreviver.

Para entendermos as radicalidades políticas das ameaças à educação pública, básica, EJA, universidades e as ameaças aos seus profissionais docentes, educadores, gestores, pesquisadores comecemos por uma pergunta: Que vidas são ameaçadas? De que coletivos sociais, raciais, de gênero, orientação sexual? Que militantes, em que movimentos, por que direitos são ameaçados? Como esses movimentos vêm articulando o direito à educação com lutas por direitos tão radicais, tão politicamente tensos como terra, trabalho, renda, saúde, identidades culturais, de gênero, etnia, raça, classe?

A hipótese que acompanha estas análises é que a história da educação pública esteve atrelada à negação desses direitos políticos, mas também a afirmação da educação pública esteve atrelada às resistências coletivas por esses direitos políticos tão radicais. Comecemos por que vidas ameaçadas? De que coletivos?

A história da educação pública e da docência atrelada à história de ameaçar vidas

Ameaçar as vidas dos Outros, ameaçar seu direito à educação e precarizar o trabalho nas escolas e universidades vem de longe em nossa história política. Estamos em tempos em que se assume como política ameaçar vidas dos pobres, trabalhadores, jovens, adolescentes, mulheres, militantes radicalizando essa história que vem de longe. Como a história da educação, da docência se entrelaça com esse precarizar, ameaçar essas vidas? Uma indagação para nossa história política, social e pedagógica.

Volta a pergunta para entendermos em que tempos estamos de precarização do trabalho docente-educador, de desmonte do público, das escolas públicas, saúde pública: que coletivos sociais são ameaçados de um justo, humano viver? Em tempos coletivos de estudo-formação, docentes-gestores, educadores, educandos e famílias vão tentando entender que os coletivos criminalizados são os mesmos decretados em vidas ameaçadas em nossa história pelos mesmos motivos políticos: por resistirem a ser expropriados de seus direitos à vida, terra, teto, trabalho, renda, saúde, educação.

Tempos em que se repõe a velha história de manter esses coletivos em Estado de Exceção do direito a ter esses direitos. Tempos de criminalizar as lutas por direitos, em que o poder repõe o histórico padrão de poder que decreta esses Outros coletivos como ameaçadores da ordem social, do progresso da Nação porque subalternizados como deficientes em humanidade. Padrão de poder de expropriação-apropriação das terras, da renda que é reposto com brutalidade política exterminadora.

Nos tempos de estudo-formação que acontecem na formação inicial e continuada uma pergunta vem se tornando obrigatória: que coletivos sociais, raciais estão a merecer ser entendidos, acompanhados como os mais ameaçados em suas vidas? Não é difícil olhando para os corpos, rostos, vidas dos educandos das escolas públicas e da EJA que são as mesmas vidas ameaçadas dos mesmos coletivos. Torna-se obrigatório olhar esses corpos, esses rostos dos educandos para entender que são eles, elas crianças, adolescentes, jovens, adultos em vidas ameaçadas. Será obrigatório reconhecer que as famílias pobres, mães trabalhadoras levam suas filhas, seus filhos às escolas na esperança de que suas educadoras e educadores protejam suas vidas de tantas ameaças. Velhas exigências éticas radicalizadas para a educação.

Estamos em tempos de esperar proteção do Estado? Tempos que repõem uma constante em nossa história política: a história da educação pública e da docência sempre condicionada a como o Estado, as elites administram os Outros na condição de sem direito a ter direitos. Até em vidas ameaçadas. Entender como o Estado administra os Outros será uma precondição para entender como administra, ameaça a educação pública.

As práticas históricas do Estado administrar os Outros, os oprimidos como sem direitos, sem lugar nas estruturas de classe, etnia, raça, poder têm marcado as políticas sociais, educativas. Têm marcado a gestão dos direitos dos Outros à terra, teto, trabalho, renda saúde, educação. Vida. Se pretendemos entender como o Estado ameaça a educação pública teremos de tentar entender como ameaça os Outros como coletivos sem direito a ter direitos. Sem direito até a vidas vivíveis, condenados a vidas ameaçadas.

Ataques à educação pública. Quando os Outros são ameaçados de sem direito à vida justa

Diante dos ataques à educação – corte de recursos nas universidades, na pesquisa, na educação básica, ou diante dos ataques aos educadores por terem aderido à Ideologia de gênero ou os ataques à Escola Sem Partido, a tendência será uma atitude de defesa da educação pública, do profissionalismo dos docentes-educadores. Mas sem esquecer que esses ataques repõem memórias de como a educação é inseparável do como são pensados, decretados os Outros nos padrões de poder, de saber, de ser que os decretam sem direito a ter direitos na totalidade de direitos humanos.

Aprofundar nos significados políticos. O que se está dizendo com esses ataques ao direito a ter direito, até à educação, é que a condição dos Outros como sem direito a ter direito ou a condição de não reconhecíveis como humanos cidadãos está reposta como norma histórica política até pedagógica. Tempos de nos dizer que as tentativas até de incluí-los pela escolarização não são aceitáveis porque faziam parte do fortalecimento dos Outros em suas lutas por desconstruir a condição de não reconhecíveis como humanos.

Quando se destrói o Estado de Direitos não se ataca a educação de maneira isolada, mas por ter tomado Partido no fortalecimento dos Outros lutarem por terra, teto, trabalho, renda, saúde. Vida. O ataque à educação por ter tomado o partido da libertação dos decretados in-humanos, subcidadãos revela que a educação básica, as universidades, as ciências humanas vinham avançando no fortalecimento dos Outros como sujeitos políticos de direitos. Quando as políticas defendem o direito de todos à educação, ao conhecimento, à cultura, a entender-se no mundo, a educação toma o partido de reconhecer os Outros como sujeitos não só do direito à educação, mas como sujeitos dos direitos sociais, econômicos, políticos.

Esse o significado político que os movimentos sociais vinham dando às lutas pela educação básica, por cotas sociais, raciais, as lutas por direito à educação atreladas, fortalecendo as lutas por terra, teto, renda, trabalho. Vida. Um tema de estudo-formação: por que o Estado ataca a educação? Que radicalidades políticas afirmam o direito dos sem direito à educação? Como as lutas por direito à educação se articulam e fortalecem as lutas políticas por direito à vida justa, humana? Por direito à terra, teto, trabalho? Os direitos humanos são negados aos Outros em nossa história em sua totalidade. A negação do direito à educação se articulou em nossa história com a negação dos direitos humanos em sua totalidade. As lutas dos decretados sem direitos por um direito se articulam como lutas pela totalidade de direitos negados.

Os ataques à educação pública revelam a radicalidade política dada às lutas por direito à educação pública. A educação vinha de processos de politização como direito nas fronteiras de lutas pelos direitos humanos mais radicais: por vida justa. Humana. Como resistir? Não deixando que sejam esquecidas essas memórias de politização do direito à educação que vêm dos movimentos sociais e reforçadas pelos profissionais das escolas, da EJA, das universidades públicas. Manter vivas essas memórias como um anúncio de resistências aos ataques à educação pública e as ameaças dos movimentos em lutas por direitos será uma forma de resistências políticas.

Estado protetor ou ameaçador de vidas?

Os dados mostram a responsabilidade na participação das instituições políticas na história de ameaçar vidas e de ameaçar a educação pública. *Violências de Estado* que deixa de ser protetor das vidas para ser gestor de mortes. O Estado e a Justiça legitimam essa gestão de vidas ameaçadas. Os movimentos sociais e de direitos humanos, direitos da infância-juventude vêm denunciando essas mudanças de um Estado protetor de vidas para um Estado ameaçador de vidas até infantojuvenis. Essas mudanças na função política do Estado – proteger ou ameaçar vidas – afeta diretamente a função do Estado com a educação pública. A criação de escolas públicas esteve ligada às pressões das mães pela proteção dos filhos. Lembremos o movimento de mulheres trabalhadoras dos anos de 1970, pressionando o Estado a construir creches, escolas para proteção dos seus filhos. Pressionar por escolas públicas para filhos de mães trabalhadoras é pressionar o Estado por proteção das infâncias-adolescências pobres da classe trabalhadora. A expansão da escola pública é inseparável das pressões das famílias, mães populares por um Estado protetor de vidas.

Que o Estado deixe de ser protetor de vidas e assuma a função de ameaçador, exterminador de vidas de jovens, adolescentes, crianças pobres, negros, indígenas, quilombolas, das águas, das florestas muda radicalmente a função política, ética do Estado e muda a função política do público e da educação pública, função de proteção conquistada pelas pressões por proteger vidas infantes, adolescentes. Essas mudanças na função do Estado de protetor de vidas para ameaçador deixam um vazio de proteção, sobretudo dos coletivos sociais oprimidos, mais desprotegidos da sociedade. Deixam um vazio de proteção da infância. Um vazio da função da pedagogia. A função histórica da pedagogia é inseparável do direito da infância à proteção. Quando se decreta a desproteção da infância se decreta o sem-sentido da pedagogia e da docência.

Mas o Estado não deixa apenas de ser protetor de vidas desprotegidas – função exigida pelas mães das creches e escolas públicas; o Estado passa a ser o agente de destruição, de insegurança, de ameaças de vidas infantojuvenis pobres, negros. Essas mudanças no Estado protetor de vidas para ameaçador de vidas mudam todas as políticas públicas, sociais, educativas de proteção de vidas em espaços públicos de proteção. Mudam para políticas, espaços, escolas de controle, até desproteção de vidas. Até de extermínios.

As identidades educadoras, docentes são descontroladas, obrigadas a redefinir-se sempre que se redefine a função do Estado e das instituições públicas na proteção da vida das infâncias-adolescências. Uma relação histórica a ser trabalhada, pesquisada na formação de educadoras-educadores de vidas ameaçadas: Em que tempos estamos de Estado protetor ou ameaçador de vidas? As escolas, centros de proteção de vidas ou centros de controle – Escolas militarizadas? Mestres e educandos ameaçados até nas escolas? Como reagir a esse vazio protetor deixado pelo Estado? Reafirmar a função histórica da pedagogia, da docência, das escolas, proteger a infância, proteger vidas ameaçadas.

2
VIDAS AMEAÇADAS? DE QUEM?

A mídia e os órgãos do Estado expõem com requintes que vidas são ameaçadas de que coletivos raciais, jovens, adolescentes, das ruas, periferias, morros. Vidas ameaçadas de militantes nos campos, nas favelas, militantes mulheres, negras, como Marielle. Docentes, educadores, gestores nas escolas públicas convivem com os medos das crianças, adolescentes, jovens que chegam às escolas, à EJA. Sabem-se educadores de vidas ameaçadas. Aprendem que há um histórico atravessamento nesse perverso e persistente ameaçar, exterminar vidas de jovens, adolescentes, crianças pelas forças da ordem. Os Atlas da Violência dos últimos anos, lançados pelo Ipea, deixam exposto quem são as vítimas prioritárias, em sua maioria negros – mais de 70% dos homicídios. A proporção de negros mortos vem crescendo assim como vem crescendo o número de jovens-adolescentes entre 15-29 anos exterminados.

Para avançar nessa função histórica radicalizada de proteger vidas em tempos de desproteção de ameaças até do Estado de quem sonhamos esperar proteção se avança nos coletivos docentes-educadores-gestores em uma interrogação: Que coletivos sociais, étnicos, raciais, de gênero, classe, de que tempos humanos estão sob ameaças em seu viver, sobreviver? Os coletivos de docentes-educadores constroem suas identidades profissionais em relação aos tempos humanos de formação dos educandos com que trabalham: infâncias, adolescências, jovens, adultos. Tentemos aproximar-nos da pergunta: Que vidas ameaçadas? De quem? De que coletivos? De que educandos? De que educadores?

Infâncias em Vidas Ameaçadas

A pedagogia nasce e se afirma atrelada ao lento reconhecimento da infância como sujeito de direitos. O direito à Educação Infantil é recente em nossa história porque é recente e incompleto o reconhecimento da infância como sujeito de direitos. Até décadas recentes o direito à educação escolar para as infâncias populares só era reconhecido a partir de 7 anos. Para as infâncias de coletivos sociais de rendas altas e até médias já era normal ser educados em Centros de Educação Infantil privados. Ainda no início da década de 1990 as Redes Municipais Públicas de Educação tinham poucos Centros de Educação Infantil, era frequente ter escolas-creches privadas conveniadas.

As lutas por creches-centros públicos para proteção, cuidado da infância popular vieram do Movimento de Mulheres Trabalhadoras já nas décadas de 1970 e 1980. Os diversos movimentos sociais comunitários criaram Escolas/Centros Comunitários de proteção à infância popular. As políticas públicas do Estado demoraram a reconhecer as infâncias populares sujeitos de direitos. As pressões vieram das mães trabalhadoras dos movimentos sociais pelos direitos das filhas, dos filhos à proteção, cuidado. Vida justa, segura.

O que motiva essa defesa da proteção das infâncias populares? Suas vidas ameaçadas como uma constante por parte de um Estado que não reconhece as infâncias populares como sujeitos de direitos nem suas mães, famílias de trabalhadores como sujeitos de direitos. Estudos vêm mostrando o lento reconhecimento das infâncias populares como sujeitos de direitos humanos. Somente em 1990, o Estatuto da Criança e do Adolescente (ECA) os reconhece como sujeitos de direitos. Um avanço como reconhecimento político mais ainda lento em políticas de garantia desse direito.

As ameaças do direito à vida, primeiro direito humano, persistem como uma ameaça histórica para as infâncias populares, apesar dos lentos avanços de programas de proteção. A mortalidade infantil continua – A Unicef, a Organização Mundial da Saúde, a ONU continuam denunciando em seus relatórios que as vidas das crianças populares estão sob ameaças de desnutrição, de doenças, de mortandade. *Corpos-infância* precarizados que interrogam nossa ética profissional (ARROYO & SILVA, 2012a).

Um tema central de estudo-formação de educadoras da infância: o que ameaça as infâncias populares em seu direito não só à escolarização, ao letramento na idade certa, mas o que as ameaça em seu direito à vida, a um justo, humano viver? Ver as infâncias populares em vidas ameaçadas de que ameaças? A mortalidade infantil continua ameaçando vidas infantis. O trabalho infantil continua ameaçando vidas de crianças (ARROYO, 2015a). A exploração sexual infantil continua ameaçando infâncias (VIELLA, 2012). Os corpos precarizados, saúde precarizada ameaçando as infâncias populares. A fome, a pobreza extrema ameaçando vidas de crianças nas vilas, nos campos, nas águas, nas florestas que chegam às escolas ameaçadas pela pobreza extrema (mais de 18 milhões) e tantas outras infâncias pobres na pobreza não extrema em vidas ameaçadas (ARROYO, 2012b).

Educadoras da Educação Infantil e da educação fundamental convivem com milhões de infâncias filhos de pais, mães no desemprego, subemprego, no sobreviver mais elementar, vidas ameaçadas que chegam às escolas públicas por milhões. Formas, processos brutais, antiéticos de ameaçar vidas infantis persistentes em nossa história e repostas com requinte político em tempos de destruição do Estado de Direitos. O direito à vida justa, digna, humana como uma exceção para as infâncias populares.

Gestores, docentes, educadores, educadoras não ficam indiferentes. As interrogações aumentam: Que exigências éticas, políticas, pedagógicas para a educação, a gestão, a docência? Começar por formar docentes, gestores-educadores que entendam esses processos históricos, sociais de ameaçar o humano, justo viver das infâncias populares nas ruas, nas vilas, os campos, nas águas, nas florestas que chegam às escolas. Entender os processos sociais, econômicos, políticos de apropriação da renda, da terra em mãos de poucos que condenam essas infâncias a vidas ameaçadas pela fome, pobreza, desemprego, pela violência e exploração sexual, pelo sobreviver em espaços injustos.

Os currículos de formação de educadoras dessas infâncias têm o dever de formar para entender as marcas de opressão, de desumanização que afetam o desenvolvimento humano dessas infâncias em vidas ameaçadas. Com que Artes pedagógicas, com que valores, com que ética recuperar suas humanidades roubadas, ameaçadas? Denunciar o Estado, os padrões de poder, de expropriação da terra, do solo, a renda, da saúde, expropriação dos direitos do trabalho que submetem milhões de crianças a vidas ameaçadas. Assumir como função das escolas, da docência proteger vidas infantis ameaçadas. Não é essa a esperança das mães pobres ao levá-los aos Centros de Educação Infantil? Educadoras protejam as vidas ameaçadas de nossas filhas, de nossos filhos!

Adolescentes: em conflito com a Lei ou a Lei em conflito com esses adolescentes?

Os gestores, docentes-educadores das escolas públicas têm consciência de que não só os jovens, mas também os adolescentes chegam sabendo-se ameaçados em suas vidas. As adolescências populares avançam na vida carregando as mesmas ameaças vividas na infância e acrescentam as brutais ameaças de criminalização, morte com adolescentes e jovens. O reconhecimento das adolescências como sujeitos de direitos tem sido lento e com um viés assistencialista, moralizador, nomeados como Menores infratores em conflito com a lei.

Tem sido uma regra nas políticas do Estado, do poder, das elites decretar os adolescentes populares como menores infratores para legitimar ameaçá--los. Pressões democráticas vinham avançando nas tentativas de incorporar os adolescentes como sujeitos de direitos e no Estatuto da Criança e do Adolescente (ECA). Mas as adolescências populares continuam ameaçadas pelo Rebaixamento da Idade Penal e entregues à justiça, não à educação, ou entregues a uma educação corretiva, controladora nas escolas militarizadas. Adolescências populares ameaçadas pela pobreza, fome, doenças, trabalho nas ruas, nos campos, forçadas a trabalhos precarizados para suprir a renda, nas ameaças familiares de desemprego.

Adolescentes populares ameaçados como passíveis de serem criminalizados, até ameaçados de extermínios. Ameaçados do direito à vida. Adolescências populares com medo de serem exterminadas pelos adolescenticídios que aumentam, além de aumentar serem vítimas da precarização das vidas, dos lugares de moradia, da precarização da sobrevivência. Sobre essas adolescências populares, pobres, negras pesa uma imagem social demasiado pesada em nossa história: vidas ameaçadas porque decretadas em conflito com a Lei. Tenho participado em encontros em que educadores se perguntam se os adolescentes estão em conflito com a Lei ou a Lei em nossa história está em conflito com esses adolescentes populares.

Quando se proclama adolescentes em conflito com a lei se está culpando--os como infratores, sem valores de ordem, violentos, a ser condenados. Uma longa história de culpabilizar, criminalizar os menores-adolescentes populares, condenados à pobreza, a um injusto sobreviver, para inocentar as leis, as estruturas sociais, econômicas, políticas que condenam milhões de adolescentes, crianças a um injusto, in-humano sobreviver.

Por que não ver seus conflitos com a lei como resistências, como um basta a serem condenados a um injusto sobreviver? Interpretar essas "violências adolescentes" como resistências às violências sociais que sofrem levará a pedagogia, a política a se repensar nas injustiças históricas contra as adolescências, infâncias pobres, negras. Contra seus coletivos, famílias de trabalhadores. Interrogações radicais postas à educação, à política, por essas vidas ameaçadas de adolescentes-crianças. Como incorporar essas indagações nas políticas socioeducativas e nos tempos de formação inicial e continuada?

Os próprios adolescentes populares se perguntam por que a lei os mantém em conflitos, em ameaças e medos. Desde crianças aprendem com seus irmãos, colegas, vizinhos que as ameaças irão crescendo nos percursos, tempos de seu crescimento em idade. Ao ir crescendo como pobres, negros, favelados, das periferias e dos campos terão de aprender que os tempos da adolescência mudam para mais as ameaças de vida. Chegam milhões desses adolescentes às escolas públicas, vindo das ruas, dos lugares precarizados de sobreviver, sabendo-se ameaçados no sobreviver, como entender esses adolescentes nas especificidades de suas vidas ameaçadas?

Aumentam propostas pedagógicas por tentar entendê-los. As artes podem ser um campo para tentar entender essas infâncias. Lembro *O meu guri*, de Chico Buarque, ou *Capitães de areia*, de Jorge Amado: "Os que realmente conhecem e amam a sua cidade" – Quem são esses guris, essas gurias? Como têm sido pensados, segregados em nossa história pelas elites no poder, na apropriação da terra, do solo, da justiça e até do sistema público de educação? Tiveram sempre um lugar reservado, segregado nas políticas, nos Estatutos do Menor. Uma história que exige maior centralidade na formação de seus educadores.

Que traços dessa história? Esses *menores* sempre decretados a exigir moralizá-los, discipliná-los pela educação colonizadora, pelos senhores de escravos, pelos asilos, Casas de Misericórdia, pelos Tribunais e Juízes de Menores. Pelo Estado. Pensados *menores* em moralidade, racionalidade, civilidade, cidadania, humanidade. O Código de *Menores* de 1927 pretendia proteger os Menores de 12 anos do trabalho até nas fábricas, trabalho defendido para retirar os meninos das ruas, da ociosidade, da imoralidade (RIZZINI, 2009; DIAS, 2018). Defesa do trabalho do menor retomada, aconselhada como política no atual governo (em 08/07/2019). Com a mesma e velha visão: defesa do trabalho dos menores para não caírem na vadiagem, na droga, no crime. Políticas legitimadas em uma visão persistente, menores com um destino certo: a vadiagem, o crime. Em conflito com a Lei. Em vidas ameaçadas.

Que políticas de Estado? Das medidas socioeducativas à criminalização de menores

As políticas de Estado persistem em decretar esses adolescentes populares como em conflito com a lei; o que vem mudando é decretá-los em conflitos mais radicais com a lei, logo medidas, políticas mais radicais. Nos tempos de formação inicial e continuada aprofundar nessa história de decretar os adolescentes populares mais ameaçadores, ainda do Código de Menores de 1927. Mais de 90 anos depois a mesma política para menores pobres, negros, periféricos. Quase um século persistindo a mesma visão das infâncias--adolescências pobres, negras – dos *menores*: vistos como ameaças à ordem social, nas cidades, logo a serem retirados pelo trabalho do seu destino – a criminalidade. O Pacote Anticrime retoma essa criminalização dos menores. Logo, justiça penal para os menores criminosos, redução da idade penal, entregues não a educadoras para moralizá-los, mas entregues à educação militarizada. Como no Código de Menores de 1927 – entregues a "escolas de reforma, de correção de menores em situação irregular". Delinquentes, ameaçadores, em conflito com a lei.

Os termos condenatórios desses adolescentes vêm de longe e se repetem nas Repúblicas e nas Democracias: menores, abandonados, pobres, negros, vadios, pervertidos, delinquentes, cúmplices de crimes, criminalizáveis. Em vidas ameaçadas em nossa história republicana e democrática. Códigos de Menores repostos sob o foco da lei, porque catalogados delinquentes, *praticantes de algum delito* ou propensos a praticá-los. Esse o sentido da atual defesa de rebaixamento da idade penal, das escolas-educação militarizadas e, sobretudo, esse o sentido antiético de decretá-los em Conflito com a Lei, logo pensá-los como um problema de justiça.

Nem pensados como um problema de educação. São esses adolescentes-jovens, até crianças os criminalizados no Pacote Anticrime da Justiça – Os velhos Juizados de Menores radicalizados porque se decreta que os menores se tornaram mais ameaçadores não só da ordem social, da propriedade, mas ameaçadores de vidas que merecem ser protegidas. Não mais escolas agrícolas de ofícios para os menores saírem da pobreza, aprenderem valores de trabalho. Não mais trabalho, proteção para o Bem-Estar do Menor – Febem.

O encarceramento para a readaptação social dos menores em Situação Irregular – em Conflitos com a Lei (Não a Lei em conflito com eles) vem sendo a forma ainda defensora da política socioeducativa para esses menores. Para os decretados menores em Situação Irregular a justiça, não a educação, define a Doutrina da Situação Irregular; define as "medidas socioeducativas", os "programas socioeducativos", para a responsabilização pelos delitos cometidos na infância-adolescência.

Uma história da educação-moralização, responsabilização pouco contada, ocultada, mas tão persistente na "educação", moralização dos pobres, negros, periféricos. Dos menores em moralidade, racionalidade, responsabilidade social. Uma "educação" persistente para os Outros desde crianças, adolescentes decretados ameaçadores dos valores de Ordem, de Progresso, de Democracia porque pensados em nossa história menores-deficientes em humanidade.

Uma pergunta obrigatória para a história da educação: essa história dessa "educação" moralização, responsabilização não é um dos capítulos mais persistentes em nossa história política, cultural, antiética e antipedagógica?

Por que ocultá-la? Estamos em tempos em que as políticas socioeducativas do Estado não a ocultam, a repõem, reafirmam como Política de Estado: criminaliza esses menores – nem sequer reforçar as ações medidas, programas socioeducativos, mas ameaçar suas vidas porque decretados criminosos.

Não mais para esses adolescentes internação cautelar ou provisória, nem internamentos em privação de liberdade, mas privação de seu direito primeiro à vida. Adolescentes sabendo-se em vidas ameaçadas que chegam por milhares às escolas públicas. Por que vão às escolas? O que esperam dos seus educadores? Que os entendam em vidas ameaçadas, que os ajudem a entender-se nessa história de decretá-los infratores, ameaçadores porque pobres, negros, periféricos. Que deixem de vê-los como menores em moralidade, civilidade, humanidade. Indo às escolas, até à EJA adolescentes esperam estar em lugares-tempos de proteção, encontrar docentes-educadores-gestores que não os condenem como o Estado, a Justiça os condenam.

Um tema-exigência de estudo-formação: as escolas, as políticas disciplinares de avaliação reprovadora não têm incorporado e reproduzido com esses adolescentes, pobres, negros o pensá-los, decretá-los, segregá-los, condená-los como *menores* sem moralidade, indisciplinados, violentos? Menores sem racionalidade, sem cabeça para as letras, com problemas de aprendizagem? As persistentes reprovações e até expulsões não reproduzem as mesmas culturas políticas antiéticas, antipedagógicas com que em nossa história foram decretados menores em humanidade?

Em tempos em que se radicalizam as formas do Estado, da Justiça decretá-los vidas ameaçadas, criminalizadas da pedagogia, da docência não se exige reagir a essas criminalizações dessas adolescências? Que exigências, que respostas éticas dos gestores, dos docentes, dos educadores? Ao menos superar ver esses adolescentes em conflito com as leis, normas das escolas para não reforçar que suas vidas sejam ameaçadas. Repensar de maneira crítica se as normas, disciplinas escolares não estão em conflito com essas infâncias, adolescências, vidas tão ameaçadas pelo Estado, por suas leis.

Dessas vidas infantes, adolescentes ameaçadas chegam exigências políticas por repensar as leis que servem de parâmetros para condená-los no Estado, na Justiça, nas forças da ordem. Mas também chegam exigências de repensar, superar os regimentos disciplinares escolares que legitimam reprovar, até expulsar, segregar essas infâncias-adolescências como infratoras, indisciplinadas. Reprovados. Diante do aumento de vidas ameaçadas de crianças, adolescentes populares pelas forças da ordem, somos obrigados a que ao menos nos tempos de escola não sejam condenados em conflito com as disciplinas escolares. Há avanços éticos, políticos, pedagógicos por humanizar os tempos de escola, infâncias-adolescências em vidas ameaçadas na sociedade. No Estado.

Jovens-adultos em que precário sobreviver?

As pressões dos jovens populares por educação básica e superior vêm crescendo. Chegam às escolas de educação média, à EJA, às universidades como cotistas sociais, raciais, como militantes de educação do campo, indígena, quilombola, das florestas, das águas. De que percursos humanos-in-humanos chegam? De que trabalhos, de que precário sobreviver? Aumenta a consciência dos docentes-educadores de conviver com jovens-adultos em vidas ameaçadas. Como entendê-los?

Dados do Ipea mostram que o tempo de permanência no desemprego vem crescendo: 26% procurando uma ocupação, por mais de dois anos, 48%. As mulheres com o maior índice de desocupação junto dos jovens de 18 a 24 anos e os menos escolarizados. A luta por escola inseparável da esperança de trabalho, renda. Vida. O abandono da escola, universidade inseparável da precarização de seu sobreviver.

Os dados mostram estarmos em tempos de desaceleração da economia. O desemprego e o trabalho ameaçados ameaçam as vidas das crianças, adolescentes, sobretudo dos jovens populares que chegam às escolas públicas, à EJA e até às universidades. Os jovens são os mais atingidos pela desocupação, pela precária ocupação, trabalho e renda para sobreviver. Obrigados a tentar sobreviver nos setores informais da economia e do trabalho. Os jovens com baixa escolarização, negros, são as vítimas das demissões, da subocupação, do desemprego e do desalento até na procura de emprego.

Dados mostram alta no número de desocupados, desalentados, subocupados. São os jovens-adultos Passageiros de subtrabalho, não trabalho para a EJA (ARROYO, 2017). A amostra por domicílios de 2017 aponta 21,5%, em 2018 aumenta para 22,2% dos domicílios sem um dos membros da família desempenhando uma atividade remunerada no mercado de trabalho. Nos domicílios de renda baixa chega a 30,1%. A destruição das Leis do Trabalho destruiu a responsabilidade política do Estado, os direitos do trabalho jogados aos interesses do capital. Os jovens entre os mais precarizados nos direitos do trabalho.

Dados do Ipea mostram que vem crescendo a desigualdade salarial. A média de renda familiar da faixa mais alta é 30,3 vezes maior do que a das famílias de renda baixa. Vem crescendo o número de contratos de trabalho parcial e informal, vêm diminuindo as possibilidades de passar de um trabalho informal a formal. Quando a taxa de desocupação aumenta e de renda diminui as vítimas ameaçadas são os jovens-adultos. Suas lutas por educação nas escolas, na educação média, na EJA, universidades ficam ameaçadas. Infrequências, desistências nas incertezas do trabalho. Se persistem, chegam marcados pelo desalento.

O comportamento de desalento e da subocupação se tornou uma constante nas famílias das infâncias à vida adulta que lutam por escola, por EJA, até por universidade. Quando a percentagem de pessoas, famílias fora do trabalho e desalentados de procurar trabalho aumenta o desalento de esperar uma vida justa, digna, humana nas famílias e nos filhos aumenta. As consequências desses desalentos chegam às escolas, à EJA, às universidades, afetando as esperanças de um futuro menos injusto pela educação. Que exigências éticas para a educação e a docência? Como entender não condenar esses desalentos e medos a continuar em vidas ameaçadas? Como não reprovar educandos reprovados pelo padrão de trabalho? Reprovar nas escolas, na EJA vidas que a sociedade, o Estado ameaçam não é ético. É injusto. Qual a responsabilidade das escolas, das políticas de reprovação, retenção no desemprego de jovens-adultos porque com baixa escolarização? Ameaçados a sem trabalho, sem renda porque sem diploma, sem percursos escolares regulares porque reprovados, retidos pelas injustas avaliações escolares? As escolas reforçando as ameaças de vidas dos jovens populares?

Jovens do campo em lutas por terra-vida

As vivências dessas ameaças às vidas podem ser diversas na diversidade de coletivos de jovens populares: urbanos, do campo, mulheres, homens. O jovem rural, jovem camponês carrega ameaças mais ameaçantes. Sair do campo, migrar, ser desenraizado da terra, do trabalho, do cultivo, desenraizamentos culturais, identitários, à procura de outro lugar, outro trabalho, outra cultura. Outras identidades sociais, juvenis. Desenraizados da vida no campo? Obrigados a migrar pela destruição da agricultura camponesa, familiar? Pelo avanço do agronegócio? Pela falta de perspectiva da Reforma Agrária? Pela ameaça de perda da terra? Migração de jovens, sobretudo mulheres. Para que trabalhos nas cidades? Serventes, empregadas domésticas?

Os movimentos do campo em defesa da terra, da agricultura camponesa vêm dando centralidade aos movimentos juvenis nos campos, lutando por terra e por direitos, afirmando o jovem agricultor familiar como categoria política. Como ator político por terra, trabalho, escola, EJA, universidades. O campo território de ações coletivas, de movimentos sociais, de resistências de jovens do campo, exigindo direitos como jovens. As respostas do Estado, da justiça de decretar esses movimentos como terroristas deixam explícitas as radicalidades políticas que vêm dos trabalhadores dos campos. Direitos aprendidos pelos jovens com os movimentos sociais de que participam. Os jovens do campo em vidas ameaçadas por resistir por direitos à terra, trabalho, educação. Vida.

Que exigências éticas, políticas para a educação, a docência vêm dessas vidas de jovens ameaçados por lutar por terra, vida, identidades, por uma vida justa, humana? Que respostas esperam das escolas do campo, das águas e das cidades se obrigados a migrar? Exigências de entender suas identidades culturais quebradas, como desenraizados de suas terras, das águas, das florestas. Exigências de entender suas incertezas de encontrar e fincar raízes nas culturas agressivas das cidades.

Que respostas das escolas do campo fortalecerão suas lutas por terra, territórios ameaçados pela destruição da agricultura camponesa, pela expansão do agronegócio? Não esperam dos educadores, dos docentes seu direito a entender essas tensões que vivem como jovens dos campos? Que formação de docentes-educadores, que currículos os capacitarão para entender essas identidades juvenis ameaçadas? Como jovens do campo, participando dos movimentos de lutas por terra, sabem-se ameaçados como todos os militantes decretados criminalizados como terroristas. As repressões do Estado aos movimentos sociais do campo, a decretar os seus militantes como terroristas, extermináveis conferem novas radicalidades às vidas ameaçadas dos jovens dos campos. Como entender, fortalecer esses jovens resistentes a essas ameaças?

Jovens-adultos Passageiros da Noite em itinerários por vida justa

Volta a pergunta: vidas ameaçadas de que coletivos? De jovens-adultos também? Esses milhares de jovens-adultos em itinerários noturnos por educação, por vida justa sintetizam como as vidas ameaçadas vêm da infância, prosseguem na adolescência e culminam em vidas ameaçadas, injustas na sua juventude e vida adulta. A EJA síntese, encontro de vidas injustiçadas, mas resistentes e teimando em itinerários por vida e vida justa, humana?

Como entender a especificidade dessas vidas ameaçadas? São jovens-adultos que teimam em voltar do trabalho para a educação. Que vidas carregam? Ameaçados de um sobreviver precário de subempregos, desempregos, de trabalhos temporários, desalentados de procurar trabalho? Esses jovens-adultos estão entre os milhões de desempregados? São jovens, mulheres negras que sobrevivem como empregadas domésticas? Sabem-se com ameaças especiais de desemprego, subemprego por sem atestados de escolarização regular, por sem escola ou por reprovados, repetentes, vítimas das avaliações reprovadoras de nosso sistema escolar segregador. Segregados nas escolas, ameaçados sem trabalho. Sem vida justa. Os docentes-educadores conhecem suas histórias, seus itinerários para a EJA, itinerários de lutas por vida justa, digna, humana. Sabem que essas lutas têm uma motivação: superar esse viver injusto, essas vidas ameaçadas. Um tema de estudo-formação a ser objeto de diálogos coletivos de educadores e jovens-adultos educandos: Que vivências de vidas ameaçadas carregam à EJA? Sabem-se ameaçados? De que ameaças? Resistem a essas ameaças? Os itinerários por vida justa para a EJA os libertarão dessas ameaças?

Lembrávamos que nesse tempo humano de jovens-adultos como que sintetizam as vidas ameaçadas que começaram na infância e persistiram até os tempos de jovens-adultos. Saber-se vivenciando vidas ameaçadas não é um acidente, mas revela que para sua raça, sua classe, sua condição de mulheres viver em vidas ameaçadas, em um viver injusto, in-humano é uma condição de classe, de etnia, raça, gênero. Essas persistências de ameaças por vida e na totalidade de seu sobreviver os levam a se saber ameaçados na totalidade de sua condição humana. Ameaças totais de vidas totais. Sabem-se negados, ameaçados na totalidade de suas condições mais básicas de um viver justo, humano, negados, ameaçados nos direitos humanos mais totais: o direito à terra, trabalho, renda, saúde, educação, identidades, culturas. Vida.

Essa condição de vidas totais em ameaças totais de negação de direitos totais confere a volta à educação, à EJA um significado de resistências totais; confere a seus itinerários por vida justa, humana um sentido político de extrema radicalidade: lutar por EJA como que sintetiza o significado político de resistências totais, de libertação dessa totalidade de direitos humanos negados. Sintetiza o sentido de totalidade das ameaças que padecem e de que têm consciência. Itinerários totais, resistências totais pelo direito à vida justa, humana negada. Que respostas vêm do Estado a essas resistências desses jovens-adultos por direitos? A EJA ameaçada, cursos fechados, por quê? Essas vidas de desempregados, subempregados, mulheres, empregadas domésticas não são vidas rendáveis. São vidas dispensáveis a não merecer o custo de manter cursos de sua formação. Vidas ameaçadas, EJA ameaçada.

Um tema de estudo-formação nos coletivos de educandos-educadores desses jovens-adultos: sabem-se ameaçados na totalidade de seu viver, sobreviver. Como aprendem esse saber-se? Saberes de experiências de vidas ameaçadas na totalidade de seu sobreviver? Saberes herdados das históricas vidas ameaçadas de seus coletivos sociais, étnicos, raciais, de gênero, classe? Indagações, compromissos éticos para a educação e a docência: Com que saberes, conhecimentos, valores dos currículos fortalecer esses seus saberes e fortalecer suas lutas por libertar-se de vidas ameaçadas? Se veem essa consciência histórica de ser herdeiros de vidas ameaçadas, com que saberes docentes fortalecer essa consciência histórica? Exigências éticas, profissionais a que tentam responder seus docentes-educadoras, educadores.

3
QUE VIDAS MAIS AMEAÇADAS, DE QUE COLETIVOS SOCIAIS?

A pergunta é obrigatória: que vidas são ameaçadas e mais ameaçadas? Para um Estado de Privilégios é necessário um Estado de Exceção? Para vidas privilegiadas é necessário decretar outras vidas ameaçadas, extermináveis. Relações de classe, étnicas, raciais, de gêneros estruturantes das funções do Estado, das políticas públicas, de proteção ou de extinção. Todo Estado de Justiça justiceira tem endereços, como sempre teve: os oprimidos, os coletivos sociais mais oprimidos de nossa história a que nas últimas décadas vinham radicalizando suas resistências à opressão em movimentos e ações coletivas por direitos coletivos.

Para os oprimidos, o Estado de Exceção sempre foi regra

Um tema gerador de estudo-formação: que vidas mais ameaçadas? A proteção do Estado tem como política proteger as vidas, a terra, a renda de uns coletivos, como a desproteção, ameaças, extermínios têm como política ameaçar os Outros coletivos, os oprimidos. Faz parte de nossa cruel herança política reposta com refinamento nestes tempos. A brutalidade repressora do Estado afeta de maneira diferente os grupos étnicos, raciais, de gênero, dos campos, das periferias. Os trabalhadores. Volta a pergunta obrigatória: que vidas são mais vulneráveis, mais ameaçadas, mais extermináveis?

A intervenção no Rio de Janeiro que vidas ameaça? Jovens, adolescentes militantes, mulheres negras, faveladas, que ousaram resistir às violências de Estado como Marielle. Nos campos, as vidas ameaçadas são dos militantes em movimentos por terra, pela reforma agrária, pela agricultura camponesa ou de militantes em lutas pelos direitos a seus territórios, indígenas, quilombolas, das florestas, das águas. Para os jovens, adolescentes negros sem renda, sem trabalho, sem teto, sem presente e sem futuro lhes são oferecidos dois caminhos, ou o do cemitério ou o das prisões onde com a população carcerária poderão ser exterminados.

São as vidas dos oprimidos em estado de permanente exceção que foram e continuam sendo em nossa história as vidas mais ameaçadas. Nos tempos de violências institucionais de pacotes anticrime, de enfraquecimento e desmonte do Estado democrático, essas vidas desses coletivos são as mais ameaçadas. Por quê? Por ousarem resistir em movimentos e ações coletivas por direitos. Por vida justa. Não por acaso são esses os coletivos sociais, raciais, de gênero, classe mais ameaçados, porque vêm lutando por um Estado de Direitos, por direito à escola, à universidade, em lutas articuladas por direito à terra, teto, trabalho, renda, saúde. Vida. Em todos esses movimentos populares a luta síntese é luta por direito à vida, justa, humana. As respostas do Estado vão na contramão: decretados sem direito à vida. Extermináveis. Quanto mais vinha avançando o direito à vida mais se responde com ameaças de morte.

Todo Estado de justiça criminalizadora tem destinatários: os coletivos sociais, étnicos, raciais, oprimidos, segregados em nossa história, por ousarem resistir à tradição autoritária, que os decretou sem terra, teto, renda, trabalho, saúde, educação. Vida. Ameaçar suas vidas negando-lhes esses direitos de um viver justo, humano tem sido uma tradição política em nossa história. Uma história ocultada no contar a nossa história política, econômica e até educacional. A pressão desses coletivos sociais, raciais, oprimidos por escolas, universidades lhes garante o direito a saber essa história e a saber-se nessa história? Os conhecimentos sistematizados nos currículos, na Base Nacional lhes garantem o direito a saber-se nessa história? Sabem-se vivendo em vidas ameaçadas, criminalizadas, têm direito a saber que essa tem sido uma tradição em nossa história. Lembrando Walter Benjamin: Para os oprimidos, o Estado de Exceção sempre foi regra.

As resistências por emancipação reprimidas

Os oprimidos em ações coletivas resistiram a ser mantidos em Estado de Exceção como regra. O Estado retoma sua função: reprimir suas resistências, mantê-los em Estado de Exceção. Que exigências para a educação? Garantir seu direito a saber por que o Estado retoma essa tradição. Os oprimidos vinham em ações coletivas de resistências por libertação, emancipação, afirmando-se sujeitos de direitos. O direito à educação como direito à vida. Esses Outros foram chegando às escolas, até às universidades exigindo cotas sociais, raciais. O Estado de criminalização repõe a velha tradição autoritária contra os mesmos coletivos sociais, étnicos, raciais. Com uma ênfase política: ameaçar suas vidas por ousarem resistir por afirmar-se sujeitos de direitos humanos, de direito à diversidade, identidades, cultura, valores como diferentes. A educação vinha se configurando como um campo público que vinha tomando partido pelo reconhecimento, afirmação das diferenças de gênero, etnia, raça, classe que os movimentos sociais vinham afirmando. Esse tomar partido político, ético, pedagógico é reprimido: "Escola Sem Partido", "Sem Ideologia de Gênero". Sem fortalecimento das diferenças culturais, identitárias dos Outros em ações coletivas afirmativas nas cidades, nos campos e nas escolas e universidades.

Uma pergunta de estudo-formação inicial e continuada: que vidas ameaçadas, de que coletivos? Um dos campos em que nossa tradição autoritária, criminalizadora, ameaçadora e exterminadora de vidas se afirma como um constante tem sido nas formas de decretar, reprimir, condenar, oprimir os Outros – indígenas, negros, quilombolas, ribeirinhos, camponeses como coletivos. As formas políticas ou os padrões de poder, de pensar-decretar esses coletivos sem direito a afirmar suas identidades, culturas e sem direitos à terra, teto, renda, saúde, vida tem determinado a ausência e fraqueza das políticas de sua educação. De não reconhecê-los humanizáveis, educáveis. Em nossa história as segregações de classe se reforçam com as segregações de etnia, raça, gênero, orientação sexual.

A história da educação pública é inseparável desse decretar essas vidas ameaçadas. É inseparável de manter os oprimidos em Estado de Exceção como regra. As formas históricas, os padrões de poder sobre os Outros têm sido e continuam sendo o padrão de negação, precarização de seu viver e de sua educação. Do Estado optar por não educá-los, mas criminalizá-los por resistir, ameaçar suas vidas. As formas, o padrão de exceção, criminalização repostos nestes tempos não é um acidente, mas uma reafirmação do padrão autoritário, criminalizador que acompanha nossa história no administrar os Outros, mantendo-os em Estado de Exceção. No administrar sua educação. No desvalorizar a educação pública e no desvalorizar o trabalho dos seus profissionais-docentes-educadores.

Estamos em tempos da educação pública – escolas, EJA, universidades ameaçadas, das ciências humanas ameaçadas, dos docentes-educadores ameaçados. Por quê? O que determina que educação, que docência são ameaçadas é que coletivos sociais, raciais são decretados ameaçados pelos padrões de poder político, social, econômico. Coletivos que vinham ousando lutar por direito à educação como direito a sua diversidade. O direito à educação vinha deixando de ser tratado como um direito genérico e se afirmando como um direito de coletivos sociais, étnicos, raciais, de gênero, classe. Esses coletivos vinham conferindo radicalidades políticas e pedagógicas novas ao direito à educação e ao Estado de Direitos. Logo ameaças aos coletivos sociais que radicalizaram o Estado de Direitos.

Tanto as ameaças a que educação, como a que coletivos sociais está determinada pelo padrão de poder, pelas estruturas políticas, econômicas que se afirmam ameaçadoras dos trabalhadores ameaçados nas conquistas dos direitos do trabalho para fortalecer o poder empresarial; ameaçadoras dos aposentados ameaçados nos direitos do viver para fortalecer o capital financeiro; os movimentos militantes sem-terra, sem-teto ameaçados de terroristas para fortalecer o agronegócio; os militantes negros, indígenas, quilombolas, mulheres ameaçados em seus movimentos por igualdade e diferenças para fortalecer a supremacia branca, patriarcal no poder. Como essas tensões políticas afetam a educação, a docência, os educandos e educadores? Entender que vidas ameaçadas, de que coletivos sociais, raciais para entendermos que educação e que educadores ameaçados. Que coletivos sociais ameaçados porque mais resistentes por emancipação?

Militantes em lutas por terra

As ameaças mais radicais a vidas são decretar como terroristas, extermináveis os militantes que vêm lutando por terra, territórios, teto. As violências e extermínios em nossa história estiveram associados aos processos de desapropriação dos territórios, terras e as resistências por direito a territórios, terras dos coletivos desapropriados. Os militantes sabem-se ameaçados, decretados terroristas nos tempos políticos atuais que repõem a histórica tradição autoritária que vem desde a Colonização com a expropriação dos territórios, terras dos indígenas, dos quilombolas. Tradição autoritária de expropriação das terras, da destruição da agricultura camponesa, ribeirinha, das florestas, mantida nos tempos republicanos e reposta no presente como política. Quando o Estado e a Justiça decretam os militantes em lutas por territórios, terra, teto como terroristas estão repondo essa persistente tradição autoritária. Estão repondo o decretar vidas ameaçadas de trabalhadores dos campos, das águas, das florestas. Vidas ameaçadas, sobretudo dos seus militantes, resistindo à expropriação das terras, à destruição da agricultura camponesa, indígena, quilombola das comunidades negras, ribeirinhas, das florestas.

Essas violências decretando vidas ameaçadas desses militantes em lutas, ações coletivas por territórios, terras violentam, ameaçam os avanços havidos no reconhecimento de vincular essas lutas por direito à terra, território, agricultura camponesa, vinculá-las a políticas, diretrizes específicas de Educação do Campo, Indígena, Quilombola, por lutas específicas de formação de educadores, educadoras do Campo, Indígenas, Quilombolas, Ribeirinhos, das Florestas. Essas vidas militantes ameaçadas, esses movimentos por direito à terra, territórios, formas específicas de saberes, valores, identidades coletivas, suas formas de educação, humanização são ameaçadas na violência mais radical: ameaçar suas vidas como terroristas.

O que legitima essas violentas ameaças políticas? As articulações entre o Poder, o Estado, a Justiça, os órgãos de segurança e a burguesia agroexportadora, financeira, o poder do agronegócio nas forças do Estado, que continuam decretando Terra à Vista, a ser expropriada de indígenas, quilombolas, ribeirinhos, das florestas. Entregar o Incra até a demarcação das terras indígenas, quilombolas, das comunidades negras tradicionais, ribeirinhos, das florestas ao Ministério do Agronegócio repõe a nossa história de expropriação-apropriação da terra que vem desde o Terra à Vista no grito colonizador. As violências, as ameaças de vidas atuais propõem que esses povos ou entram na exploração da terra, dos territórios, das águas, das florestas, na lógica do capital do Agronegócio ou serão expropriados do direito a seus territórios. O grito terras indígenas, quilombolas à vista continua ecoando como política de Estado no presente.

Que exigências éticas para a educação, a docência, as políticas de formação de docentes-educadores militantes que vêm acontecendo nos movimentos sociais, no Pronera, nas faculdades de Pedagogia, de Licenciaturas? Que exigências éticas para a produção de material, de didáticas, de Pedagogias da Terra, Indígenas, Quilombolas, Ribeirinhas, das Florestas? Como garantir que essas memórias de avanços por direitos à educação articuladas a avanços por lutas por terra, território, teto, vida não sejam destruídas? Como formar docentes-educadores para garantir o conhecimento dessas memórias para os ameaçados por lutarem por terra, território, teto, vida? Como fortalecer sua consciência de saber-se em vidas ameaçadas para fortalecer suas resistências militantes? Quando as vidas de militantes são ameaçadas de extermínios por que terroristas, as lutas por educação, formação tão articuladas às lutas por terra, território, teto, vida serão ameaçadas por proteger terroristas. Extermináveis. Que resistências éticas, políticas, pedagógicas?

Ameaçados por lutarem por direito à terra-educação, à vida justa

As lutas por terra em nossa história são inseparáveis das lutas por vida. O preço dessas lutas por vida tem sido ameaças da vida, de mortes. Terra, vida, mortes uma relação persistente reposta como política. Um dado merece atenção especial nessa criminalização de vidas: os extermínios de militantes em lutas por terra, territórios, por teto, espaço, moradia. Uma história que vem de longe: calculam-se 40 milhões de indígenas mortos na colonização das

Américas por resistirem à expropriação de seus territórios. Milhares mortos por resistirem à escravidão, refazendo seus territórios quilombolas. Mortes de militantes sem terra criminalizados como terroristas no padrão de terrorismo internacional, logo extermináveis.

Por que ameaçar vidas de militantes em lutas por terra, territórios decretando-os como terroristas? A relação terra-poder acompanha nossa história política. Uma relação histórica reposta entre terra, poder, lutas por terra. Por que essa relação persistente entre vidas ameaçadas, criminalizadas e lutas por terra, território, lugar? O padrão de dominação, opressão, extermínio é inseparável do padrão estrutural latifúndio-oligarquia, que acompanha a história desde a Colonização. O modo de produção escravista define a divisão de classes sociais: os senhores da terra e os escravos. As relações capitalistas de exploração da terra, a consolidação do latifúndio, do agronegócio continuam como o padrão de poder, dominação, opressão.

O poder do agronegócio – a bancada da terra – central no Estado, criminaliza os movimentos sociais e seus militantes em lutas por terra e destrói os avanços nas lutas por educação do e no campo, destrói os avanços na formação de Licenciaturas do Campo, Pronera, diretrizes curriculares da Educação do Campo, Indígena, Quilombola. Entrega a demarcação das terras indígenas, quilombolas ao Ministério do Agronegócio. Acaba com a Reforma Agrária... Impõe a exploração da terra para o lucro, não para a vida. Destrói a agricultura camponesa e seu modo de vida econômico, social, político e cultural. O valor da vida, da reprodução da família em confronto com o valor, a lógica do lucro da empresa capitalista[1].

As lutas pela terra vêm repolitizando a educação, ao vincular as lutas por terra, vida às lutas por Educação do Campo, pela Terra Matriz de Formação Humana. Trabalho no campo, princípio educativo. Resistências matriz formadora. Os ataques à educação pública, às universidades são ataques a essa politização da educação que vem dos movimentos sociais. Os militantes em lutas por terra, vida justa são ameaçados de terroristas, de extermínios por reafirmar como sujeitos sociais, políticos coletivos. Por fortalecer o campesinato, sua economia moral, familiar, comunitária, de suporte e resistência econômica, social, política, cultural, moral é fortalecida nas lutas por terra, agricultura camponesa, como modo de vida social, político, resistente à exploração da terra para o lucro. Confrontos de interesses de classe, de valores, culturas. De projetos políticos, educativos que a Educação do Campo vinha

---

1. Cf. *Dicionário da Educação do Campo*. Verbetes: Agricultura camponesa, Educação do Campo, MST e Educação.

afirmando. Identidades camponesas culturais, de produção, de educação, de resistências que vinham se afirmando como atores políticos reprimidos e decretados terroristas por ousarem radicalizar as identidades sociais, políticas, culturais, educativas.

Os decretados terroristas criminosos em vidas ameaçadas são com destaque os militantes do MST, Movimento dos Trabalhadores Rurais Sem Terra. Por quê? Por se organizar em lutas por terra, pela Reforma Agrária e por mudanças na agricultura brasileira (MANÇANO, 2012). Ao decretar o MST e seus militantes terroristas, extermináveis pelas leis do terrorismo internacional se decreta como terror político a luta pela terra, pela ocupação da terra e do latifúndio e pela ampliação dos territórios camponeses...

O decretar os militantes como terroristas vai além: o MST é um movimento político, cultural, educacional de afirmação da totalidade dos direitos sociais, políticos. Um outro projeto de campo, de sociedade, de Estado, de Nação – De Soberania Popular: "Terra para quem nela trabalha". "Terra não se ganha, terra se conquista". Ocupar, resistir, produzir. Por um Brasil sem latifúndio... Até ocupemos o latifúndio do saber: a educação, as universidades... Lutamos pela terra e o que nos é de direito, todos os direitos por vida justa. Humana. Globalizemos a luta, globalizemos a esperança... Decretar os militantes nesses movimentos sociais como terroristas, criminosos, extermináveis tem o significado político radical de decretar esses ideais políticos, culturais, morais, pedagógicos como ameaçáveis, reprimíveis. É reprimir o sonho de um outro projeto de campo, de sociedade, de Estado, de Nação. Reprimir um Outro projeto de vida humana. De humanização-educação.

Quando se decretam como terroristas, criminalizáveis as lutas por terra, por outro projeto de sociedade se decreta a repressão, criminalização do projeto de educação, formação humana que esses movimentos vinham afirmando. Essa educação Outra é ameaçada. Os movimentos sociais levaram a educação a tomar partido por essas lutas tão radicais por terra, territórios. A condenação política não demorou vinda do Estado e da justiça criminalizadores de lutas por direitos tão radicais. Um tema de estudo-formação não apenas para educadores do campo, mas para todos os educadores: Que projeto de educação, formação humana vinha se afirmando nesses movimentos sociais? Que radicalidades políticas, pedagógicas para toda educação, toda docência? Ameaçar esses movimentos como educadores ameaça toda a educação, toda a docência. Toda tentativa de lutar por educação, vida justa, humana.

Povos indígenas, quilombolas expropriados de seus territórios

O grito iniciante de nossa história: Terra à Vista é o grito iniciante de vidas ameaçadas dos povos indígenas, quilombolas. Tempos de reafirmar esse grito originário: Terras à Vista dos povos indígenas, quilombolas. Expropriá-los de suas terras pelo agronegócio? O debate sobre entregar a Funai, o Incra e a demarcação das terras indígenas, quilombolas, das comunidades ribeirinhas, das florestas aos interesses do agronegócio, que ameaças históricas repõe? Que exigências para a educação o debate político propõe que se esses povos não entrarem na exploração dessas terras, na lógica do agronegócio serão expropriados e decretados à margem das políticas e da Política? Por que decretados sem direito à terra, vida?

Nos diversos países da América Latina esses povos vinham se afirmando como um "novo ator social e político". Vinham afirmando lideranças e organizações sociais próprias, resistentes, afirmativas na cena política, social, cultural e educacional. Vinham pressionando o Incra, os Ministérios da Reforma Agrária, do Desenvolvimento Social, da Igualdade Racial, de Gênero, dos Direitos Humanos. Pressionando o MEC por estar na Secadi, no CNE por Diretrizes Curriculares Indígenas, Quilombolas... Uma reivindicação política dos povos indígenas, quilombolas, a autodeterminação, o que mexe com transformações nas estruturas do Estado. Na Constituição de 1988 algumas das reivindicações ganharam reconhecimento em um capítulo específico intitulado *Dos índios*, em que se afirma: "são reconhecidos aos índios sua organização social, costumes, línguas, crenças e tradições e os direitos originários sobre as terras que tradicionalmente ocupam, competindo à União demarcá-las, proteger e fazer respeitar todos os seus bens" (Art. 231).

Os povos indígenas, quilombolas vinham se afirmando sujeitos políticos e de políticas não apenas como "culturas distintas", mas como povos e nações com direitos coletivos específicos a exigir ser reconhecidos atores de políticas e não meros destinatários de políticas. Pressionaram por presença na definição, implementação de políticas de saúde, educação e de identificação dos seus territórios de direito. Essas afirmações políticas dos povos indígenas e quilombolas por direitos culturais e, sobretudo, territoriais provocaram reações, violências, até extermínios, sobretudo por ousarem lutar pela reocupação, manutenção de seus territórios originários. Provocaram os sistemas jurídicos na defesa dos direitos dos povos indígenas e quilombolas. Ao se afirmar sujeitos coletivos de direitos exigem respostas dos sistemas jurídicos de direitos. Respostas do Estado de Direitos.

Ao reconhecer na Constituição os povos indígenas, quilombolas, o direito a sua organização social, costumes, línguas, crenças, tradições, culturas exige-se da educação reconhecê-los sujeitos de processos culturais, educativos, formadores, humanizadores. Exige o reconhecimento de políticas educativas, diretrizes curriculares, formação de educadores, línguas, saberes, culturas específicas. Avanços de reconhecimentos que vinham acontecendo nas políticas educativas, no reconhecimento das identidades étnicas, raciais inseparáveis do reconhecimento do direito a suas terras. As indagações mais radicais para a justiça e para a educação vêm das brutais formas históricas de repressão, mortes, por lutarem pelo direito a suas terras, territórios, vidas, culturas, identidades coletivas.

Desde a Colonização as relações interétnicas entre poder, justiça têm se pautado por ameaçar esses coletivos como in-humanos, não sujeitos de direitos humanos. Não estamos em tempos de Estado de direitos, logo não estamos em tempos de proteção dos direitos assegurados aos povos indígenas e quilombolas pela Constituição Cidadã. Estamos em tempos de confrontos diretos não só no reconhecimento de seus direitos culturais, mas, sobretudo, de conflitos de não reconhecimento dos direitos originários a suas terras e de proteger e fazer respeitar todos os seus bens. O próprio Estado estimula a expropriação dessas terras, territórios, desses bens se não entrarem na lógica do agronegócio, de colocar suas terras não para produção da vida de suas comunidades, mas para a acumulação do lucro. Mesmo as terras, reservas demarcadas são invadidas, invadindo, destruindo suas culturas, valores, saberes, identidades coletivas enraizadas em suas terras, territórios.

Terras, territórios ameaçados, vidas ameaçadas. A terra não dá mais para viver. Vidas ameaçadas de não dar para viver. Vidas ameaçadas em suas culturas, identidades. Vidas ameaçadas de extermínios se resistirem ao direito a suas terras. Que exigências éticas para a educação e a docência, para as políticas, o MEC, Secadi, CNE? Aprender com suas resistências: radicalizar o direito a suas culturas, a sua educação como inseparável do direito a suas terras, territórios, modos de produção de suas vidas. Quando os modos de produção da vida são ameaçados as matrizes da produção humana, cultural, identitária, educativa são ameaçadas.

Que exigências éticas da educação em tempos do direito à terra, identidades, vidas ameaçadas? Ir além de visões culturalistas – respeito a suas culturas – e aprender de sua consciência de que lutar por suas identidades culturais, suas crenças, saberes, valores exige lutar por terra, território como matriz de vida, de formação humana, matriz de suas culturas.

Mulheres adolescentes-jovens vítimas de violências

A pergunta que vidas ameaçadas nos leva os movimentos feministas em lutas por vida, denunciantes de vidas de mulheres ameaçadas, condenadas a um injusto, in-humano sobreviver. Criminalizadas, exterminadas. As reações à morte de Marielle um símbolo do quanto os movimentos feministas avançaram na consciência social, política dos direitos das mulheres. Do direito à vida. Por que os movimentos das mulheres pobres, negras em lutas por direitos, por vida são reprimidos como ameaçadores de quem?

Os feminicídios, as violências sexuais, estupros são formas brutais de vidas ameaçadas vividas muito cedo pelas meninas, adolescentes, jovens, mulheres, violências que chegam às escolas, à EJA, aos cursos de Pedagogia e de Licenciaturas. Como entender e enfrentar essas vidas ameaçadas? Ignorar ou reconhecer que esses dramas éticos chegam às escolas? Como entender as especificidades de vivenciar vidas ameaçadas de mulheres que, como crianças, adolescentes, jovens-adultas chegam às escolas, à EJA, às universidades? A sensibilidade para essas ameaças é reposta na política, nos movimentos feministas e na educação. Ao magistério tão feminizado, como uma profissão cada vez mais feminina, chegam mulheres, docentes-educadoras marcadas pelos diversos feminismos: indígena, quilombola, negro, branco. A sensibilidade para as formas específicas dos padrões sexistas, classistas, racistas ameaçarem as vidas das mulheres desde a infância aumenta na docência, na educação, condenadas por educar na ideologia de gênero.

No livro *Corpo-infância* (ARROYO & SILVA, 2012), Maria dos Anjos Viella e Célia Regina Vendramini nos oferecem uma análise sobre a exploração sexual de crianças e jovens: a prostituição, o turismo sexual, a pornografia e o tráfico. A indagação para a ética docente-educadora chega e percorre todo o texto: "Até onde vivências tão duras da corporeidade indagam os currículos e repõem conteúdos para a teoria pedagógica" (p. 82). Repõem indagações éticas radicais que o texto trabalha: "A exploração comercial sexual no quadro de desumanização. Corpo mercadoria, coisificado. Não humano. Destino precoce de muitas meninas nas ruas, nas casas 'bem' como domésticas, no turismo, como trabalho para sobreviver, não morrer" (p. 82). Vivências radicais de vidas ameaçadas que se estruturam com raça, etnia, gênero, classe, levando essas vidas ameaçadas ao limite do in-humano.

Volta a pergunta que nos acompanha: que exigências, respostas, propostas éticas para os docentes, educadoras e educadores entender, acompanhar essas adolescentes, jovens, até crianças nessas formas tão brutais de saber-se em vidas ameaçadas? Pesquisar nos tempos de estudo-formação inicial e continuada se o pensamento pedagógico, a pesquisa têm dado prioridade a entender a especificidade dessas violências. Se os docentes-educadores, educadoras recebem formação para ouvir, entender os significados de desumanização, de roubar humanidades, de destruir identidades que chegam às escolas com mulheres, adolescentes, jovens, até crianças destruídas em suas identidades, ameaçadas em suas vidas, violentadas em seus corpos, destruídas em suas identidades.

As ciências humanas, as ciências da saúde da mulher, da criança, sexologia, direito... vêm pesquisando sobre essas formas antiéticas de roubar humanidades. A educação também se tem voltado para entender, denunciar essas formas de ameaçar vidas, destruir identidades. Decretar, sobretudo, a pedofilia como crime hediondo (Lei 12.015/09). Talvez por esse denunciar a exploração sexual de crianças e jovens, os feminismos... as ciências humanas e a educação são condenadas por ter tomado Partido, como Ideologias de Gênero.

O patriarcalismo, sexismo, machismo repostos nos padrões de poder

As ciências humanas vinham fortalecendo os movimentos contra o patriarcalismo, sexismo, machismo nos padrões de poder, de trabalho, da política, da justiça. As reações vêm do próprio poder. Por que o Estado condena tanto as ciências humanas, a educação, a dita Ideologia de Gênero? Porque todas as lutas das mulheres revelam ações coletivas de resistências ao patriarcalismo, sexismo, machismo que impregnam os padrões de poder, de apropriação da terra, da renda, do Estado, da justiça. Denunciar todo padrão de dominação que condena mulheres jovens, adolescentes, crianças a vidas ameaçadas é reprimido porque ameaça esses padrões de poder, de gênero, classe.

Que ações, respostas de anúncio, denúncia nas escolas, na EJA, nas universidades, nas políticas, na formação docente-educadora? Fortalecer as ações que já estão acontecendo: priorizar pesquisas, estudos para trazer com destaque essa realidade na formação que educadores terão de acompanhar vidas ameaçadas pela exploração sexual. Dar destaque ao estudo das diversas formas de violência sexual, física, doméstica, homofobia, racismo nas diversas áreas do conhecimento. Sobretudo, superar condenar as vítimas marcadas por gravidez precoce. Organizar formas de apoio, de acompanhamento, nunca de condenação. As escolas, a docência, a educação e gestão podem aprender com áreas como da Saúde. Nas áreas da Saúde há Estudos da Saúde do Adolescente em parceria com Políticas para as Mulheres. Programas que têm como atividades subsidiar as equipes de saúde que lidam com mulheres adolescentes, jovens para enfrentar a relação saúde-adolescentes, jovens mulheres, violência.

Um tema para pesquisa na formação inicial e continuada: existem propostas para subsidiar docentes-educadores no entender, acompanhar mulheres-adolescentes, jovens em vidas ameaçadas, violentadas? Exigências éticas para a docência, gestão, educação. Para as políticas educativas. Uma exigência ética para a educação, a docência, para as pesquisas e o pensamento pedagógico: que dimensões formadoras de identidades positivas vêm das resistências de gênero à dominação patriarcal, sexista que estrutura os padrões de poder, de trabalho, de apropriação da terra, da renda? Como esses padrões tão desumanizantes, inferiorizantes têm sido reproduzidos na negação do direito à educação, à produção científica, na presença nas áreas nobres científicas e nos Três Poderes?

No Estado Democrático de Direitos essas presenças vinham avançando, as lutas por igualdade de gênero e pelas diferenças vinham avançando. Até pela presença no Estado – Ministérios da Igualdade de Gênero, Racial pela presença da Mulher em Ministérios e na Presidência. O *impeachment* da única mulher em presidência em 130 anos de República foi um gesto machista, grosseiro: "tchau querida", o lugar do poder não é de mulheres. As ameaças aos direitos da mulher reafirmadas. Por que essas ameaças reafirmadas? Por que se ameaçam seus movimentos, suas resistências em tempos de Estado de não direitos?

A condenação da educação por ter aderido à dita Ideologia de Gênero faz parte de um Estado que repõe a dominação patriarcal machista ameaçando os movimentos feministas pela igualdade, pelas mulheres se afirmarem mulheres, sujeitos de direitos. Um Estado que ameaça as lutas das mulheres, acompanha as lutas por direitos de cidadania, de trabalho, de igualdade e diferenças, lutas contra os padrões sexistas, racistas, de exploração, discriminação, violência, de gênero, raça, etnia. Movimentos feministas de resistência e de afirmação, movimentos docentes, indígenas, quilombolas. Movimentos das Mulheres Camponesas (PALUDO & DARON, 2012).

O movimento de mulheres trabalhadoras do campo vem lutando por sua valorização como mulheres, como trabalhadoras dos campos, por direitos do trabalho, aposentadoria, salário maternidade, sindicalização, participação política, contra a violência no campo, pela saúde pública, educação pública, pela reforma agrária. Como movimento, luta em "defesa da vida todos os dias", pelo protagonismo das mulheres do campo com sua história, pelo direito a viver com dignidade, justiça e igualdade – a vida das mulheres como direito é central.

Um traço persistente: a libertação da mulher camponesa e de toda mulher tem sido obra da própria mulher, da organização e da luta pela igualdade nas relações de gênero e pertencimento de classe. Em defesa da família, da agricultura familiar e do papel da mulher na produção de alimentos, da vida da família. O movimento das mulheres camponesas exige o reconhecimento de trabalho das mulheres; exige seu reconhecimento como sujeitos de direitos contra a expropriação da terra, do trabalho contra o modelo capitalista e patriarcal e pela vida. Têm consciência como mulheres camponesas de serem decretadas também terroristas pelo Estado, de justiça criminalizadora. Sabem-se em vidas ameaçadas como mulheres, trabalhadoras do campo.

Nos cursos de formação da Pedagogia da Terra esse saber-se, essa consciência são fortalecidos. Outras identidades de mulheres trabalhadoras, educadoras, em afirmação política e pedagógica, chegam às escolas do campo e a todas as escolas a exigir o direito a entender-se segregadas, ameaçadas pelo patriarcalismo, sexismo, machismo que os padrões de poder repõem, fortalecendo novas ameaças e opressões.

Docentes-educadores em vidas-identidades ameaçadas

Os docentes-educadores, pesquisadores, alunos tão presentes nas manifestações em defesa da educação ameaçada, em defesa das universidades e das escolas públicas ameaçadas mostram sentir-se ameaçados como docentes-educadores. Ameaçados nas condições de trabalho e nos direitos do trabalho, como docentes-educadores, pesquisadores, gestores. As ameaças à educação pública, ao Estado de Direitos do público, à privatização do público, das instituições públicas ameaçam os direitos dos profissionais do público.

Os movimentos docentes CNTE, Andes e a diversidade de movimentos sindicais docentes estaduais e municipais vinham afirmando os direitos docentes como direitos de trabalhadores na educação, politizando as identidades docentes como trabalhadores (ARROYO, 2010). Os ataques às instituições públicas de educação são reações políticas ameaçadoras desses avanços por direitos à educação dos próprios trabalhadores na educação. Ataques somados aos movimentos sociais em lutas por educação atreladas a lutas por direitos políticos. A politização das lutas por educação vinha politizando as lutas pelos direitos dos trabalhadores na educação. As reações políticas do Estado ameaçado a essas lutas por educação articuladas a lutas pelos direitos humanos básicos ameaçam os direitos dos próprios profissionais da educação, da básica à superior.

As ameaças políticas mais radicais do Estado são contra os movimentos em lutas por terra, territórios, movimentos que repolitizaram a educação do campo, indígena, quilombola, repolitizando a especificidade de suas identidades docentes-educadoras e a especificidade de sua formação nos cursos de Pedagogia da Terra, de Licenciaturas. As ameaças do Estado a esses movimentos como terroristas ameaçam as identidades docentes-educadoras e ameaçam a especificidade de sua formação. Ameaças à Secadi, ao CNE e às diretrizes curriculares que afirmam suas identidades.

O trabalho docente-educador é ameaçado sempre que são ameaçados os percursos de aprendizagem e de formação humana dos educandos. Quando os educandos chegam ameaçados em seu viver, sobreviver, roubados em suas humanidades, em suas identidades pessoais e coletivas positivas o trabalho docente-educador se torna incerto. A Pedagogia aprendeu a ensinar, acompanhar processos de aprendizagem, de desenvolvimento humano. Quando os educandos chegam em processos de desumanização, de conflitos de identidades positivas, de processos, vivências de desumanização, a Pedagogia é obrigada a repensar sua função histórica. Sente-se ameaçada. É a sensação vivida nos profissionais que tentam entender sua função no convívio com infâncias--adolescências nas escolas, jovens-adultos na EJA, em vidas ameaçadas. Seu trabalho se torna mais complexo. São obrigados a redefinir, reinventar suas identidades profissionais.

Há um clima-sentimento de ameaça nesses cursos de formação de educadores do campo, indígena, quilombola, das águas, das florestas. Ameaças que destroem identidades profissionais que tanto custaram em se afirmar como direitos políticos as diferenças. A identidade genérica de docente, educador, licenciado vinha de processos de diferenciação, de enriquecimento, de formação de identidades docentes-educadoras coladas, reforçadas e reforçando identidades de etnia, raça, campo, das águas, das florestas. Identidades educadoras diversas a enriquecer a identidade docente-educadora. A enriquecer os currículos de formação. Avanços ameaçados. Resistências retomadas, radicalizadas a exigir políticas mais radicais de formação de docentes-educadores para entender com que novas ameaças suas identidades docentes, seus direitos do trabalho são ameaçados. Para entendendo-se fortalecer suas resistências e as resistências dos educandos.

4
COLETIVOS CRIMINALIZADOS POR LUTAR POR POLÍTICAS AFIRMATIVAS DAS DIFERENÇAS

Às escolas, à EJA chegam sujeitos de coletivos concretos, marcados por históricas segregações por classe, gênero, etnia, raça. As ameaças vêm de coletivos, padrões estruturantes de poder: a classe, a etnia, o gênero, a raça. Chegam sujeitos de coletivos resistentes a segregações de classe, gênero, etnia, raça. Coletivos por políticas afirmativas de suas diferenças, identidades coletivas. Como entendê-los, fortalecer suas resistências afirmativas das diferenças raciais, étnicas?

A cor do poder, a cor da justiça

O racismo estrutural tão incrustado nos nossos padrões de poder, de classe, gênero, de trabalho... acrescenta radicalidades antiéticas aos processos sociais, políticos, econômicos, culturais e até pedagógicos de ameaçar vidas. Os noticiários de mortes, extermínios, os corpos, a cor dos criminalizados revela que as vidas ameaçadas têm cor, têm classe. Desde a Colônia, no Império e na República o poder tem cor, a etnia – povos originários, a raça – negros escravizados decretados escravizáveis, expropriados de suas terras, de sua condição humana, decretados deficientes em humanidade. Vidas ameaçadas, extermináveis. A cor do poder, da justiça persiste. A pobreza, o desemprego, subemprego têm cor. Os favelados, sem teto, sem terra, sem renda têm cor. Até as crianças, adolescentes nas ruas, no trabalho, nas escolas públicas têm cor. Os mortos – jovens-adolescentes mortos nos fins de semana ou nas chacinas das prisões têm cor.

As mulheres mães que levam seus filhos às escolas públicas ou que choram os filhos em vidas ameaçadas ou mortos têm cor. São as "Maria, Marias... é a cor... é uma gente que ri quando deve chorar e não vive, apenas aguenta... que traz na pele essa marca de ter fé na vida". A cor de tantas Marias chorando vidas responde continuando a ter fé na vida. A merecer com seus filhos o direito à vida. O samba tem cor, suas letras revelam a consciência desse saber que as vidas ameaçadas têm cor, a tristeza que não tem fim tem cor. As resistências por vida têm cor. Porque em nossa história o poder e a justiça ameaçadores têm cor. *O Movimento Negro Educador* (GOMES, 2017), a diversidade de movimentos educadores resistentes às segregações de classe, gênero, etnia marcadas pelas segregações racistas.

A apropriação do poder pelos homens brancos tem sido uma constante em nossa história política. 54% da população brasileira são negros, mas ausentes nas estruturas do Poder – legislativo, judiciário, executivo, empresarial, financeiro, agrário, ausentes até do poder no sistema educacional, nas universidades. Somente em 2013, tivemos uma mulher negra Reitora de uma universidade federal. Na última eleição, das 81 (oitenta e uma) cadeiras no Senado apenas três ocupadas por pessoas negras. A apropriação-expropriação do poder revela que coletivos raciais são reconhecidos ou não sujeitos de poder, reconhecidos ou não cidadãos sujeitos humanos.

Nossas relações sociais, políticas, econômicas, culturais continuam racistas. O desemprego, subemprego, a pobreza, a fome, as prisões, as favelas, periferias, as escolas públicas têm cor. As vidas ameaçadas, os extermínios têm cor. A taxa de feminicídios de mulheres negras tem cor: 71% superior aos feminicídios não negros. Os sujeitos jovens-adolescentes decretados criminosos a serem olhados na cabeça e exterminados têm cor. Os ataques a práticas religiosas de matriz africana são repostos. As tentativas de incluir a História da África nos currículos são condenadas. As escolas, universidades, as ciências humanas condenadas por tomar partido pelas diferenças e identidades raciais.

Um "Negro Drama" que chega às escolas, vivido nos morros, nas periferias, nas prisões. Educadores, docentes, gestores nas escolas públicas, na EJA e cada vez mais nas universidades pelas cotas raciais tomam consciência desse histórico Negro Drama. Sabem-se condenados por não ignorar esse Drama ético, por tomar partido nesse Negro Drama... Por "ver na pele escura... a ferida, a chaga, à procura da cura..." Se perguntam como curar essa chaga, ferida... Se para o poder, a mídia ver o pobre, preso ou morto já é cultural, educadores que convivem com esse Negro Drama optam por proteger essas vidas que chegam da sociedade às escolas, à EJA vivendo o negro drama... sabendo-se pela sua origem ameaçados de extermináveis...

Que exigências éticas, que respostas crescem nas escolas, na EJA, nas universidades? Radicalizar o tomar partido por proteger essas vidas ameaçadas, para que as reprovações escolares não tenham cor, não abram mais feridas, mas reinventem procuras da cura das feridas com que chegam da sociedade, das ruas, dos guetos. Os profissionais das escolas públicas sabem-se ameaçados por proteger essas vidas resistentes, por garantir seu direito a entender-se vítimas desse Negro Drama, por apoiar os avanços nas lutas do movimento negro, indígena, quilombola, por políticas, ações afirmativas, por condenaçêo dos crimes de racismo preconceituoso e estrutural, por igualdade e justiça social, racial, étnica. Avanços políticos radicais que vêm provocando ameaças radicais a vidas de jovens, adolescentes, mulheres, militantes negros como Marielle. As estatísticas repetem: somos o país com a polícia que mais mata no mundo – 71% contra a população negra. Um negro exterminado a cada 13 minutos. A terceira população carcerária do planeta: 70% dos presos negros--pardos e dos mortos nas repetidas chacinas nas prisões.

Uma hipótese a ser trabalhada nos tempos de formação: os ataques à educação e a seus profissionais não têm cor? Não são ataques por ter tomado partido por abrir as portas das escolas, da EJA, até das universidades a essa população negra? Quando a política decreta seu extermino, ameaça vidas de cor, essas ousadias de políticas afirmativas serão ameaçadas. Com que resistências éticas afirmativas responder?

Nova Segregação Social e Racial?

Diante desses coletivos sociais, raciais em vidas ameaçadas, somos obrigados a perguntar-nos: estamos em tempos de uma nova segregação social, racial? (ARROYO, 2015b)[2]. Uma interrogação radical para os profissionais das escolas públicas, da EJA aonde chegam, em sua maioria, as infâncias, adolescências, jovens-adultos pobres, negros. São eles as vítimas de uma nova segregação social, racial? Que exigências éticas para a educação e a docência?

Há um dado social, político, jurídico que revela a negação política da ética no trato dos jovens, adolescentes e até crianças pobres e negros: a segregação, punição e até extermínio em nome de representá-los como uma ameaça à ordem, aos valores sociais coletivos. Um ataque contra as comunidades pobres, negras devastadas pelo desemprego, pelo abandono dos serviços públicos. Ataque legitimado em nome da defesa da ordem e em nome de extirpar delinquentes, drogados. Comunidades de trabalhadores empobrecidos, desempregados, na pobreza extrema, pensados e condenados como o refúgio de adolescentes e jovens delinquentes. A vigilância e repressão policial vêm aumentando em nome da defesa da ordem social que legitima prender, elimi-

---

2. Essa interrogação foi trabalhada no artigo "O direito à educação e a nova segregação social e racial – tempos insatisfatórios?" In: *Educação em Revista*, 2015.

nar centenas de milhares de adolescentes e jovens negros, sob o pretexto ou em nome de uma guerra contra o tráfico de drogas. Estaríamos em tempos de formas novas ou velhas formas de segregação social e racial desta vez focadas na infância, adolescência e juventude populares?

Uma pergunta se impõe a nossa ética profissional e escolar pedagógica: como essas imagens morais tão negativas da adolescência e juventude pobre, negra, vulnerável terminam afetando o imaginário social e escolar sobre as crianças, adolescentes, jovens pobres, negros que vão chegando às escolas públicas? Como os tratos, a moralidade da justiça penal terminam marcando os tratos, a justiça escolar dessas infâncias-adolescências?

Nova segregação social e racial legitimada

O problema da suposta delinquência infantojuvenil passou a ser promulgado e reprimido como um dos problemas da sociedade, do Estado, da justiça e da ordem policial. Uma linguagem mediática requintada, traduzida em ações repressivas e de extermínio, tenta convencer a sociedade e as famílias de que os inimigos da ordem social são os jovens e adolescentes, até as crianças pobres e negras, delinquentes. Dados das mortes e extermínios nos fins de semana mostram uma alta percentagem de adolescentes e jovens, de cada três, dois negros. A legitimação da perda dos direitos civis e humanos e a perda do direito à vida por delinquência ocultando a discriminação de classe e racial.

Esse clima legitimado de condenação moral, de eliminação e repressão de adolescentes e jovens populares porque classificados como violentos e delinquentes não termina contaminando a visão social e pedagógica dos jovens, adolescentes e crianças pobres, negros nas escolas? Olhares negativos sobre os valores desses alunos não invadem o olhar social e escolar? Novas classificações que vão se tornando familiares: alunos indisciplinados, agressivos, violentos, ameaçadores dos colegas e até dos mestres. Linguagens e classificações que se tornaram familiares para justificar a segregação dessas infâncias-adolescências na sociedade e nas escolas. Imagens que repõem com novo destaque e requinte os estereótipos sociais, políticos, morais, raciais e de classe mais negativos sobre as crianças, adolescentes e jovens empobrecidos dos bairros, conglomerados, favelas. Novas táticas e novas guerras pacificadoras em que o extermínio se legitima. Novas guerras de paz nas escolas em que se justifica até a expulsão dos violentos. Justifica-se a entrega da gestão de escolas públicas populares à polícia.

As formas éticas ou antiéticas, morais ou imorais de se classificar e tratar os jovens, adolescentes na sociedade pelas forças da ordem terminam legitimando formas de pensar, classificar e tratá-los como alunos/as nas escolas? A ética, a moralidade e imoralidade social no trato das crianças, adolescentes e jovens populares terminam contaminando a ética e a moralidade escolar no seu trato com alunos/as.

Um dado fica exposto: a era da segregação racial, social não é algo do passado. O que resulta mais novo e extremamente preocupante é que os segregados sejam jovens, adolescentes e até crianças. Segregados como delinquentes, extermináveis, excluídos do convívio social e até escolar. A negação política da ética no trato político e repressivo da infância-adolescência legitimada. O mais grave é que se espera e exige dos centros de educação que adiram a essa negação política da ética no trato dos alunos pobres, negros, das periferias, que os classifiquem como perigosos, delinquentes, violentos, que os reprimam já desde a infância para não ameaçarem a ordem social, aprendendo a não ameaçar a ordem escolar. A questão da violência e da paz nas escolas passou a ter o mesmo destaque da violência e pacificação dos aglomerados: unidades pacificadoras, paz nas escolas.

Reação ao avanço dos direitos da infância-adolescência

O que há de mais preocupante é que essa nova segregação social, racial dos trabalhadores empobrecidos e de suas comunidades que tem como foco seus jovens, adolescentes e crianças se dá como reação a um movimento democrático, igualitário de lutas desses coletivos por direitos. A legitimação da segregação, extermínio vem como reação a um despertar democrático, igualitário de que vêm sendo sujeitos os sem-trabalho, sem teto, sem terra, sem saúde, sem escola, os pobres, os mais vulneráveis da sociedade, entre eles as crianças, adolescentes, jovens populares. Os mais vulneráveis dos vulneráveis.

Essa legitimada segregação da infância-adolescência pobre, negra se dá décadas depois do movimento democrático de afirmação dos direitos da infância e da adolescência, ECA. Se dá na contramão de políticas sociais e educacionais de inclusão social e educacional que abriram as escolas e universidades a milhões de crianças e jovens populares. Como se as forças conservadoras da mídia, da justiça e da ordem segregassem da condição de sujeitos de direitos as infâncias-adolescências pobres, negras como não merecedoras de ser reconhecidos sujeitos de direito, mas elimináveis porque classificados como violentos, ameaçadores, delinquentes. Uma afirmação de direitos, porém seletiva ou para aquelas crianças e adolescentes merecedores de serem reconhecidos sujeitos de direitos porque educados nos valores de ordem. Na mesma lógica operam escolas que em nome da defesa do direito de todos à educação, à aprendizagem até se apresentarem como inclusivos, segregam, condenam e expulsam adolescentes, jovens sem direito à educação porque indisciplinados, violentos, ameaçadores da paz social e escolar. Frente ao avanço da afirmação política da ética na garantia dos direitos da infância-adolescência assistimos a negação política da ética, reprimindo, eliminando do convívio social e escolar milhares de crianças, adolescentes pobres, negros, os mantidos em nossa história sem direito a ter direitos.

À luz da história de negação política da ética na garantia do direito dessas infâncias-adolescências vínhamos reagindo na afirmação política de tratos éticos, de defesa dos direitos humanos mais básicos dessas infâncias-adolescências: direito à vida, alimentação (Bolsa Família para quase 20 milhões de crianças-adolescentes na extrema pobreza que vão cada dia às escolas), direito à saúde, à educação, a viver a escola como um tempo-espaço de um digno e justo viver a infância-adolescência. Programas de Mais Educação, mais tempo de escola, Escola de Tempo Integral-Integrada, Juventude Viva. A educação e a docência vinham sendo um dos campos de maior sensibilidade política, ética para a garantia dos direitos da infância-adolescência pobre, negra, popular. As políticas sociais e educacionais vinham acordando de um longo tempo de silêncio e indiferença para a sorte dessas infâncias-adolescências. Sua chegada massiva às escolas de Educação Infantil e fundamental como que acordaram e aguçaram a sensibilidade escolar e docente para a responsabilidade ética e política com o cuidado, a proteção e garantia de uma vida mais digna para os milhões de crianças, de adolescentes pobres, negros das escolas públicas, das periferias e dos campos.

A criminalização moral como justificativa da segregação social e racial

Um dado merece destaque nessa ênfase na classificação dos jovens, adolescentes, crianças, famílias pobres, negros como delinquentes, sem valores, violentos, extermináveis. Essa ênfase na classificação moral negativa desloca a condição social, racial e étnica que vinha sendo colocada com centralidade nos movimentos de afirmação popular, movimentos de classe, identitários, de raça, etnia, campo, periferias organizados em lutas pelos direitos do trabalho, por direito à terra, território, teto, alimentação, saúde, educação, transporte, identidades, culturas... Essas identidades de classe, raça, etnia, terra, território são marginalizadas como irrelevantes e se impõe com destaque a identidade moralizante: sem valores, delinquentes, violentos, extermináveis e reprimidos até nos seus movimentos de lutas por direito. Uma visão moralizante que pensávamos ter ficado para trás diante de visões mais políticas centradas em valores de igualdade social e racial.

Essa criminalização moral da juventude e dos adolescentes e de suas famílias, classe e raça termina marcando as políticas, as leis quanto a emprego, moradia, acesso a serviços sociais, a crédito, até quanto ao acesso e permanência na escola, a um percurso escolar, laboral. O mais grave: essa criminalização moral da juventude pobre, negra condiciona o direito à vida e legitima o seu extermínio apenas por ser jovem pobre-negro. Essa criminalização e condenação moral das famílias, comunidades, dos jovens, adolescentes, crianças e de sua condição de classe, raça, etnia, trabalho, renda, moradia... não termina redefinindo o olhar das escolas, da docência, das políticas socioeducativas que avançaram para privilegiar essas dimensões na defesa de políticas de educação indígena, quilombola, do campo, que passaram a reconhecer a diversidade como um avanço na definição de políticas, de diretrizes curriculares e de formação docente e pedagógica?

Estamos em tempos de opções éticas e políticas no pensamento educacional, nas políticas e na cultura escolar e docente, ou reconhecer as identidades morais das famílias, comunidades, das infâncias, adolescências e dos jovens ou deixar-nos guiar pela cultura conservadora que segrega, reprime e criminaliza as famílias, comunidades e até suas crianças, adolescentes e jovens como imorais, desordeiros, violentos, delinquentes, ameaçadores, marginais, extermináveis da ordem social e escolar. No fundo, não estamos diante de mudança nas estruturas e relações de classe e de raça, nem diante de rebaixar a prioridade da condição de classe, raça, etnia, pobreza, renda, trabalho, terra, território... Mas estamos diante de um processo de destacar a inferioridade moral, humana, cidadã sempre atrelada a essa condição de classe, raça, etnia, para justificar, encobrir a sua produção de classe e a sua segregação de raça. Pobres, sem trabalho, sem terra, sem teto, sem saúde, sem escola... Não por sua condição de classe, raça, etnia, mas porque sem valores. Extermináveis não porque negros, trabalhadores empobrecidos, mas porque sem hábitos de trabalho, de ordem. A ênfase na suposta imoralidade encobrindo a segregação social, de classe, racial.

Tempos não de redefinir as estruturas e relações de classe, raça, mas de redesenhá-las. Desocultá-las. Radicalizá-las. Tempos de legitimar a condição de classe, raça e etnia na inferioridade moral dos trabalhadores, negros, pobres. Ou tempos em que se resiste a reconhecer a exploração da classe e da raça constituintes de nossa sociedade. O discurso as oculta etiquetando e tratando os pobres, negros como delinquentes, logo responsáveis de sua segregação e extermínio. Uma forma antiética de manter as práticas e estruturas segregadoras de classe, raça. Classificá-los como delinquentes torna legais todas as formas de negar os direitos ao trabalho, à terra, à moradia, à escola.

A escola, lugar de direito apenas para os ordeiros?

Será necessário aprofundar como essas segregadoras formas de ver, tratar a infância, adolescência, juventude, suas vivências e identidades de classe, raça, campo, vilas, favelas vêm marcando as políticas públicas até de educação. Como vêm desfocando, secundarizando movimentos pedagógicos, currículos, projetos políticos de tantas escolas e docentes. Como vêm redefinindo, desfocando políticas afirmativas da diversidade – a Secadi, a Seppir, a Secretaria dos Direitos Humanos. Como fronteiras tão radicais são obrigadas a redefinir sua radicalidade político-pedagógica em nome da centralidade posta na imoralidade ameaçadora das famílias e comunidades pobres, populares e, sobretudo, diante da mediatizada imoralidade dos seus jovens-adolescentes e crianças. Estaríamos em tempos de desvio, de marcha a ré nos avanços conquistados nas últimas décadas? Avanços no olhar dos educandos, das famílias, de sua condição de classe, raça, etnia, de suas lutas por afirmação de sujeitos de direitos radicais a trabalho, terra, território, renda, moradia, saúde, educação, cultura, memória... Avanços que radicalizaram as lutas por escola, educação atrelados a outro projeto de sociedade, de campo, de cidade, de reconhecimento positivo das diversidades.

O que o pensamento político conservador propõe ao pensamento educacional e docente é que recue desses avanços ao ignorar, desviar essas ações e esses olhares afirmativos e passe a priorizar um olhar fechado, antiético, racista e classista moralizador que ignora essas lutas por afirmações positivas de identidades tão radicais. Que pressiona as políticas públicas e até o pensamento político, pedagógico, ético ao igualar famílias, comunidades, movimentos, jovens, adolescentes na condição de sem valores, delinquentes. Logo, sua moralização urgente seria a preocupação central, única das escolas, da docência, das diretrizes curriculares, das avaliações, da disciplina escolar e da repressão social e da ação da justiça penal. Nas últimas décadas, as famílias pobres, negras vêm lutando por direito aos espaços sociais, políticos, culturais de que foram segregados: a campanha para classificá-los como delinquentes tem a função de realocá-los no lugar/não lugar em que foram recluídos. Devolver os pobres, negros a seu lugar social, racial? Como as escolas, as políticas agirão diante dessa luta dos pobres, negros pela escola como lugar de direito? Serão reconhecidos nas escolas como no seu lugar ou segregados, expulsos porque indisciplinados, violentos, sem os valores de ordem, trabalho que a escola exige?

Sob o olhar condenatório da justiça?

Mais um ponto merece destaque nesse quadro que classifica, condena jovens, adolescentes e crianças pobres e negros como delinquentes. Decretá-los como delinquentes carrega uma conotação legal, de justiça. Crianças, adolescentes, jovens sob o olhar, a condenação da justiça penal. Sob o olhar criminalizante do Pacote Anticrime. Ao tratar-se de pobres, filhos/as de trabalhadores e negros esse termo delinquentes põe em jogo a justiça-injustiça social e racial. Pesa sobre eles e elas um julgamento com referências à justiça e uma ação de repressão e até extermínio dos órgãos dos poderes estatal e policial. O que significa esse olhar condenatório da justiça sobre jovens, adolescentes, crianças que vinham sendo reconhecidos sujeitos de direitos? O ECA ao reconhecer a infância-adolescência como sujeito de direitos nos remeteu ao campo da justiça, das promotorias da infância, da defesa dos direitos da infância-adolescência pela justiça, condenação pela justiça a toda negação dos seus direitos. Os tratos dos direitos da infância-adolescência foram politizados. A escola como direito foi reafirmada nessa defesa no campo dos direitos e da justiça.

Ao classificar a infância, adolescência, os jovens pobres e negros como delinquentes, os vínculos com a justiça se invertem: não mais a infância, adolescência sujeitos de direitos a serem defendidos e garantidos na justiça, mas a infância-adolescência condenadas sem direitos porque classificadas como delinquentes. De sujeitos de direitos a etiquetados como delinquentes, logo punidos pela justiça penal, ou pior, à mercê do extermínio pelas forças da repressão à delinquência. A justificativa vem passando pelo sensacionalismo das campanhas mediáticas contra a droga. Na medida em que se parte do suposto de que a maioria dos jovens, adolescentes e até crianças no tráfico são negros e pobres, a guerra contra a droga age como um novo sistema de segregação racial e social (ALEXANDER, 2014)[3]. Uma guerra de controle social, racializado que repõe os trabalhadores pobres e os negros no lugar social em que foram inferiorizados: nos lugares sem lei, sem moralidade. Não nos lugares da justiça em defesa de seus direitos, mas sob o controle da justiça penal porque julgados delinquentes.

Volta a pergunta para a responsabilidade da escola e da docência: Como essa nova relação entre infância-adolescência e justiça afeta a pedagogia, as escolas e seus profissionais? O ECA ou o reconhecimento da infância-adolescência como sujeito de direitos fortaleceu o direito à educação. As escolas, a docência reconhecidas como instituições e profissionais da garantia dos di-

---

3. Traduzido para o português: *A nova segregação*: racismo e encarceramento em massa. São Paulo: Boitempo, 2018.

reitos da infância-adolescência até perante a justiça. Profissionais de direitos, um avanço significativo nas identidades profissionais. Um processo parecido se deu diante do movimento dos jovens por políticas de ações afirmativas na educação média e superior. Os movimentos negro, indígena, quilombola e movimentos de jovens pelo direito a cotas, a programas de ações afirmativas, como direitos de igualdade e justiça social, étnica, racial. As famílias e comunidades pobres de cor pondo suas esperanças nesses programas educacionais de justiça social, étnica, racial, reagindo a que seus filhos sejam entregues à justiça penal em nome de que a maioria de traficantes são negros, pobres. Reagindo a seu extermínio perante a justiça.

A ênfase atual no classificar esses jovens, adolescentes como delinquentes, logo sem direitos a trabalho, educação e até proteção da justiça, entregues às forças de extermínio muda radicalmente a relação entre juventude, adolescência, infância e justiça. A relação passa a ser com a justiça penal, com suas marcas classista e racista. O caráter de guerra legitima extermínios tão distantes da justiça. Nem sequer se privilegiam os meios tradicionais: entregá-los a centros de acolhimento, de reeducação, nem se coloca como a causa do crescente índice de delinquência, a pobreza e a falta de escolarização. A delinquência infantojuvenil é diagnosticada e tratada como uma tara moral de pré-humanos a ser extirpada sumariamente. Sem julgamento, fora do campo da justiça e longe do campo da educação e da pedagogia. Nem sequer a velha recomendação: entregar a infância-adolescência à educação para moralizá-los, educá-los nos valores da república e da civilidade. Ao declará-los delinquentes, são decretados ineducáveis porque rotulados no nível mais primário instintivo, sub-humano. Não são sujeitos de direitos humanos nem da justiça.

As escolas e os seus profissionais pressionados a aderir a esse olhar condenatório?

Da mídia, da cultura conservadora, até da justiça penal vêm pressões para que as políticas, as escolas, a docência colaborem na condenação dos jovens, adolescentes segregados como sem valores, delinquentes. A pergunta a pesquisar e enfrentar é se a escola se submeterá a operar na mesma lógica de guerra, seja ficando distante dessas infâncias, adolescências, jovens tratados como delinquentes, seja também rejeitando-os como ineducáveis, sem direito à educação e permanência escolar porque violentos, na droga. Há escassez de pesquisas e estudos sobre essa propalada delinquência infantojuvenil e sobre seu extermínio sumário na nossa sociedade. Jovens, adolescentes, crianças sempre foram objeto do olhar atento profissional da pedagogia, da docência e das políticas socioeducativas, mas esses jovens-adolescentes, ao ser classificados pelos órgãos do Estado, pela justiça penal como infratores, delinquentes não merecem o olhar atento das pesquisas, das políticas, das diretrizes curriculares e nem dos currículos de formação docente.

Há uma pressão das análises sociais segregadoras para que das análises educacionais e escolares se aproximem e coincidam com as análises sociais segregadoras e condenatórias das crianças-adolescentes pobres: vê-los e segregá-los como ineducáveis porque sub-humanos. A educação supõe uma humanidade a educar, moralizar, logo se classificados delinquentes se justifica que fiquem excluídos do olhar profissional da pedagogia, da docência e das políticas educativas. O programa Juventude Viva interroga as políticas educacionais e interroga as escolas e a ética docente a reconhecer que o direito a viver desses jovens exterminados como delinquentes é um problema político, pedagógico e educacional.

A escola, a pedagogia, a docência, as políticas educacionais têm seu próprio olhar sobre as crianças, os adolescentes e jovens, um olhar especialmente atento e ético sobre os milhares de segregados e eliminados como delinquentes. Entretanto, as escolas e os programas contra a violência nas escolas não têm conseguido ficar isentos desse controle social e penal dos jovens, adolescentes e crianças seja envolvidos na droga, seja indisciplinados, seja tidos como violentos. O olhar segregador antiético dominante na sociedade entra logo em ação para eliminar do convívio social e até escolar crianças, adolescentes que deem algum sinal de envolvimento contra a droga ou sinais de delinquência infantojuvenil. Nada fácil liberar as escolas dessas pressões. Pesquisas têm apontado os preconceitos de classe e de raça que pesam nessas classificações de alunos como ameaçadores do convívio escolar e social. Um problema de justiça social, racial que desafia as escolas? Um desafio que exige ser levado a outra forma perversa de segregação social e racial: as expulsões e reprovações ainda altas de crianças e adolescentes, pobres e negros. Haverá lugar para essas questões postas por essas infâncias-adolescências na agenda pedagógica? Espera-se um movimento mais agressivo no campo das pesquisas, de formulação e análise de políticas e na formação docente para mostrar essas injustiças sociais e raciais.

A relação entre educação-justiça tem sido pouco destacada na agenda pedagógica. O debate sobre a antecipação da idade penal mostra que a relação entre adolescência até infância responsável penal e perante a justiça está posto na sociedade e na agenda pedagógica. É de extrema relevância que a adolescência e até a infância colocadas no campo penal e da justiça sejam os pobres, negros, preferencialmente rotulados como delinquentes por droga, furto, homicídio.

Volta a pergunta nuclear: essa aproximação entre juventude, adolescência, infância pobre, negra com a justiça representará um avanço de sua inclusão na justiça social e racial? Ou representa uma nova face da tradicional injustiça social e racial com que foram e continuam tratadas, segregadas essas infâncias-adolescências? O Pacote Anticrime, a defesa da minoridade penal e a extinção sumária sem condenação da justiça ou o manter, reprimir esses jovens, adolescentes pobres, majoritariamente negros fora das exigências da lei e da justiça revela seu trato como fora da lei e da justiça.

Submetidos à justiça penal

Estamos diante de uma pressão social pesada sobre o olhar e o trato da adolescência e juventude populares, pobres, negros: a redução da maioridade penal. Uma redução que tem destinatários certos: os jovens e adolescentes pobres e negros, submetidos à justiça penal, ainda adolescentes. A relação entre juventude, adolescência, infância e justiça vinha se aproximando pelo seu reconhecimento como sujeitos de direitos, defendidos perante a justiça. Essa relação é abandonada e se acentua a relação com a justiça penal. A negação de direitos. Que implicações se colocam para o pensamento pedagógico e para a ética escolar e docente?

Há estudos no campo da justiça que mostram que o sistema penal não se libertou de preconceitos racistas e classistas. A cor dos detentos e confinados nos centros correcionais e nas cadeias é um testemunho eloquente. A mesma cor e classe dos adolescentes em centros de detenção e de controle correcional. Preconceitos de classe e de raça postos de manifesto no debate sobre a delinquência infantojuvenil e a redução da maioridade penal e que fazem parte do padrão de estratificação classista, racista e sexista de trabalho e das leis. O que vai se explicitando é que a defesa da redução da maioridade penal para esses jovens-adolescentes pobres e negros e sua extinção sumária como delinquentes põe de manifesto as velhas formas classistas e racistas de controle social dos trabalhadores e negros. O agravante é que esse controle classista e racista exige ser legitimado e ter como vítimas os jovens e adolescentes pobres e negros. Por décadas os trabalhadores, o movimento operário e o conjunto dos movimentos sociais foram tratados como questão de polícia, hoje os filhos dos trabalhadores empobrecidos, negros, tratados como questão de polícia.

Volta a pergunta: como não ter lugar essa realidade tão tensa, tão injusta e tão antiética na agenda pedagógica se tantos desses jovens, adolescentes, crianças se debatem pelo direito à escola, ao cuidado, à proteção, à vida? Dados mostram milhares de adolescentes, crianças que frequentam a escola, condenados como drogados, na delinquência, presos recluídos em centros de reabilitação, ou ameaçados de extinção e até mortos nos fins de semana. O que as teorias pedagógicas, as diretrizes curriculares sabem sobre as "pedagogias" antipedagógicas e antiéticas, in-humanas a que são submetidos? Quando em liberdades, que direitos lhes são bloqueados? Direito ao trabalho, ao convívio social e até escolar. Que marcas carregam de segregação, que identidades destruídas? Voltarão às escolas e encontrarão programas de educação, reconstrução de suas identidades? São condenados a um viver segregado, subalternizado, estigmatizado? Que processos de recuperação de sua humanidade roubada têm entrado na agenda pedagógica, na pesquisa, na elaboração teórica dos centros de educação?

Uma pergunta desestruturante vem dessas infâncias-adolescências: suas vidas e seus processos de humanização-desumanização têm entrado nas clássicas teorias de desenvolvimento humano que inspiram as teorias pedagógicas? De que infâncias-adolescências falam, têm como referentes as teorias hegemônicas de desenvolvimento humano? Os tortuosos desenvolvimentos a que esses milhares de crianças, adolescentes e jovens são condenados cabem nessas teorias de desenvolvimento? Que processos de desenvolvimento humano são possíveis e em que limites para jovens, adolescentes e crianças estigmatizados como delinquentes? Milhares de jovens, adolescentes, crianças jogados à margem da lei, da justiça, da proteção social, da educação e até das teorias de desenvolvimento humano. Haverá lugar para essas infâncias-adolescências na agenda pedagógica e até nas teorias de desenvolvimento humano? Continuarão mantidos à margem ou a uma distância que não incomode a formulação de políticas e até as teorias pedagógicas e de desenvolvimento humano?

Denunciar as injustiças de condenar infâncias-adolescências à justiça penal

Tempos de resistir e reafirmar as memórias de defesa dessas infâncias--adolescências, de reconhecer que houve e há um movimento político, social, pedagógico que mostra e denuncia os preconceitos de classe, raça, etnia que presidem as políticas e especificamente presidem o sistema de justiça penal e as práticas de reclusão, internamento e extermínio de milhares de jovens--adolescentes pobres e negros. Reafirmar as memórias dos esforços no campo legal, nas Secretarias dos Direitos Humanos e da Igualdade Racial e de Gênero com as quais as políticas educativas, as escolas, os centros de pesquisa e de formação tentam se articular e reforçar. Esforços para pôr de manifesto que preconceitos de classe, de raça afetam a visão e os tratos das crianças, adolescentes e jovens trabalhadores pobres, negros nas instituições educativas e da justiça penal, especificamente nas diversas formas de condenar, julgar, segregar, reprovar, internar e até eliminá-los porque tidos como delinquentes.

Reafirmar as tentativas de articular as políticas educacionais com as políticas de igualdade racial, de gênero, de direitos humanos em torno da reafirmação dos direitos da infância e da adolescência. Como avançar para uma justiça penal justa, para uma justiça escolar justa? Como avançar, não recuar, no movimento de base ampla que vinha reconhecendo essas crianças, adolescentes e jovens como sujeitos de direitos especificamente do direito primeiro à vida? Toda segregação é injusta, antiética, seja em nome de uma justiça penal ou em nome da justiça escolar se continuarem infectadas por preconceitos de classe, de raça. Uma das tarefas desse movimento de base ampla deveria ser explicitar os preconceitos de classe, de raça persistentes em nossas estruturas políticas, da justiça, do trabalho e também no nosso sistema escolar. Destacar como esses persistentes e injustos preconceitos estruturantes das relações políticas, sociais, penais, escolares condenam com impiedade as crianças, os adolescentes e jovens negros, trabalhadores empobrecidos.

Às políticas educacionais e às teorias pedagógicas cabe aprofundar nessa questão que sempre pertenceu à pedagogia: por que essas infâncias, adolescências pobres, negras são as vítimas da preconceituosa justiça penal e até escolar? Contra aquela visão midiática e até teórica de que a classe e a raça já não importam, mostrar que continuam determinantes na reprovação, na segregação, repressão, internamento e extermínio infantojuvenil. Um desocultamento difícil que exige ter uma postura crítica do intrincado de interpretações que vem das análises de política, das teorias e da justificativa de diretrizes para legitimar a desigualdade social, escolar. Uma interpretação que se pretende justificada em dados de avaliações é culpar as famílias populares por essas desigualdades sociais, raciais: analfabetas, sem valores de trabalho e perseverança, violentas com seus filhos, sem valorização da escola, do estudo. Sem capital social e cultural.

Resistências de indignação e de proteção de vidas ameaçadas

A realidade dessas vidas ameaçadas não é estranha aos docentes-educadores-gestores das escolas públicas e da EJA. Convivem com esses corpos-vidas ameaçados. Reagem com indignação política, ética, pedagógica. Aumentam os coletivos de gestores, docentes que reagem a essa visão preconceituosa de culpar as próprias crianças, adolescentes e jovens socializados nessas experiências familiar, de classe, de raça. Reagem à visão de que a justiça penal e escolar apenas atestariam a carência de valores que trazem da família, da classe, da raça. Reagem a uma visão que culpa as vítimas, passando a imagem de que a ordem social padece e é vítima dessas carências morais das famílias, da classe, da raça que levam à delinquência infantojuvenil. Nada fácil às escolas e aos educadores/as e gestores/as se contrapor a essas interpretações carregadas de preconceitos de classe e de raça, que teorias reproduzem e a mídia e a cultura social e política conservadoras legitimam e a justiça penal e os órgãos de repressão traduzem em reclusão, extermínio. Preconceitos que a justiça de algumas escolas persiste em traduzir em reprovações, segregações, expulsões de crianças e adolescentes e jovens tidos como violentos.

Avança a sensibilidade docente crítica e inventiva diante dos educandos populares que chegam às escolas vítimas desses preconceitos e segregações. Há tentativas de reação-ação, porém isoladas. As escolas e seus coletivos de docentes-gestores-educadores/as merecem ser apoiados para garantir às crianças, aos adolescentes e jovens vítimas de tantas injustiças o direito a saber-se, a conhecer as estruturas e relações sociais e políticas que negam e condicionam seus direitos mais básicos saber-se para fortalecê-los em suas lutas por emancipação.

Ao conjunto articulado de interpretações políticas, teóricas que tentam justificar a condenação articulada das infâncias, adolescências populares e negras, será urgente contrapor um corpo articulado de interpretações, de políticas, de teorias pedagógicas que explicitem as causas sociais da propalada delinquência infantojuvenil na sociedade e até das indisciplinas nas escolas. Um corpo de interpretações que desvende os preconceitos de classe, raça presentes no culpar essas infâncias, adolescentes, suas famílias, sua classe, sua raça como sem valores, sem moral, violentos, delinquentes. Mostrar que a imoralidade está nos tratos históricos, nas condições de classe, de raça a que são submetidos. Mais do que violentos, delinquentes, são as vítimas das violências, delinquências e injustiças sociais.

Na cultura docente se avança para ver esses educandos não como violentos, delinquentes, mas vítimas das violências sociais, classistas e racistas. Aprendizados de si mesmos que os docentes aprendem nas repressões a suas lutas pelos direitos do trabalho, que aprendem de suas memórias e vivências familiares, de classe e de raça. Memórias de lutas reprimidas pelos direitos do trabalho. A maior proximidade de classe e raça entre professores/as, gestores e alunos/as e famílias vem contribuindo para avançar para análises e práticas menos condenatórias dos alunos, de seus valores e de suas condutas. Avança vê-los mais como vítimas das injustiças e violências sociais, raciais de seus coletivos do que como violentos e delinquentes. Um caminho para novos tratos pedagógicos e para se contrapor como categoria profissional e como movimento docente ao massacre social, racial legitimado pela mídia e praticado pela justiça penal e policial. Posturas pedagógicas e profissionais novas que poderão se articular com o conjunto de movimentos sociais por afirmação da classe, da raça e dos direitos da infância, da adolescência à vida justa, humana.

Parte II
QUE AMEAÇAS? DE QUEM? POR QUÊ?

Boaventura de Sousa Santos (2010, p. 34) nos lembra: "O pensamento moderno ocidental é abissal, divide a realidade social em dois universos distintos: o 'deste lado da linha' e 'do outro lado da linha' onde há apenas inexistência, invisibilidade, o território decretado sem lei, fora da lei, do a-legal, do não direito da sub-humanidade... Um fascismo do *apartheid* social... da segregação social dos excluídos através de uma cartografia urbana dividida em zonas selvagens e zonas civilizadas... Um período em que as sociedades são politicamente democráticas e socialmente fascistas... O Estado é chamado na lógica da apropriação-violência a lidar com os cidadãos como se fossem não cidadãos, como se se tratasse de perigosos selvagens..."

"Corpos marcados para morrer... Defrontamo-nos com o dever ético de questionar quais as condições em que se exerce o poder de fazer morrer, deixar viver... Há vidas e corpos que são escolhidos e marcados para morrer... Gênero, raça e classe se entrelaçam no discriminar as vidas que serão cuidadas, protegidas das vidas que serão expostas à morte por serem identificadas como o inimigo que ameaça a coesão social".

Aires (2014, p. 29).

1
CRIANÇAS QUE SABEM-SE AMEAÇADAS E POR QUEM

Uma notícia ocupa as manchetes dos noticiários e provoca a reação das autoridades: 1.500 cartas de crianças do Complexo das Favelas da Maré enviadas para a Justiça descrevem o horror da vida sob fogo cruzado, junto com a notícia de que seis jovens morreram nos últimos cinco dias em outras comunidades fluminenses. Crianças que sabem-se ameaçadas e desenham ser ameaçadas. O que revelam crianças saberem-se em vidas ameaçadas? Que ameaças e de quem?

Um desenho infantil: sua casa e um helicóptero atirando e a frase da criança: "Eu não gosto de helicóptero porque ele atira pra baixo e as pessoas morrem". Outro desenho infantil: crianças correndo e a frase da criança: "Nunca pode sair de casa, porque tem tiro, nem uma criança poderia sair". Outro desenho infantil: O sol, as nuvens, uma criança carregando duas sacolas, sendo atirada por balas de um policial.

As cartas das crianças revelam os medos: "Um dia eu estava na escola, no pátio, fazendo educação física. Aí de repente o helicóptero passou dando tiro para baixo e todo mundo correu para o canto, a arquibancada. Quando passou o tiro a gente correu para dentro da escola, até minha mãe me buscar. Quando dá mais tiro eu fico em casa".

O depoimento das crianças continua: "O ruim das operações nas favelas é porque não dá para brincar muito. Tem muita violência. Eu queria respeito às pessoas até porque tem muitas pessoas que morrem de bala perdida..." "Uma vez minha mãe saiu pra ver minha vó e deu tanto tiro que me escondi atrás da máquina de lavar". "Quando tem operação, nenhum dos moradores fica na rua, porque sabe que os policiais vão matá-lo. Também pensam que nós somos bandidos", conclui a criança.

Quando as violências se espalham por tantas cidades do país e o medo se generaliza, cartas como essas poderiam ser escritas por tantas crianças de todas as periferias. Com esse saberem-se ameaçadas em suas comunidades, em suas famílias, nas ruas e até nas escolas, chegam cada dia levadas pelas mães que também se sabem ameaçadas. As vidas ameaçadas sabem que ameaças e de quem. Os próprios docentes, educadores, gestores sabem-se ameaçados e em tempos de formação se perguntam como interpretar com o olhar pedagógico, ético, político esses medos, esse saber-se que as crianças, adolescentes, jovens ou adultos levam às escolas, à EJA, até às universidades. Que pontos a merecer aprofundamento na formação inicial e continuada?

• *Vivências de incertezas, vulnerabilidades de viver*. Infâncias com medo de morrer, ser mortas, ser privadas de vidas não só pela fome, pela desnutrição, pelas doenças... mas, sabendo-se desde crianças ameaçadas pelos órgãos de segurança, pelo Estado de quem se espera proteção. Ter essas experiências na infância significa saber-se condenadas a uma vulnerabilidade, insegurança vital original. A pedagogia acumulou reflexão sobre como acompanhar vidas de crianças sabendo-se nessa vulnerabilidade, insegurança original? Quando essa experiência original, desde os começos do viver é de medo a morrer, a pedagogia é obrigada a repensar-se. As vidas que se sabem ameaçadas de não viver – milhões – trazem exigências éticas e teóricas mais radicais à pedagogia do que as vidas infantis que se sabem viváveis.

• *Vidas sem valor social, moral*. Desde crianças se sabem sem valor social, político, moral. Matáveis até do alto, de helicóptero, dos que têm poder de matar. Aprendem cedo que certas vidas estão bem protegidas do poder, do alto, enquanto as suas vidas, dos seus coletivos pobres, negros são ameaçadas de morte. Exigidas desde criança a correr e buscar proteção. Aprendem muito cedo que as vidas são cuidadas, protegidas, mantidas de maneira muito diferente. Até a morte é distribuída de maneira muito diferente. Umas vidas valem a pena de gastar com sua proteção, outras não merecem proteção, mas são ameaçadas desde crianças porque sem valor. Que impactos nas autoimagens dessas crianças revela esse saber-se, até desenhar-se, escrever cartas, sabendo-se desde crianças ameaçadas porque decretadas sem valor? Perguntas impactantes que chegam dessas cartas, desenhos de infâncias que sabem que suas vidas não valem a pena ser vividas para o Estado, para os do Alto. Do poder.

• *Registros, memórias de saber-se em vidas não viváveis*, que não valem a pena, mas deixam memórias de saber-se e de medos, memórias de dor de mães. O gesto de crianças resolvendo desenhar, escrever cartas aos órgãos da justiça revela sua consciência – a consciência dos seus coletivos – de afirmar-se conscientes das violências sociais, políticas que os vitimam. Se do Alto, do poder vem apagar suas vidas, apagar até as memórias de ser exterminados, eles deixam testemunhos escritos, desenhados desses massacres. Testemunhos de infâncias que se sabem ameaçadas.

• *Que força política, ética, pedagógica radical* têm esses testemunhos de crianças? As tentativas do poder foram logo não reconhecer a autenticidade infantil dessas cartas, desenhos, memórias. Tem uma força política radical o fato de que crianças se saibam com direito a vidas viváveis, vidas que valeria a pena preservar, não exterminar. Dessas infâncias vem a exigência ética, política de que merecem vidas dignas de reconhecimento. Para as forças políticas que decretam essas vidas ameaçadas incomoda que suas mortes deixem testemunhos até escritos das próprias crianças conscientes de serem ameaçadas.

• *Apelos radicais para o contar, registrar* as histórias de tantos massacres, extermínios dos Outros decretados não merecedores de viver. Há registros, memórias das mortes de milhões de indígenas, negros, trabalhadores, militantes? Até a Comissão da Verdade das mortes dos tempos de repressão tenta ser apagada. Que crianças relatem saber-se ameaçadas e deixem testemunhos escritos, desenhos é um gesto político de que querem deixar seu testemunho para o reconhecer e até recontar a história.

• *Deixam as marcas de seus medos de crianças para a história que tenta ocultá-las*. Uma pergunta para a história da educação, da pedagogia: foram reconhecidas, narradas as histórias desse viver, não viver, até morrer de tantas crianças, não só por doenças, fome, pobreza, mas por vidas ameaçadas? O ameaçar vidas de crianças é de agora ou vem de longe em nossa história? Interrogações que chegam do corajoso gesto político de infâncias, de deixar para a história que tantas vidas de crianças ameaçadas, tantos infanticídios trazem interrogações radicais, éticas, políticas para o pensar pedagógico e para a história da educação.

• *Das próprias crianças chega a exigência de repensar-se a pedagogia*: reconhecer esses testemunhos, não compactuar com seu silenciamento nem na história social, política nem na história da educação. O impacto político, ético desses testemunhos de crianças, mostrando, desenhando saber-se em vidas ameaçadas traz exigências-respostas para a educação e a docência: abrir espaços nas práticas pedagógicas para debates sobre essas vivências, esse saber-se dos educandos, das famílias e dos docentes-educadores em vidas ameaçadas. Inventar formas de que esse saber-se se traduza em relatos, desenhos, testemunhos das famílias, das mães, dos mestres e, sobretudo, dos próprios educandos. Valorizar esses testemunhos, expô-los, trabalhá-los, interpretá-los e guardá-los como testemunhos-memórias de história social, política, de história da infância, das famílias, dos educadores. Testemunhos de história da educação comprometida com o direito à vida justa, humana dos ameaçados de não viver.

2
AMEAÇAR VIDAS AMEAÇA O DIREITO À VIDA

Na primeira parte destacamos como educadores e educandos sabem-se em vidas ameaçadas como crianças, adolescentes, jovens-adultos, ameaçados como docentes-educadores, como militantes-mulheres, camponesas, indígenas, negros, das águas, das florestas. Para aprofundar na radicalidade dessas vidas ameaçadas tentemos avançar para aprofundar que ameaças recaem sobre esses sujeitos coletivos. Que ameaças vivenciam e levam da sociedade às escolas, à EJA, às universidades?

Que ameaças vivenciam desde a infância?

Desde a infância aprendem com seus coletivos, suas famílias que sobreviver em vidas ameaçadas não é um acidente da natureza, mas é uma constante histórica. Não é um acidente de qualquer Estado de Exceção. Lembrávamos que sabem que para os oprimidos o Estado de Exceção foi para eles norma, regra na história. Por que eles, como coletivos sociais, étnicos, raciais condenados como norma histórica a vidas ameaçadas? Uma pergunta radical para os educandos que vivenciam vidas ameaçadas como regra e para seus docentes-educadores. Que saberes aprendem de seus coletivos sociais, étnicos, raciais sobre *Por que* têm sido condenados em nossa história a vidas ameaçadas? Dos saberes docentes exigem que esses seus saberes, que os saberes de seus coletivos sejam reforçados, alargados, aprofundando os porquês dessa história que os vitima.

Os seus docentes-educadores têm direito a saberes profissionais sobre essa história, sobre que estruturas sociais, políticas condenam a vidas ameaçadas os educandos, seus coletivos com que trabalham. Como profissionais dos processos de formação humana e de aprendizagens dos educandos em vidas ameaçadas têm o dever e o direito a entender como o viver e saber-se vivendo em vidas ameaçadas rouba as humanidades dos educandos, destrói suas identidades, dificulta seus processos de desenvolvimento humano e até de aprendizagens.

Como profissionais desses processos, percursos de formação humana e de aprendizagens, os docentes-educadores de educandos em vidas ameaçadas têm direito e dever de fortalecê-los e fortalecer-se entendendo porque condenados a vidas ameaçadas. Direito a defender-se de ser condenados como educadores e educandos de serem culpabilizados pelos limites que a sociedade, o Estado lhes impõem. Dedicamos esta segunda parte das análises a que Ameaças, de Quem e Por quê? Comecemos pela Ameaça política mais radical: a ameaça do direito à vida. Lutar pelo direito à vida é legitimação política das lutas por direitos humanos.

Os movimentos sociais nos ensinam que toda luta por direitos se legitima na luta pelo direito à vida: "Lutamos pela vida e pelo que nos é de direito", cantam os militantes em lutas por terra. Do Estado de Direitos se exige um compromisso primeiro com o direito à vida justa. Todo Estado de Exceção tem sido de precarização da vida e da educação. Estamos nesses tempos? O fato de estarmos distanciando-nos do Estado de Direitos nos distancia do direito à educação, porque distancia do direito à vida os jovens, adolescentes, até crianças que vinham lutando em movimentos pelo direito à educação sempre articulado ao direito à vida, terra, trabalho, renda, teto, comida. Todos esses direitos por que lutam como coletivos têm como legitimação última ou primeira o Direito à Vida justa, humana. Ameaçar a vida sintetiza todas as ameaças aos direitos humanos.

Toda luta por direitos é luta por direito à vida

Desses coletivos sociais e do movimento infantojuvenil vinham radicais articulações políticas entre direito à vida, política e educação. O Estado ao reprimir as lutas por esses direitos reprime o direito primeiro – direito à vida, reprimindo o direito à educação tão articulado nas lutas por direitos humanos. Todo Estado totalitário faz da decisão sobre a vida, sobre que vidas merecem ser vividas ou exterminadas o critério político supremo. Uma experiência que acompanha nossa história desde a Colonização. Um totalitarismo que exterminou milhões de indígenas, negros escravizados na colonização das Américas.

O espaço da política, até nas repúblicas, tem sido decretar que vidas merecem ser vividas e que outras serão extermináveis por ameaçar a Ordem e o Progresso. Por não merecerem ser cidadãos de Pátria Amada. Ame-a e terás direito à vida. Não a ame, deixe-a ou serás exterminado. A Pátria, a Nação acima de tudo. Acima do direito à vida. Se o direito à vida legitima as lutas pelos direitos humanos, a negação do direito à vida, ameaçar vidas sintetiza a negação de todos os direitos. Um Estado, uma justiça que criminalizam vidas, que legitimam seu extermínio em nome de garantir que outras vidas sejam vividas estão optando não mais por ser um Estado de Direito e de Justiça, mas de negação dos direitos humanos. Um Estado de injustiças.

Porque se sabem ameaçados no primeiro direito à vida, os movimentos sociais lutam por direito à vida boa, justa. Humana. Há um traço que unifica a diversidade de movimentos sociais: lutar pelas condições mais básicas de um justo, humano viver: terra, teto, renda, comida, segurança, escola, vida. A vida, primeiro direito, é reconhecida nas políticas sociais, educacionais? Os condenados a um injusto viver, que relação carregam entre vida, escola, educação, formação humana?

O direito à vida é o primeiro direito por que lutam a diversidade de movimentos sociais. O direito a uma vida boa, justa, humana sintetiza a pluralidade de direitos humanos por que lutam. A negação do direito à vida digna, justa, humana para os coletivos sociais, étnicos, raciais, até para as crianças, adolescentes das escolas públicas é a forma mais radical de negação do direito a ser gente, a ser humanos. É a forma de roubar-lhes sua humanidade, seu direito a um percurso de formação humana. Até as possibilidades ou limites de um percurso escolar justo, humano está condicionado às possibilidades ou limites de um percurso de vida justa, humana.

O Direito à vida, síntese dos direitos humanos

Lutar por vida confere o significado político mais radical às lutas por direitos. Para as famílias, os coletivos condenados a um injusto, in-humano viver-sobreviver, lutar pelo direito à escola é lutar por direito à vida. Lutam por escola como um lugar de vida, de um digno, justo, humano viver (ARROYO, 2012c). Para as mães pobres, trabalhadoras que têm de sair de casa à procura de renda para o viver dos filhos, ou que têm medo de tantos extermínios que vitimam os adolescentes e até crianças pobres, negros, a escola é pensada como garantia de que seus filhos continuem vivos.

Lembro já nos anos de 1990, sendo secretário da Educação, uma escola pública popular resolveu em assembleia "democrática" expulsar 20 adolescentes porque decretados indisciplinados, violentos. No dia seguinte, as mulheres mães pobres, negras vieram à Secretaria pedindo que seus filhos voltassem para a escola. Por quê? A resposta das mulheres mães: "Se nossos filhos não voltarem à escola não voltarão vivos em casa". Aprendi uma grande lição: para os grupos sociais condenados a um precário, injusto viver, a vidas ameaçadas e, sobretudo, para as mulheres mães pobres, negras, vivenciando tantos extermínios de adolescentes, jovens, a vida é o primeiro direito e lutar pela escola pública é lutar por vida, por salvar as vidas ameaçadas dos jovens, adolescentes e até crianças pobres, negros. A prioridade dada nas políticas e no pensamento pedagógico à relação entre percurso de educação-escolarização de qualidade desde a infância e a garantia de uma boa, digna vida no futuro tem secundarizado entender o precário viver no *presente* e a real capacidade da educação-escolarização de superar esse precário sobreviver.

As pesquisas, teses, teorias sobre o precário sobreviver de milhões de crianças, adolescentes nas cidades e nas escolas e de jovens-adultos na EJA não têm merecido a centralidade devida. Logo, a promessa de uma vida boa, digna pela educação se reduz a boas intenções. Os coletivos sociais, que lutam pelo direito à vida e pelo direito à educação, trazem seu precário sobreviver no presente e no passado como motivação política pelo direito a um digno viver. Exigindo do pensamento pedagógico, das políticas saber mais sobre a histórica negação de seu direito a viver uma vida justa, digna. Humana.

Essa é uma das interrogações que vem dos movimentos sociais para o pensamento pedagógico, para as políticas, para a docência: entender mais suas lutas pela libertação das condições sociais que os condenam a um sobreviver tão inumano, que lhes negam seu direito à vida humana. Que lhes roubam sua humanidade. Só entenderemos a radicalidade política de suas lutas por direito à educação, à escola, se atrelado ao direito a uma vida justa, humana, se entendemos a radicalidade política de saber-se condenados a um sobreviver tão precarizado, tão injusto e in-humano. As mães articulam o direito à escola a salvar as vidas dos filhos ameaçados de extermínios.

O pensamento pedagógico, as políticas educativas têm destacado vincular o direito à educação com a promessa de uma vida boa, melhor, no futuro, porém pouco tem-se ocupado em entender o viver precário no presente a que são condenados os oprimidos. É possível viver uma vida boa no futuro vivendo no presente uma vida ruim? Judith Butler (2018) nos coloca essa indagação e nos convida a prestar atenção para a dificuldade de encontrar um modo de perseguir para si mesmo uma boa vida em um mundo estruturado pela desigualdade, pela exploração e pelas formas de apagamento (p. 213).

A questão nos toca no convívio com milhares de crianças, adolescentes, famílias, grupos sociais, raciais, étnicos, vítimas das desigualdades no viver. São obrigados a se perguntar: como podemos viver bem a própria vida de modo que possamos dizer que estamos vivendo uma vida boa em um mundo no qual a vida boa é estrutural ou sistematicamente vedada a tantos? Vedada a Nós sobrevivendo em um viver tão precário?

Viver como coletivos sociais, étnicos, raciais nesse precário sobreviver provoca resistências, movimentos coletivos por direito à vida, a um justo, humano viver. Os movimentos sociais por direito à vida repõem a vida como primeiro direito. Repõem a luta pela vida como primeira matriz formadora. Se a vida, primeiro direito, ameaçar vidas é a síntese de todas as ameaças. A função síntese da pedagogia será entender a radicalidade antipedagógica de ameaçar vida. Assumir como primeira tarefa da pedagogia valorizar os educandos, as famílias, as mães, sobretudo, por salvar os filhos de um precário, injusto viver, que ameaça suas vidas. A função primeira das escolas, da EJA não será salvar vidas das ameaças de não viver?

Por que vidas ameaçadas? Como entendê-las?

Professores-educadores, gestores das escolas e da EJA onde são tão frequentes notícias de mortes, de vidas ameaçadas até de educandos, se perguntam: mas por quê? As respostas da mídia, dos órgãos do Estado, da justiça, da segurança pública são coincidentes e repetitivas: vidas ameaçadas porque põem em perigo a segurança da ordem, e até põem em perigo outras vidas que têm direito a ser vividas. O que nos dizem é que há vidas que merecem ser vividas, logo protegidas pelo Estado, pela justiça, mas há vidas que não merecem ser vividas.

Essa destruição, classificação das vidas sempre foi hierárquica, segregadora, abissal: vidas que merecem, têm direito a ser vividas, logo protegê-las será função do Estado, do Poder, das Leis, da Justiça e vidas que não merecem ser vividas. Extermináveis. Sem a proteção do Estado, das leis, da justiça. A história repõe constantes hierarquias de classe, etnia, raça, gênero, de lugar, hierarquias de renda, moradia, trabalho... Hierarquias que definem, legitimam essa segregação radical de que vidas merecem ou não ser vividas. Vidas vivíveis ou não, preserváveis ou extermináveis.

É a hierarquia mais radical porque o primeiro direito é à vida. É a encomenda política primeira ao Estado de Direitos: proteger o direito primeiro à vida. Ameaçar, decretar vidas não vivíveis é o sinal mais radical de um Estado não de Direitos, mas de Exceção, de uma Justiça não fazendo justiça, mas de criminalização, legitimação de extermínio de vidas. A história lembra mais tempos da barbárie de exterminar vidas do que tempos de protegê-las, de garantir o direito de *toda vida* a ser vivida. Uma história silenciada? Uma história silenciada até na formação de docentes-educadores? Sairão dos cursos de formação com saberes para entender que trabalharão com crianças, adolescentes, jovens em vidas ameaçadas? Saberão que os educandos, as mães, famílias populares sabem que a ameaça mais radical que pesa sobre eles é a vida? Sairão capacitados a garantir o direito dos educandos a entender por que eles, elas, seus coletivos ameaçados no direito primeiro à vida? Coletivos de docentes-educadores avançam à procura de saberes que garantam aos educandos por que ameaçados e por que estruturas e padrões de poder.

Por que vidas ameaçadas se vêm tornando uma pergunta desestruturante para tantas educadoras e docentes nas escolas públicas. Sei de uma educadora de crianças, o menino de 7 anos alegre, em percursos de letramento, falta à escola, quando chega fica calado, triste, à margem. A educadora marca um encontro com a mãe, pobre, negra que chega chorando: "Professora, me ajude, ajude meu filho, não para de chorar, adorava seu irmão adolescente, mas foi morto pela polícia". "Que posso fazer como professora? Não fui formada para educar infâncias em vidas ameaçadas." Uma realidade que exige dar toda centralidade na formação docente-educadora, gestora a entender esses dramas éticos, profissionais que chegam às escolas com tantas vidas, infantis, adolescentes ameaçadas, vivendo as ameaças de irmãos, parentes, vizinhos, colegas até da escola, da EJA.

Outra educadora no tempo de formação continuada: "Que eu faço? Trabalho com adolescentes da favela; em diálogo com um adolescente lhe aconselhei a não mexer com droga, poderia morrer". "Eu sei, professora, que vou morrer, que diferença faz morrer este ano ou daqui a mais uns anos?" O comentário da professora: "Não fui formada para educar adolescências com a certeza de condenadas a não viver, morrer".

Dramas éticos, profissionais tão frequentes nas escolas, na EJA. Ignorá-los nos currículos de formação? Deixar cada educadora, educador a se defrontar com esses impasses profissionais? Exigências éticas que vêm de vidas ameaçadas a redefinir as identidades docentes-educadoras. A exigir redefinir os tempos de formação inicial e continuada. Entender por que essas vidas ameaçadas será um caminho para entender as indagações vividas pelos docentes-educadores-gestores.

Coletivos ameaçados por se afirmarem diferentes

O Pacote Anticrime deixa explícito que coletivos são criminalizados, que vidas são ameaçadas. De quem. Os noticiários mostram os rostos, os corpos, a cor dos ameaçados. Por que as ameaças contra as vidas desses coletivos sociais, raciais, de gênero, classe? Por que vêm lutando por afirmarem-se diferentes? Docentes-educadores-gestores de escolas públicas, de EJA têm consciência de trabalharem com os coletivos sociais populares. Às escolas públicas, EJA chegam esses coletivos que se afirmam diferentes. São obrigados a aprofundar na pergunta: que vidas de que coletivos ameaçados, decretados sem direito à vida? Que educandos, de que coletivos, que identidades positivas são desconstruídas e levam para as escolas? Os coletivos criminalizados, em vidas ameaçadas, em identidades inferiorizadas são os mesmos coletivos vitimados com deficiência de humanidade em nossa história – coletivos étnicos, raciais, de gênero, de classe. São as mesmas infâncias, adolescências que as mães negras, das periferias, ou mães indígenas, quilombolas, das águas ou das florestas levam às escolas. São os mesmos Passageiros da Noite do Trabalho para a EJA à procura de vida e vida justa.

As escolas públicas têm essa representação social, política, cultural de serem escolas dos pobres, negros, indígenas, quilombolas, ribeirinhos, das florestas e dos campos. Não construímos uma escola pública onde nossas diversidades étnicas, raciais, de classe se integram. Lugar de pobre, negro não é na escola privada, mas na pública. Quando esses coletivos étnicos, raciais, de classe são segregados, decretados ameaçadores, as escolas públicas e seus profissionais sentem-se segregados, ameaçados com as mesmas ameaças que pesam sobre os coletivos educandos. A criminalização desses coletivos carrega a reposição dos velhos padrões de hostilidade, inferiorização, destruição de identidades positivas e imposição das velhas e históricas identidades coletivas negativas, racistas, sexistas, homofóbicas, classistas sobre os educados populares, logo sobre as escolas populares, públicas e sobre seus mestres-educadores.

As velhas inferiorizações das escolas públicas, das periferias, dos campos, das águas, das florestas reafirmadas com a retomada inferiorizante, ameaçante, criminalizante dos coletivos de pertencimentos sociais, raciais, étnicos, de gênero dos educandos. As propostas políticas do Estado – as escolas militares, a gestão militarizada não são para as escolas privadas das ditas classes altas e médias, mas a militarização das escolas públicas acompanha a criminalização dos seus educandos e de seus coletivos sociais, raciais, de gênero, de classe. Nossa estrutura escolar desde as escolas das primeiras letras para o povo comum reflete nossa segregadora estrutura racial, de classe. Quando o racismo aumenta segregando, inferiorizando os coletivos de classe, raça, gênero, orientação sexual, a segregação das escolas públicas aumenta, a ponto de decretar essas escolas nem sequer públicas, mas militarizadas, de controle, disciplina, moralização desde a infância nos valores, disciplinas de ordem.

Os ataques às escolas, universidades públicas e a seus docentes-educadores em realidade têm um endereço certo: o ataque racista, sexista, classista aos educandos nas escolas básicas pobres, indígenas, quilombolas, negros, que vêm chegando e que até ousaram chegar às universidades públicas por cotas sociais, raciais. Quando o Estado de direitos é destruído a esfera pública, as instituições públicas de direitos são destruídas e os seus profissionais são ameaçados, decretados sem valor. Como resistir? Tomando consciência de que o decretar as escolas, universidades e seus profissionais sem valor põe de manifesto um decretar vidas dos coletivos populares ameaçados, decretados sem valor. O valor do público é destruído quando os direitos humanos são destruídos. Quando as históricas segregações dos Outros são repostas como política de Estado. Um pré-requisito para entender as ameaças aos espaços públicos, entender as ameaças aos coletivos que vinham lutando por direitos humanos. Por espaços públicos de direitos. Do primeiro direito humano à vida.

3
VIDAS NÃO VIVÍVEIS PORQUE NÃO RECONHECIDAS VIDAS DE HUMANOS

Desde a Colonização a ameaça mais radical para negar o direito dos povos originários à vida tem sido não reconhecê-los humanos. O grito Terra à Vista, ocupemos as terras descobertas, se legitima em decretar os povos originários sem direito a suas terras, escravizáveis, sem direito à vida humana porque não reconhecidos humanos. A ameaça mais in-humana para um ser humano é não reconhecê-lo humano. Uma ameaça que persiste como política, predefinindo, decretando que vidas ameaçadas.

Que vidas merecem ser vividas e que Outras não vividas?

Tempos de vidas ameaçadas pelo próprio Estado, por sua justiça justiceira, criminalizadora. Uma pergunta a aprofundar: com que critérios o Estado define que vidas merecem ser vividas e que vidas não merecem ser vividas, logo ameaçadas, extermináveis? Os tempos atuais nos trazem memórias que acompanham nossa história política como uma constante desde a Colonização: os povos originários, os escravizados, decretados vidas ameaçadas, extermináveis, com que critérios foram decretados extermináveis e continuam decretados pelo Estado e sua justiça? Os Outros foram e continuam decretados in-humanos, tendo como referente atributos de autodeclaração do Nós como humanos: racionais, morais, cultos, com valores de empreendedorismo, de conquista, de civilização, de trabalho, de Ordem e Progresso (no ideário republicano)...

Toda demarcação política em que o Nós se autodefine como a síntese do humano, os Outros serão decretados como o Não Humano do Nós humanos. O Estado de Direitos tentou superar essas dicotomias abissais. Estamos em tempos de repor com brutalidade pelo Estado de criminalização o decretar os Outros como não humanos, logo vidas ameaçadas porque não têm os valores de ordem, trabalho, respeito à propriedade da terra, do solo, porque ameaçadores das vidas que merecem a proteção do Estado e dos agentes da ordem pública.

Esses processos políticos de decretar-se o Nós como a síntese do humano e decretar os Outros como o Não Humano acompanharam a construção dos diversos humanismos pedagógicos todos transpassados pelo paradigma de Nós humanos e os Outros in-humanos. Não estamos em tempos de radicalizar essas polarizações? Um ponto merece destaque: os Outros são decretados in-humanos porque carentes dos atributos de humanidade com que o Nós se autodefine como humanos: racionalidade, conhecimento, atrever-se a pensar, moralidade, valores, de civilidade, ordem, progresso... Os humanismos pedagógicos se debatem com superar essa dicotomia abissal de humanos-in-humanos reconhecendo os Outros como humanos, cidadãos de plenos direitos ou aceitando essas dicotomias abissais tentarem incluir os in-humanos, os subcidadãos aos parâmetros do Nós humanos, cidadãos. Até nos tempos de políticas de igualdade na educação tem prevalecido prometer a igualdade como humanos, como cidadãos desde que os Ouros sejam educados para os padrões de humanidade, de cidadania: educação *para* a cidadania, *para* o desenvolvimento humano dos não cidadãos, não humanos.

Em tempos em que o Estado repõe as históricas dicotomias abissais de vidas que merecem ser vividas, protegidas porque do Nós humanos, cidadãos e vidas dos Outros que nem merecem ser vividas porque in-humanas, somos obrigados nas análises, avaliações de políticas sociais, educativas a reconhecer a fraqueza política de optar por políticas inclusivas, escola inclusiva, currículos inclusivos. Das políticas, do pensamento pedagógico se esperaria uma crítica radical, política a essas históricas dicotomias que continuam decretando os Outros com deficiência de humanidade porque decretados inconscientes, irracionais, sem valores de moralidade civilizada, de Ordem e Progresso. É sintomático que as políticas educativas inclusivas reproduzem essas dicotomias usando os mesmos critérios com que decretados in-humanos, subcidadãos, como critérios de inclusão desde que educados, em percursos escolares regulares nos valores de racionalidade, ordem, trabalho, progresso de que são carentes.

Toda política inclusiva apela a inculcar os mesmos valores carentes com que decretados deficientes de humanidade e de cidadania. A função política da educação não é como incluir nos critérios, marcos de reconhecimento como humanos, como cidadãos, mas a que se espera das políticas educativas, dos currículos de formação é como criticar, desconstruir os marcos de reconhecimento do Nós como humanos, cidadãos e os marcos que decretam e legitimam manter os Outros na condição de não reconhecimento. As políticas bondosas de inclusão não desconstroem esses marcos abissais, antes os reforçam. Tempos em que se reafirmam esses marcos abissais de não reconhecimento dos Outros como humanos, como cidadãos de direitos. Tempos de fortalecer esses marcos segregadores, decretando vidas como não dignas de ser vividas. Tempos de nos dizer que esses enquadramentos abissais persistem como norma política. Tempos de obrigar-nos a ir muito além de políticas inclusivas. De desconstrução desses enquadramentos abissais.

Os marcos repostos do reconhecimento de que sujeitos de direitos ou de não direitos à vida

Os diversos coletivos sociais decretados em nossa história sem direito a ter direitos vinham lutando contra os marcos políticos, sociais, culturais em que o Poder legitimou e legitima seu não reconhecimento como sujeitos de direitos: etnia, raça, gênero, classe, terra, trabalho, escolarização, renda. Um paradigma de humano, de cidadão que predefine que coletivos serão ou não reconhecíveis como sujeitos de direitos. Como humanos, cidadãos ou carentes de humanidade e de cidadania. Vínhamos avançando pela inclusão dos decretados carentes de humanidade e de cidadania nesses parâmetros, marcos predefinidos de humanidade e de cidadania.

Ao longo de nossa história um dos critérios para demarcar os Outros em etnia, raça, classe como não humanos, não cidadãos tem sido decretá-los carentes de racionalidade, de moralidade, de cultura. A história da educação se legitima nas tentativas de tornar os Outros racionais, morais, cultos, incluídos nessas habilidades de conhecimento, valores, cultura nobre, letrada. Incluir nos parâmetros preestabelecidos de humanidade e cidadania: igualdade de direitos humanos pela igualdade na escolarização igualitária, universal, de qualidade. Ideário que legitimou a centralidade da educação ao menos básica, de qualidade como precondição para a igualdade social, econômica, política, cultural (ARROYO, 2018).

A destruição brutal do Estado de Direitos – inclusive do direito à educação – está a nos lembrar de que os marcos de reconhecimento de que coletivos merecem ou não a condição de reconhecimento como humanos, cidadãos, sujeitos de direitos persistem como marcos definidos pelo Poder e não pelas pressões dos movimentos sociais por serem reconhecidos humanos, cidadãos de direitos. Somos alertados a dar maior centralidade política a entender esses marcos, padrões de poder, de classe, etnia, raça, gênero. Obrigados a entender a politizar que poder define, produz, reproduz, impõe esses marcos, padrões de reconhecimento-não reconhecimento dos grupos sociais, étnicos, raciais, de gênero, classe como humanos, cidadãos de direitos. Tempos de lembrar-nos de que há uma hierarquia de critérios a definir que coletivos são ou não reconhecíveis como humanos-cidadãos: a classe, a terra, a renda, o trabalho, a raça. Critérios a produzir hierarquias de escolarização, educação.

Todo Estado de Exceção – para os oprimidos norma – nos lembra de que esses marcos que predefinem que coletivos merecem ou não reconhecimentos como humanos, cidadãos, sujeitos de direitos continuam vigentes. Não foram superados nem pelo avanço no Estado de Direitos. Ainda nos lembram de que esses marcos têm hierarquias, há segregações que predefinem outras. As políticas educativas pressupõem que manter uns coletivos desde a infância sem escola, sem letramentos, sem percursos escolares regulares de acesso à cultura, habilidades escolares será o marco determinante das segregações de classe, raça, etnia, gênero, trabalho, renda. Os coletivos vítimas dessas segregações vinham invertendo essas relações. A classe, a raça determinantes.

Há um pressuposto que acompanha as políticas educacionais: a desigualdade na educação predefine as desigualdades sociais, econômicas, políticas, de classe, raça, gênero, renda... Estaríamos em tempos de pôr em questionamento essa crença? Tempos de dar maior centralidade aos processos históricos de produção-imposição dos marcos de reconhecimento de que grupos merecem ou não ser reconhecidos humanos-cidadãos de direitos. Tempos de rever o peso da educação, dos saberes, dos valores no reconhecimento-não reconhecimento da humanidade, cidadania de direitos.

Estamos em tempos de lembrar-nos que o direito mais ameaçado, negado tem sido desde a Colonização o direito à vida humana. Milhões de indígenas exterminados na Colonização das Américas, milhares condenados a vidas inumanas como escravos, exterminados por lutarem por direito à terra: quilombolas, sem terra, retirantes... Sem teto. Terra, território, etnia, raça... Marcos radicais de não reconhecimento de humanidade, de direito à vida humana. Estamos em tempos políticos em que os coletivos decretados não reconhecíveis como humanos com direito à vida são os que lutam por direito à terra, teto, territórios, relembrando que os marcos de reconhecimento-não reconhecimento como sujeitos de direito à vida são terra, território, teto, trabalho, renda, classe. Marcos que se entrelaçam em nossa história com etnia, raça. Não tem sido em nossa história esses os marcos de não reconhecimento dos Outros como humanos, cidadãos, como sem direito à vida. Sem direito à educação?

Os coletivos segregados em nossa história como sub-humanos, subcidadãos sem direito a ter direitos carregam memórias de experiências e sabem-se demarcados nessa totalidade de padrões de subalternização e lutam por desconstruir esses padrões nas articulações, hierarquias que os reforçam. Desses coletivos vem uma lição: as lutas por direito à educação articuladas às lutas por direitos à terra, teto, trabalho, renda, identidades de gênero, etnia, raça, classe. Lutas contra os históricos marcos de não reconhecimento de ser sujeitos de direitos. De afirmação como humanos, cidadãos. Lutas por um Estado de Direitos e contra todas as estruturas que na história os têm segregado, mantendo-os oprimidos em Estado de Exceção.

Sem direito à vida humana porque decretados o Outro-do-Humano?

Nos tempos de formação inicial e continuada, os questionamentos se ampliaram e se tornaram mais radicais: Volta a exigência que vem destes tempos de decretar vidas ameaçadas: por que vidas ameaçadas? De que coletivos? De que jovens, adolescentes, crianças? Por que ameaçados, decretados criminosos? Porque decretados em nossa história os Outros do humano. O humanismo pedagógico colonizador sintetiza essa história: ou converter os nativos, escravos a essa racionalidade, moralidade racional única ou sacrificar suas culturas, valores, saberes, culturicídios, ou ainda sacrificar suas vidas. Exterminicídios.

Impasses persistentes do humanismo pedagógico, político em nossa história e reafirmado no presente político e pedagógico: declarar em nome da razão, civilização os Outros intoleráveis, bárbaros, extermináveis porque hostis, resistentes a essa hegemonia política, ética, pedagógica. A proposta não é, como não foi, tentar incluir os Outros na universalidade racional, ética, pedagógica, hegemônica, mas decretá-los não incluíveis, logo extermináveis. Tempos atuais que não são um acidente em nossa história política e pedagógica, mas repõem as tensões trágicas da pretensão do Nós se autodecretarem racionais, éticos e decretarem os Outros sem racionalidade, sem moralidade, sem cultura, logo extermináveis, não capazes de participar do convívio, da Ordem e do Progresso.

Por que essa radicalidade segregadora que acompanha nossa história é reposta nestes tempos? Por que esse ataque especial à educação, aos educadores, às escolas, universidades, às ciências humanas? A hipótese é por terem dado voz aos vencidos ameaçando o poder dos vencedores. A tentativa é defender a violência dessa história de produzir e legitimar a produção dos vencidos como in-humanos, sem direitos humanos, porque não reconhecíveis com humanos direitos. Mas por que essas barbáries nestes tempos? Porque os Outros como seus ancestrais, indígenas, negros, quilombolas ousaram resistir e defender seus direitos a territórios, terras, tetos, valores, culturas, identidades. Ousadias históricas desde o grito Terra à Vista repostas nos militantes sem terra, sem teto. Logo, respostas políticas: decretados extermináveis, sem direito a territórios, terra, trabalho, renda, moradia, alimentação, saúde. Vida.

A tentativa ainda é apagar as ousadias dos vencidos de mostrar a história dos vencedores como uma história de crimes, de extermínios, de culturicídios na Colônia, no Império, na República e nas tímidas democracias. Apagar as ousadias dos vencidos de não aceitar as políticas dos vencedores da inclusão-excludente, do relativismo cultural, do multiculturalismo, da democracia racial. Os vencidos vinham em seus movimentos empurrando as fronteiras de luta para frente, para uma crítica a esse paradigma de humano-in-humano, de universalidade única, hegemônica autodefinida pelo Nós. Uma crítica e rejeição das bondades inclusivas até pela educação.

A essas ousadias dos vencidos, reafirmando-se resistentes, respondem os vencedores reafirmando o paradigma do Nós vencedores humanos e os vencidos in-humanos. Tempos de reafirmar decretá-los como in-humanos, ameaçadores da ordem, do progresso, da Pátria e de Deus, logo extermináveis, decretados terroristas por lutarem por terra, teto, ameaçando o sagrado valor da propriedade privada da terra e do espaço. Ameaçadores dos valores republicanos de Ordem e Progresso. De Pátria Amada. Ameaçadores até de Deus acima de todos.

Decretados deficientes em humanidade

Quando o Estado, a Justiça justiceira, criminalizadora decretam ameaçados os Outros em lutas por direitos deixam explícito um traço persistente no padrão de poder de pensar, de ser dos Outros em nossa história. Um padrão de poder que pensa os Outros não tanto como excluídos a serem incluídos, pensa-os na *condição* de in-humanos, "incapazes de participar na produção intelectual, cultural, moral, da humanidade" (QUIJANO, 2010), "com deficiência originária de humanidade" (SANTOS, 2010). Na condição de estado de natureza, não de humanidade. Logo, *no estado, na condição* de não reconhecimento como vidas humanas vivíveis.

Os movimentos sociais tão persistentes em nossa história não pediram para ser incluídos, suas resistências sempre foram mais radicais: por desconstruir esse decretá-los em estado de natureza, por desconstruir esse decretá-los na condição de deficiência originária de humanidade. As repressões da Coroa, da República e até da democracia foram contra as ousadias de não se reconhecer nessa condição de inferiores em humanidade. Lutarem contra o mito ôntico de estado de natureza. Por que a radicalidade dessas lutas contra ser decretados em estado de natureza, com deficiência originária de humanidade? Porque em nome desse decretá-los em estado de natureza, deficientes em humanidade foram decretados sem direito a suas terras, territórios, culturas, identidades históricas. Sem direito à vida.

Criminalizar as lutas por terra, teto, renda, trabalho, saúde, educação, vida responde essa longa história de reafirmar o padrão de poder, de pensar, saber, ser com que os Outros continuam decretados: sub-humanos, violentos, ameaçadores, terroristas, logo exterminatáveis, não humanizáveis, nem educáveis. Tempos de reafirmar a condição de não reconhecíveis como humanos, pelas velhas ousadias de teimar em lutar por terra, teto, trabalho, renda, saúde, educação. Vida. Dos movimentos sociais que se sabem em vidas ameaçadas pelo Estado e pela Justiça criminalizadora vêm lições para as políticas sociais, educativas: o decretar os Outros em estado de natureza não de humanidade para decretá-los sem direito à terra, trabalho, vida é muito mais radical do que decretá-los excluídos a ser incluídos pela educação. Logo, o pensamento educacional para entender a história, os processos precários de educação têm de avançar, aprofundar na radicalidade desse padrão de poder que decretou e continua decretando os Outros deficientes em humanidade. Criminalizáveis. Sem direito à vida.

A função da educação em todos os níveis é chamada a aprofundar sobre essa produção histórica tão radical da condição de não reconhecimento dos Outros indígenas, negros, trabalhadores, dos campos, das periferias, mulheres, como humanos, cidadãos de direitos. Reconhecer e recontar a história da educação dos Outros como estruturalmente condicionada a essa condição histórica de não reconhecimentos. De mantê-los em estado de não ser reconhecíveis como humanos, cidadãos de direitos à terra, teto, trabalho, saúde, renda, educação. Vida.

Nos tempos do Estado de Direitos se avançou em políticas de inclusão, mas a condição de ser-não ser reconhecidos como humanos cidadãos de plenos direitos não consegue ser alterada por parte das políticas apesar das pressões coletivas por desconstruir os marcos, os padrões de poder estruturante da condição do estado de não reconhecíveis como sujeitos plenos de direitos humanos. Avançou-se em políticas de inclusão no direito à terra, teto, saúde, educação, mas sem desconstruir os padrões históricos estruturantes da condição de não reconhecidos: etnia, raça, gênero, trabalho, renda, vida, classe. O desmonte desses avanços na condição de sujeitos de direitos revela que a condição de não reconhecimento persiste e está sendo fácil repor o padrão de poder, de manter os Outros na condição de sem direitos. Sem direito ao primeiro direito humano: a vida.

Decretar as vidas ameaçadas repõe o paradigma abissal de Nós humanos e os Outros in-humanos

Acompanha-nos a radical interrogação: como o decretar as vidas dos Outros ameaçados, criminalizados repõe históricas exigências éticas, políticas para a educação, a docência obrigadas a fazer o caminho de volta? Qual o caminho de volta imposto para os Outros, em seus movimentos, para as escolas, para as diretrizes curriculares, para os próprios docentes-educadores? A proposta é não reconhecer essas tentativas históricas dos Outros afirmarem-se humanos e afirmar o humanismo pedagógico único sintetizado no Nós humanos, humanizáveis e decretar os Outros não humanos, condenáveis como sem racionalidade, sem moralidade, sem humanidade. Sem direito a vidas justas, humanas.

O caminho de volta em todo Estado de Exceção ainda vai mais longe: retomar a velha pedagogia colonizadora – decretar suas vidas extermináveis. Logo nem tentar superar suas imoralidades, inculturas e irracionalidades para reconhecê-los sujeitos de direitos humanos, cidadãos. Sujeitos do direito à vida. Desde a pedagogia colonizadora a tensão esteve posta entre a educação prometer humanizar os povos originários decretados deficientes de humanidade, educá-los para abandonarem suas crenças, imoralidades, irracionalidades e terem direito a viver ou a opção política de expropriá-los de suas terras, escravizá-los e se resistirem exterminá-los. Desde a Colonização, a opção política de exterminar vidas se impôs sobre a opção pedagógica de educar, moralizar para ser reconhecidos humanos (calculam-se 40 milhões de indígenas mortos na colonização das Américas). A opção pedagógica de educá-los para humanizá-los foi abandonada tanto para os povos indígenas como para os negros escravizados, para os trabalhadores.

Uma opção política de ameaçar as vidas dos Outros – nem educá-los, que persistiu no Império e até na República. Uma opção política retomada em tempos de todo Estado de Exceção, de toda justiça criminalizadora ameaçar vidas de militantes em lutas por direito à terra, teto; ameaçar vidas de jovens, adolescentes nas periferias, nas prisões; ameaçar vidas de mulheres negras, em lutas por vida justa, humana, como Marielle. Opções políticas de atacar as tentativas pedagógicas de educar, humanizar nas escolas públicas, de atacar as escolas, universidades por tomar partido pelo direito dos Outros a ter direitos. Tempos de reafirmar que para os Outros só existe a velha opção política de ser decretados em vidas ameaçadas. Criminalizadas.

Quando o paradigma abissal de Nós humanos e os Outros in-humanos é reposto como política está se reafirmando que não existe uma Pedagogia, educação, docência que prometam aos Outros o caminho de abandonar seus contravalores ameaçadores e fazer o percurso escolar, de formação para o protótipo do Nós racionais, ordeiros, civilizados, merecedores de ser reconhecidos cidadãos da Nação acima de tudo e até de Deus acima de todos. A escola, a EJA, as universidades públicas não terão mais essa função de levar os Outros a fazer o percurso para o Nós. Se tomarem o partido de fortalecer os Outros em seus valores, culturas, saberes, identidades resistentes afirmativos serão condenadas. Para as escolas, a EJA, o curso de Pedagogia e de Licenciaturas do campo, indígenas, quilombolas, para as ações afirmativas, essas ameaças representam uma destruição dos avanços que vinham fazendo por oferecer percursos de formação dos Outros, fortalecendo seus saberes, valores, culturas, identidades. Por reconhecer os Outros sujeitos de suas Pedagogias.

Docentes-gestores-educadores têm direito a entender o recuo que implica este momento político no ameaçar vidas, no criminalizar os Outros para resistir no próprio terreno da educação e da docência, na sua formação profissional. Que resistências nos movimentos sociais, nos cursos de formação de seus militantes educadores? Que resistências na pesquisa, na produção teórica, nas análises de políticas, de diretrizes curriculares? Não desistir de continuar implementando propostas, projetos de afirmação das escolas, EJA, universidades como espaços de reconhecimento e afirmação dos Outros como sujeitos de valores, saberes, culturas, identidades.

Reafirmar pedagogias afirmativas e resistir a desconstruir esses avanços, esses percursos de humanização próprios e obrigar os Outros a fazer o decretado como percurso único no protótipo de humano único, de valores, culturas, moralidade, humanidade única, hegemônica, do Nós. A alternativa é fechada: ser humanos, formar-se humanos no protótipo, padrões de humano único, do Nós ou ser criminalizados como ameaçadores da ordem, do progresso, ameaçadores da Nação e de Deus acima de tudo e de todos os Outros valores.

Vidas a serem reconhecidas ou não como humanizáveis-educáveis

Uma pergunta a merecer tempos de estudo-formação, a merecer centralidade na história da educação, na história da construção de todos os humanismos pedagógicos: esse decretar que vidas merecem ser vividas, protegidas e que Outras são ameaçáveis, não têm marcado decretar quem é reconhecido como educável, humanizável? (ARROYO, 2015c). Essa tensão histórica de reconhecer umas vidas como dignas de ser vividas e Outras como não merecedoras, ameaçáveis, extermináveis tem marcado a história da afirmação dos humanismos pedagógicos, das teorias pedagógicas. Uma interrogação a merecer tempos, temas geradores de estudo, de formação. A Pedagogia nasce colada à infância, reconhecida como o broto da vida humana, a ser acompanhada no percurso da vida a ser reconhecida como vida humana, humanizável, educável. A Pedagogia sempre foi desafiada por que vidas merecem ser ou não ser vividas, são ou não reconhecidas humanas a humanizar-educar, ou não são reconhecidas vidas vivíveis porque não humanas, não humanizáveis, não educáveis. Ameaçadas de extermínios.

Como educadores somos chamados a entender por que os jovens, adolescentes, até crianças nas escolas populares, das periferias, favelas, dos campos, das florestas, das águas chegam com vidas ameaçadas, decretadas vidas que não merecem ser vividas. Porque pobres, negros, indígenas, quilombolas, ribeirinhos, das florestas, trabalhadores não reconhecidos humanos plenos já na Paideia e em todos os humanismos pedagógicos. Não reconhecidas vidas humanas no nosso humanismo pedagógico, político, colonial e até republicano. Uma história reposta com brutalidade no presente. O que repõe com brutalidade antiética, política ameaçar jovens, adolescentes, crianças, militantes, mulheres, negros, das periferias, dos campos como vidas ameaçáveis, não vivíveis não é um acidente em nossa história, nem na história. A barbárie de legitimar exterminar umas vidas para a garantia do viver de outras vidas é inseparável do paradigma de reconhecer uns humanos que merecem viver, ser protegidos pelo Estado e os Outros in-humanos que não merecem a proteção do Estado. Padrão colonial incorporado nas relações capitalistas.

Uma constante em nossa história: decretar coletivos não merecedores de viver, de ser exterminados pelo próprio Estado cuja obrigação política é garantir a vida dos humanos. Uma constante histórica que as lutas por Estado de Direitos tentam superar, mas sempre uma história reposta por todo Estado de Exceção, de Justiça justiceira, de criminalização, ameaças, execuções de vidas que não merecem ser vividas porque supostamente ameaçam vidas que merecem ser vividas. A história dos humanismos pedagógicos é inseparável dessa tensa história de decretar vidas vivíveis, protegidas e vidas não vivíveis, ameaçadas porque decretadas vidas não humanas ou in-humanas. Reconhecer, não reconhecer humanos, humanizáveis, educáveis, ou não, não é a questão nuclear da Pedagogia, da história da construção de todos os humanismos pedagógicos?

Quando jovens, adolescentes, até crianças chegam às escolas, à EJA com vidas ameaçadas de não merecer ser vividas, o Estado e a Justiça os criminalizam e justificam porque os ameaçam e até exterminam. O que estão a nos dizer? Escolas, EJA, gestores, docentes, educadores dessas vidas ameaçadas, não esqueçam que às escolas chegam os que em nossa história foram decretados in-humanos, não merecedores de direitos humanos nem do primeiro direito humano: o direito à vida. Quando alunos não voltam às escolas, à EJA porque exterminados pelas forças da Ordem ou quando implantadas escolas militares, o que as forças da ordem estão a nos dizer? Estamos protegendo os mestres das ameaças até dos in-humanos alunos com que as escolas, seus gestores e educadores trabalham. Como se lembrassem do nosso humanismo pedagógico: escolas públicas, educadores não se esqueçam do histórico paradigma de humano-in-humano, humanizável-educável, não humanizável, não educável com que convivem e de que são profissionais. Dicotomias abissais de humanos-in-humanos, de vidas vivíveis, não vivíveis que pensávamos superadas no Estado de Direitos, mas repostas como norma para os oprimidos que chegam até às escolas, à EJA e às universidades.

Tempos de aprender com o realismo trágico da literatura latino-americana (García Márquez – *Cem anos de solidão*, com Juan Rulfo e outros). Tempos de lembrar com Walter Benjamin que para os oprimidos o Estado de Exceção sempre foi norma. E que todo documento de cultura foi acompanhado de um documento de barbárie. Tempos de narrar essa Outra história da educação de decretar umas vidas humanizáveis, educáveis e Outras vidas ameaçadas, extermináveis porque decretadas não humanas, não humanizáveis, não educáveis. Recontar essa história será uma forma de resistir, denunciar.

Tem todo o sentido político que em tempos de um Estado que decreta vidas de jovens adolescentes, crianças ameaçadas se decretem cortes na educação pública, se desprezem as escolas, se ameacem os mestres-educadores, se eliminem as humanidades. A história da nossa educação foi sempre inseparável da história de decretar os Outros vidas descartáveis, in-humanizáveis, in-educáveis. Tempos de aprender essas dramáticas lições da história repostas com tanta brutalidade nestes tempos de decretar vidas ameaçadas. Logo, a docência, a educação ameaçadas. Reaprender a história da construção de identidades docentes-educadoras também ameaçadas, não reconhecidas. Uma história inseparável do reconhecer não reconhecer as vidas das infâncias, adolescências populares merecedoras ou não de ser vividas.

4
VIDAS NÃO PROTEGIDAS PARA A SEGURANÇA DE OUTRAS VIDAS QUE EXIGEM PROTEÇÃO

Continuemos perguntando-nos: vidas ameaçadas e por quê? A Justiça com o Pacote Anticrime aponta a resposta: há vidas de cidadãos de bem, de ordem e progresso que merecem ser vividas; a obrigação do Estado, da justiça, dos órgãos de segurança é proteger essas vidas de bem das ameaças dos criminosos, do mal. A mídia, as declarações do poder destacam estarmos em um conflito de vidas que merecem ser vividas, protegidas, exigindo do Estado, da Justiça criminalizar os coletivos do mal que ameaçam as vidas de cidadãos do bem. O dever do Estado de ameaçar umas vidas se legitima no seu dever político de proteger vidas que merecem ser vividas.

Que vidas ameaçam vidas a ser protegidas?

Diante de vidas de jovens, adolescentes, crianças que chegam às escolas, à EJA ameaçadas de não viver, ou de viver na permanente ameaça somos obrigados a tentar entender os padrões de poder, de raça, de classe, que condenam essas vidas a viver sob ameaça. Entender que esse enquadramento de vidas a serem protegidas de outras vidas decretadas ameaçadoras é um enquadramento político seletivo de extrema radicalidade que chega às escolas públicas, sobretudo. Aumenta o número de docentes-educadores, gestores dessas escolas que se perguntam como entender, acompanhar, educar vidas que chegam às escolas, à EJA, sabendo-se ameaçados, até extermináveis. Tornam-se cada vez mais frequentes as vivências de colegas que não voltam mais às escolas, à EJA porque mortos pelas forças da "Ordem" nos fins de semana, nas periferias, favelas e nos campos. As vivências de viverem sob ameaças nas vilas, nas ruas, desde crianças faz parte das vivências desde a infância.

No convívio com vidas ameaçadas a exigir proteção aumenta a consciência profissional de educar infâncias-adolescências vítimas do drama ético de não serem reconhecidas vidas vivíveis. Um drama ético que chega às escolas. Saber-se não reconhecidos como vidas que merecem ser vividas, que identidades constroem e destroem desde crianças? As teorias do desenvolvimento humano reconhecem esses processos e formam educadores capazes de entender, acompanhar vidas ameaçadas, identidades destruídas? Saber-se desde crianças convivendo em espaços, famílias, que são incriminados como ameaçadores, que imagens de seus coletivos destroem?

As imagens de seus lugares de vida, de seus coletivos que a mídia reproduz são imagens de guerra, que o próprio Estado projeta sobre "as comunidades", os morros, cada dia nas políticas de intervenção (no Rio de Janeiro, como exemplo). Imagens de guerra, de extermínio de bandidos que a mídia dominante reforça. Imagens extremamente negativas dos coletivos cujas infâncias, adolescências chegam às escolas, à EJA. Que teorias do desenvolvimento humano capacitarão os educadores desses educandos que carregam para as escolas essas imagens-identidades tão negativas de seus coletivos sociais, raciais? Um tema de estudo-formação: trazer essas fotos, notícias criminalizadoras, aprofundar sobre seu caráter destruidor de identidades coletivas, individuais e aprofundar em como entender, acompanhar essas vidas ameaçadas que chegam às escolas, à EJA e até às universidades. Esse tema de estudo-formação poderia ser alargado, trazendo as reações dos jovens-adolescentes, as resistências nos seus movimentos juvenis negros – "Parem de nos matar porque negros". Ir além no tema gerador de estudo-formação e trazer as músicas, os grafites dos movimentos de jovens-adolescentes como em suas letras, grafites revelam sua consciência de serem decretados ameaçadores, extermináveis.

Reconhecer que a esse enquadramento como vidas ameaçadas, extermináveis resistem e se afirmam em lutas por direito à vida, justa, humana. Se às escolas chega o drama ético, antiético da sociedade, do Estado, da justiça justiceira criminalizadora também chega o drama ético de tantas resistências éticas, políticas por direito à vida. Quanto mais o Estado condena jovens, adolescentes, crianças a vidas ameaçadas e quanto mais a mídia dominante legitima com imagens e notícias essas ameaças, criminalizações, mais as próprias vítimas resistem por libertação. Tensões de decretar vidas ameaçadas e de resistências postas com destaque nos tempos de Estado, de justiça criminalizadora. Tensões que chegam às escolas, à EJA, às universidades a exigir um radical repensar das teorias, políticas educativas. Um radical repensar dos currículos de formação que capacitem profissionais a entender, acompanhar humanidades roubadas em vidas ameaçadas. Educar ao menos para a indignação (Paulo Freire – Pedagogia da Indignação).

Ao menos formar para não reforçar essas imagens de jovens, adolescentes, crianças condenáveis porque violentos, ameaçadores da ordem, das vidas dos humanos direitos, merecedores de viver. Quanto maior relevância política é dada pelo Estado, pela mídia às imagens criminalizantes dos jovens, adolescentes, crianças, militantes, maior a resistência política, ética, pedagógica das escolas, dos seus gestores-educadores a não somar reproduzindo imagens de violências nas escolas para reforçar a criminalização das infâncias, adolescências, jovens pobres, negros pelo Estado, pela mídia.

Em tempos de criminalização desses jovens, adolescentes, crianças, as escolas, seus profissionais, as avaliações são chamadas a não somar com essa criminalização. São chamadas a superar processos de segregação persistentes nas escolas, nas avaliações que reforçam as imagens da mídia, do Estado de que as escolas públicas são antros de violências, até de crianças, adolescentes, criminosos a não merecer o direito à vida. Logo, não merecer o direito à educação.

Decretar vidas não vivíveis pelo valor de vidas que merecem ser vividas

O paradigma de humanos a salvar, educar, humanizar e in-humanos a exterminar porque in-humanizáveis traspassa a política, o poder, a justiça até os paradigmas pedagógicos, civilizatórios. Estamos nesses tempos? A mídia, o Estado exaltam as violências contra a ordem e o progresso, contra os valores da Pátria e de Deus, exaltam as violências dos movimentos sociais contra o valor sagrado da propriedade privada da terra, do solo. Como voltar a paz, a ordem, o progresso, a segurança na propriedade da terra, do solo? Eliminando militantes terroristas, ameaçadores. Ameaçando vidas de militantes, jovens, adolescentes, mulheres como Marielle.

Decretar vidas não vivíveis pelo valor de vidas que merecem ser vividas? Quando se convive com infâncias, adolescentes, jovens em vidas ameaçadas a pergunta é por quê? O que legitima ameaçar essas vidas? O imoral dos tempos de justiça justiceira não é só decretar vidas ameaçadas, como extermináveis, mas legitimar esses extermínios e ameaças em nome de salvar vidas autodecretadas com direito a viver. Uma imoralidade política: decretar umas vidas que merecem ser vividas e outras que não merecem; decretar vidas extermináveis pelo valor de vidas que merecem ser vividas pressupõe que nem todas as vidas têm o mesmo valor. Com que vidas ficam a pedagogia, a docência, os humanismos pedagógicos? A tendência histórica não tem sido ficar com os humanos ameaçados e condenar e desistir de humanizar os ameaçantes?

Nas ruas, nas cidades, até nas escolas os decretados como ameaçantes têm sido segregados como violentos, indisciplinados, ameaçadores, logo reprovados, expulsos para salvar os ameaçados, para preservar suas vidas. O Estado, a justiça para preservar a paz, a ordem nas cidades, nos campos, nas escolas, para a autoconservação de vidas vivíveis, segregam, exterminam vidas decretadas ameaçadoras, logo que não merecem ser vividas. Segregação, extermínios para a Paz nos campos, nas cidades. Nas escolas. É o drama ético tão persistente como norma histórica, reposto com requinte político. Legitimando ameaçar umas vidas, em nome de salvar outras vidas que merecem ser vividas. Uma imoralidade política que contamina as instituições sociais e públicas. Até os gestores escolares convocando assembleias democráticas "participativas" de pais, alunos, mestres para aprovar o decretar a expulsão de adolescentes, jovens, crianças como ameaçadores da ordem, da paz nas escolas. A mesma lógica antiética da justiça criminalizadora dos jovens, adolescentes, pobres, negros para a paz na cidade ou criminalizadora de militantes nos campos para a segurança da propriedade da terra.

Uma maioria de cidadãos apoiando a redução da idade penal para entregar crianças, adolescentes à justiça penal porque decretados ameaçadores da paz nas cidades. A cultura do medo às vidas ameaçadas dos cidadãos da ordem, legitimando políticas de criminalização de adolescentes. Dados vêm mostrando que mães contaminadas por essa cultura política, mediática do medo aprovam a militarização das escolas, a gestão policial para a paz nas escolas. A negação política da ética, da vida, contaminando a cultura familiar, popular, e até escolar. Toda política criminalizadora se legitima criando uma cultura de ameaça de desordem, violência seja nas cidades, nos campos. Até nas escolas chega esse temor que domina o Estado, a justiça: legitimar a violência pelo temor de sofrer a violência dos decretados criminosos. Salvar vidas de humanos "direitos", eliminando as vidas dos decretados in-humanos, sem direito até à vida.

Acabar com os decretados violentos para garantir a paz nas cidades, nos campos, até nas escolas, universidades. Violências legitimadas de Estado contra as resistências condenadas como violências ilegítimas. A negação do valor da vida, da ética, de umas vidas em nome de salvar as vidas que têm valor. Como sair desse círculo antiético assumido como política de Estado e que chega às escolas e interroga a pedagogia e a docência, interroga nossa ética profissional? Desafios éticos a exigir centralidade na formação inicial e continuada e nas políticas educativas, nas pesquisas, na produção teórica.

Há escolas que organizam tempos de diálogos entre educadores, gestores, famílias, mães e educadoras para debates sobre esses medos políticos e mediáticos. Que, como mães, se entendam vítimas desses medos, que entendam por que seus filhos são decretados em vidas ameaçadas e como articular escolas, famílias em defesa do direito de seus filhos a um justo, humano viver. Que ao menos nos tempos de escola, de EJA, suas educadoras, seus educadores os reconheçam humanos, humanizáveis, educáveis. Não os pensem como in-humanos, in-humanizáveis. Extermináveis.

Só os humanos direitos têm direito à vida humana?

O Estado e sua justiça repõem a histórica divisão abissal entre o Nós merecedores de vidas vivíveis e os Outros não merecedores de viver. Repõem uma dicotomia, um *apartheid* social, racial, moral, humano a que os segregados vinham resistindo e reagindo por se libertar. Em movimentos sociais, étnicos, raciais, de gênero, vinham afirmando suas culturas, valores, identidades, exigindo reconhecimento. Repor a velha segregação do Nós humanos, éticos, cultos, civilizados e os Outros incultos, in-morais, in-humanos repõe o velho paradigma pedagógico: os Outros só serão reconhecidos civilizados, éticos se entrarem no paradigma de humano civilizado, ético do Nós. Só os humanos direitos têm direito à vida humana. Só existe um humano único, nos direitos humanos de humanos "direitos". Os Outros têm de parar com pretender afirmarem-se sujeitos de direitos humanos. Até parar de exigir direito à vida. Parar de tentar fazer a passagem para o paradigma único de racionalidade, moralidade, civilidade, humanidade de que o Nós são a síntese.

Um tema de estudo-formação: que consequências traz esse repor o paradigma único do Nós humanos para a Pedagogia, para as escolas, centros de educação aonde chegam os Outros não reconhecidos humanos, decretados em vidas ameaçadas? As escolas, as diretrizes curriculares vinham reconhecendo a especificidade da educação dos Outros: trabalhadores indígenas, negros, quilombolas, dos campos... Uma marca dessas diretrizes curriculares da formação específica de educadores licenciados para esses Outros coletivos vinha sendo reconhecer a especificidade de seus processos de formação, humanização reconhecer sua história de resistências por libertação, por vida justa, por reconhecimento, como formadoras. Reconhecer com Paulo Freire suas Pedagogias de Oprimidos, Pedagogias de libertação-humanização.

Nos tempos de Estado de condenação, criminalização dos Outros, essas pedagogias são condenadas. As escolas públicas e seus profissionais condenados por tomar partido por essas pedagogias de reconhecimento dos Outros como humanos. Os tempos atuais exigem da educação, das escolas públicas e universidades fazer o caminho de volta. Que os Outros e seus movimentos sociais façam o caminho de volta para seu lugar nas hierarquias, estruturas, padrões de classe, etnia, raça, gênero. Que voltem a seu lugar de subalternizados. Que as escolas, políticas, diretrizes curriculares voltem para seu lugar de reduzir a educação dos Outros a letramentos, numeramentos, noções elementares de ciências. Sobretudo, que voltem a seu papel de moralizar os Outros desde a infância para os valores de disciplina, ordem, trabalho. Que reconheçam e assumam sua condição de sem direito à vida justa, humana. Se reconheçam em permanente estado de vidas ameaçadas.

Indagações políticas, éticas radicais para os paradigmas pedagógicos: essa concepção do Nós humanos educáveis, humanizáveis e os Outros o Outro de Humano-in-humanos, in-humanizáveis, in-educáveis persiste nas concepções pedagógicas, na cultura escolar, docente, nas políticas educativas, nas avaliações segregadoras, no Ideb? A cultura política e pedagógica aprova reduzir a idade penal dessas adolescências, infâncias não educáveis nas escolas, logo entregues à justiça penal? Aprova a educação militarizada, a gestão das escolas públicas para o controle dessas infâncias, adolescências violentas, sem valores de humanidade?

Tempos de superar essas culturas, esses paradigmas de humanos a salvar, educar e de in-humanos a reprimir, criminalizar, condenar. Tempos de contrapor um paradigma pedagógico positivo que reconhece nessas infâncias, adolescências oprimidas, roubadas em sua humanidade pela sociedade. Reconhece-os resistindo e se afirmando sujeitos de valores humanos a fortalecer com nossos humanismos pedagógicos. Fortalecer o reconhecer-se com direito à vida justa, humana porque se sabem e afirmam humanos.

5
A POBREZA AMEAÇA VIDAS

Avancemos nas tentativas de entender que ameaças pesam sobre os educandos que chegam às escolas públicas. Uma das ameaças a seu viver é a pobreza. Como entender as vidas dos educandos nas escolas públicas ameaçados pela pobreza, até extrema? A pobreza tem ocupado as políticas educativas, as pesquisas, o pensamento pedagógico. Os docentes-educadores-gestores são formados para entender, lidar com educandos pobres, na pobreza até extrema? Há nomes que não têm sido nomeados no pensamento pedagógico: pobreza, fome, desnutrição. Estamos em tempos de nomeá-los.

As escolas públicas, escolas dos pobres?

A pobreza, a fome são uma das ameaças às vidas que chegam às escolas: mais de 18 milhões de crianças, adolescentes na extrema pobreza, obrigados a frequentar a escola para suas mães pobres receberem o Bolsa Família, somados os 10 milhões na pobreza não extrema, as escolas públicas podem ser identificadas como escolas dos pobres. Vivências de pobreza que exigem espaços no pensamento pedagógico e docente para saber de sua existência e reconhecê-las e tomar posição ética. A pobreza, a fome matam, violam o direito à vida.

Cada dia no mundo mais de 25.000 pessoas, sobretudo crianças, morrem de fome, de desnutrição. Mais de mil milhões não se alimentam suficientemente. Quando a fome aumenta, a subnutrição aumenta, o direito à vida é ameaçado. Quando o direito à alimentação não é respeitado, o direito à vida e os direitos humanos não são respeitados. O direito à educação é ameaçado. O direito à educação, à aprendizagem, à formação humana exige o direito à alimentação. À vida. Avançamos no reconhecimento dessas estreitas relações?

A quantidade de crianças ameaçadas em suas vidas pela pobreza, pela fome não tem diminuído nas últimas décadas. Tem aumentado, apesar do aumento na produção de alimentos. A fome, a desnutrição que ameaçam suas vidas não acontecem por falta de alimentos, mas por sua injusta distribuição. A pobreza, a fome problemas de justiça, de destruição da agricultura camponesa que produz alimentos para a vida. Problemas do avanço do agronegócio que não produz alimentos para a vida, mas para exportação.

Há vidas ameaçadas pela pobreza, a fome nos campos, nas florestas, nas águas, nas famílias de trabalhadores nas periferias urbanas. As filhas, os filhos desses coletivos que vão cada dia às escolas levam vidas ameaçadas pela pobreza, pela fome. São esses filhos, filhas de famílias condenadas a vidas ameaçadas pela pobreza que teimam em ir cada dia às escolas das periferias, dos campos, das águas, das florestas. O que esperam das escolas e de seus docentes-educadores? Esperam comida, alimentação, vida.

Um tema de estudo-formação-reposto: reconhecer que a pobreza existe e persiste, que invade as escolas públicas. Como trazer essa realidade para o centro da formação de profissionais que convivem com milhões de infâncias, adolescentes em vidas ameaçadas pela pobreza até extrema? Trazer estudos das diversas ciências sobre a pobreza, a fome, a desnutrição, sobretudo de crianças, adolescentes[4].

A pobreza, uma produção social, econômica, política

Se a pobreza insiste em chegar às escolas, à EJA, até às universidades, como entendê-la? Que visão construir com os milhões de educandos pobres? Que visões da pobreza trabalhar nos cursos de formação? Predomina uma visão naturalizada da pobreza, ou uma visão que culpa os pobres como reprodutores de sua pobreza. Nos tempos de formação, avançar no estudo-formação para entender a pobreza, a fome como uma produção social, econômica, política. Que estruturas produzem a pobreza, a fome que está nos morros, nos campos, nas águas e chega às vidas ameaçadas de milhões de educandos? Como aprofundar nos processos de produção da pobreza será uma forma de aprofundar nos processos de produção das vidas ameaçadas de milhões de educandos. Será um caminho para não condenar as famílias pobres, as mães pela pobreza que chega às escolas com as suas filhas, filhos na pobreza. Se não cursos de formação não aprofundarmos nas causas mais profundas e nas

---

4. Desde 2014 a Secadi-MEC vinha implementando um Curso de Especialização em Educação, Pobreza e Desigualdade Social, modalidade a distância, com carga horária de 360 horas e duração de 18 meses, ministrado em polos de 15 instituições federais de Ensino Superior [Disponível em http://portal.mec.gov. br/ultimas-noticias/212-educacao-superior-1690610854/20816-universidades-oferecerao-a-educadores- -curso-sobre-pobreza – Acesso em 17/08/2019].

estruturas de classe, etnia, raça, gênero que produzem a pobreza terminaremos condenando as famílias, as mães, sobretudo, de não alimentarem seus filhos, de não terem valores de trabalho, de empreendedorismo. A mídia, a cultura política e até pedagógica condenam as famílias por condenar os filhos a vidas ameaçadas pela pobreza.

Entender que estamos em tempos de aumento da pobreza e concentração da riqueza como política de Estado, da defesa da privatização, a desregulação, a liberalização de um Estado mínimo, até na garantia dos direitos à vida, saúde, educação. Políticas de defesa da agricultura de mercado não de produção de vida, logo mais fome, mais vidas ameaçadas pela concentração da propriedade para o agronegócio exportador e pela destruição da agricultura camponesa para a vida. Tempo de políticas de Estado entregando a demarcação das terras, indígenas, quilombolas, ribeirinhas ao agronegócio, exigindo das comunidades indígenas, quilombolas explorarem seus territórios na lógica da produção do agronegócio, não da produção da vida. Coletivos vítimas dessa lógica de exploração de seus territórios para produtos de exportação e não para bens, alimentos para a produção da vida.

Um tema obrigatório de estudo-formação nas escolas aonde milhões de vidas chegam ameaçadas pela pobreza, pela fome: aprender com os movimentos sociais dos campos, das florestas, das águas, das periferias em lutas por terras, territórios, por defesa da agricultura para produção de alimentos. De vida. Aprender com sua ética: que valores põem em ação nessas lutas por se libertar de vidas ameaçadas pela pobreza? O valor primeiro da vida. Que tudo o que ameaça a vida é antiético, é um contravalor e ameaça as possibilidades e o direito à formação humana. Que, quando esses contravalores de ameaçar vida na pobreza, na fome são produzidos pelo poder, pelas estruturas sociais, econômicas, estamos diante de uma negação política da ética no poder e nessas estruturas. Como profissionais da formação humana e da deformação-desumanização, somos obrigados a entender esses padrões antiéticos de poder, da política, da economia que condenam milhões a vidas ameaçadas pela pobreza e pela fome.

Uma pergunta ética obrigatória para docentes-educadores dessas vidas ameaçadas: que limites de se formar com valores vivenciando serem vítimas desses contravalores? Com que valores resistem à pobreza, à fome suas famílias, suas mães por se libertar da pobreza? Como valorizar essas resistências éticas das mães, das famílias pobres? Que conhecimentos os fortaleceram em suas resistências éticas sabendo-se vítimas de que estruturas sociais, políticas, econômicas? Exigências éticas que vêm de vidas ameaçadas pela pobreza, pela fome. Exigências éticas a que os coletivos docentes-educadores se esforçam a responder.

O desprezo aos pobres determinante do desprezo às escolas públicas e a seus profissionais

Em um dia de formação continuada na escola pública o tema: porque as escolas públicas são tão desprezadas, até atacadas nos atuais tempos políticos. As respostas da mídia, elites, dos órgãos do próprio Estado, das avaliações nacionais e internacionais, do Ideb: por sua baixa qualidade nas aprendizagens, pelos altos índices de reprovação. Alguém lembrou a frase conhecida: "Nas escolas públicas os mestres brincam de ensinar e os alunos brincam de aprender". Persiste a visão das escolas públicas como espaços não sérios de trabalho, dedicação, de competências, de esforço...

Análises tão frequentes na mídia, nas elites e até nos gestores avaliadores e formuladores de políticas. Como docentes-educadores-gestores reagem a essas análises, a esses olhares preconceituosos tão persistentes em nossa cultura social, política, mediática contra a escola pública? O debate foi avançando e se aproximando de um terreno mais político: essas visões tão negativas não são contra as pessoas, as infâncias, adolescentes, jovens-adultos e os grupos sociais, raciais a que pertencem? Essas mesmas crianças, adolescentes, jovens e seus coletivos sociais, raciais não são temidos, desprezados nas ruas, nas cidades? Seus lugares de moradia não são temidos, desprezados? Por que lugares de pobres?

O desprezo aos pobres, negros é determinante do desprezo às escolas públicas que viraram escolas de pobres, de negros. Escolas públicas ameaçadas, seus educandos e até educadores ameaçados porque decretados desprezíveis e até temíveis. São esses coletivos sociais, raciais e seus jovens-adolescentes criminalizados pelo Pacote Anticrime, pelas repressões, ameaças à vida dos órgãos de segurança. São essas escolas desses coletivos pobres, negros, decretados desprezíveis, temíveis, criminalizados que são entregues à gestão policial e convertidas em escolas militares onde aprender ordem, disciplina, controle militar. O desprezo às escolas públicas está legitimado no desprezo à pobreza e à raça. Desprezo e medo que se reforçam na segregação ao pobre, ao negro, aos lugares onde habitam: periferias, morros, favelas. Desprezo e medo às escolas públicas aonde vêm lutando por chegar. Desprezos, medos, fobias aos grupos sociais, raciais que se revelam em nossos tempos em desprezos, medos, fobias, criminalizações reforçados como políticas de Estado.

Os coletivos de educadores, docentes, gestores das escolas públicas avançam em entender que a visão negativa das escolas públicas e até das universidades é inseparável da condenação social, étnica, racial dos coletivos que se atreveram a exigir o direito à escola pública. Avançam como profissionais entendendo que a visão tão negativa de seu trabalho e a desvalorização de seus direitos como trabalhadores tem um referente: a rejeição social, política de nossa sociedade, das elites e do Estado aos coletivos sociais, raciais, pobres, negros com que trabalham.

O Estado de Direito nos prometia reconhecer a todos como sujeitos de direitos humanos em igualdade e dignidade perante a lei: Igualdade apenas perante a Lei, não perante as diferenças de etnia, raça, gênero que o patriarcalismo, sexismo, racismo repõem como estruturantes de nossa cultura social, política e como estruturantes do padrão de trabalho, de poder, de apropriação da terra, da renda. Até apropriação do Público. Da educação pública. A quebra do Estado de Direito retoma a longa história de sexismos, racismo, fobias, desprezos e até criminalização de vidas, de identidades desses coletivos e dos lugares onde são recluídos em vidas ameaçadas, até das escolas públicas onde se refugiaram para defender-se de serem decretados extermináveis, em vidas ameaçadas. Os avanços desses grupos sociais populares, raciais, negros por direito à diferença, por dignidade humana, por vida justa vinham conferindo outra dignidade às lutas desses coletivos por escolas. Escolas públicas, escolas de direitos dos decretados em nossa história sem direito a ter direitos. Universidades públicas espaços de direitos.

As lutas dos sem-direitos por ter direitos, por dignidade, por reconhecimento, por se afirmar humanos vinham conferindo às escolas públicas uma função política positiva: espaços de direitos. A reação a esses avanços, a essas representações positivas dos Outros e de seus lugares de direitos – escolas, universidades, postos de saúde, transportes, moradias... repõe as velhas segregações ao decretá-los temíveis, desprezíveis, criminosos. Uma lição a aprender no pensar-se os docentes-educadores e no pensar a educação pública: quando avançam ou são repostas as formas de pensar, decretar os outros, desde a infância, como ameaçadores, temíveis, criminalizáveis, e suas vidas ameaçadas, as escolas espaços públicos, os profissionais do público são desprezados, temidos, criminalizados. Lutar por direitos dos trabalhadores da educação pública sem somar com as lutas dos coletivos sociais por serem reconhecidos sujeitos de direitos serão lutas parciais.

Os tempos políticos de ataques, de criminalização dos Outros porque negros, pobres, favelados, em lutas por direito até à escola, universidade, a trabalho, renda, teto, vida revelam os velhos preconceitos políticos materializados nas velhas estruturas de poder, de apropriação da terra, da renda, dos lugares. Apropriação do Estado, do público. Revelam a segregação, criminalização dos Outros a vidas ameaçadas que terminam segregando, criminalizando, ameaçando os seus lugares de moradia. Segregando, crimi-

110

nalizando, ameaçando até as lutas por escolas públicas, universidades como espaços de direitos.

O ataque às escolas públicas, universidades e seus profissionais tem explicações políticas radicais: ataque às ousadias dos Outros, negros, indígenas, quilombolas, trabalhadores empobrecidos em lutas por direitos. Até por direitos a escolas, universidades públicas. O recado político é claro: pobres, negros, trabalhadores das periferias e dos campos, mulheres, jovens até crianças aceitem seu lugar histórico de sem direito a ter direitos. Até sem direito a escolas públicas.

A mensagem em tempos autoritários é clara: o Estado de Direitos acabou; as portas dos espaços públicos, os gastos públicos têm destinos mais rentáveis do que construir escolas para pobres, negros, indígenas, quilombolas. Mais rentáveis do que gastos públicos com universidades para cotistas sociais, raciais, para militantes dos movimentos sem terra, indígenas, quilombolas e para ações afirmativas para negros. A fobia de classe, raça, gênero como norma política. Para legitimar vidas ameaçadas e escolas ameaçadas, porque escolas de pobres. O desprezo, a fobia aos pobres reafirmada?

Vidas ameaçadas porque decretadas não rentáveis

Quando se pretende acabar com o Estado de Direitos e a política é priorizar a lógica do mercado, da rentabilidade toda vida não rentável será decretada não vivível, ameaçável. Desmonte das escolas públicas e dos direitos de seus trabalhadores-profissionais para não gastos públicos com vidas não rentáveis, com trabalhos não rentáveis. Com pobres improdutivos não rentáveis, mas um peso na lógica do lucro, do mercado.

O convívio dos docentes-educadores com as infâncias, adolescências nas escolas públicas e com os jovens-adultos na EJA cria laços afetivos e se pergunta por que esses educandos são ameaçados em suas vidas, são criminalizados e até mortos. Por que vêm das periferias? Por que negros, indígenas, quilombolas, ribeirinhos? Vêm de trabalhos no campo, nas ruas por vida justa, por que ameaçados? Em diálogos dos docentes-educadores com as famílias, as mães, os coletivos desses educandos aprendem que têm consciência de que sua condição de pobreza, de segregação social, étnica, racial não é uma opção pessoal nem coletiva. Não se resignaram a essa condição, não se sentem culpados apesar da cultura política persistir em culpá-los da condição de pobreza, miséria, marginalização em que vivem porque não rentáveis.

As políticas de Estado até de escolarização elementar têm tentado mantê-los na miséria resignada, em vidas ameaçadas resignadas, na inclusão excludente. Os movimentos e ações de resistência, denúncia desses coletivos, revelam não aceitar essa condição de vidas miseráveis, ameaçadas com resignação. Carregam a consciência histórica de serem vítimas, oprimidos, porque há opressores que os oprimem. Consciência de viver na pobreza porque poucos concentram a riqueza. Não se reconhecem culpados, nem responsáveis, sabem que as causas não são naturais, mas sociais, políticas, econômicas. Sabem-se trabalhadores produtores da renda da nação pelo trabalho, mas sem renda.

Em tempos de um Estado que coloca como o valor político a economia de mercado, a produção rentável para acumular renda, riqueza, que coletivos são valorizados como rentáveis e que Outros como não rentáveis? Os coletivos em vidas ameaçadas não são os decretados não rentáveis? Um peso para a acumulação da renda, logo ameaçáveis, criminalizáveis, extermináveis porque não rentáveis? Não sendo rentáveis são decretados um peso a sobreviver da renda produzida pelos rentáveis. Um peso por não ter os meios necessários para sobreviver e ter de depender das políticas de Estado: Minha Casa Minha Vida, Programa Bolsa Família, Ministério do Desenvolvimento Social, da Reforma Agrária, do MEC, da Igualdade Racial, de Gênero, dos Direitos Humanos...

Vidas ameaçadas por ser um peso econômico. Não rentáveis. Catalogados como *de baixa renda*. *Os sem-renda*. Os não rentáveis, não produtores de renda. Ameaçáveis do direito a sobreviver. Logo, ameaçados os programas públicos, as escolas públicas, universidades de cortes orçamentários por serem gastos inúteis com os coletivos não rentáveis. O dinheiro público para os rentáveis economicamente capazes de produzir renda. Em tempos de um Estado sob controle dos interesses do capital, somos obrigados a entender que o ameaçar as vidas dos oprimidos, dos pobres tem motivações econômicas, de classe, não são motivações apenas de preconceitos sociais, raciais, de gênero, etnia, lugar... Tempos de aplicar os recursos públicos a favor dos grupos que prometem rentabilidade alta e acabar com políticas de igualdade, inclusão até sobrevivência dos não rentáveis. Como profissionais da educação, cuidado, proteção de vidas ameaçadas dos educandos pobres, negros, das periferias e dos campos, somos obrigados a aprofundar nas raízes profundas, sociais, políticas, econômicas, de classe que ameaçam com cortes a educação pública. Ser decretados gastos inúteis, sem retorno, não rentáveis porque aplicados nos coletivos sociais, étnicos, raciais não rentáveis.

Questões éticas de extrema radicalidade: os seres humanos reconhecidos ou não viáveis como vidas humanas, como educáveis se rentáveis ou não rentáveis. A própria educação, as escolas, universidades e seus profissionais reconhecidos ou não como centros de aplicação de recursos públicos se os educandos decretados rentáveis ou não rentáveis. A vida, a educação deixam de ser valores humanos, as próprias crianças, adolescentes, jovens-adultos serão reconhecidos ou não humanos sujeitos de direitos humanos à vida, educação se forem ou não reconhecidos rentáveis. Uma inversão radical dos valores humanos. Da ética. Como resistir? Reafirmando valores humanos. Reconhecendo os educandos, suas famílias, seus coletivos como humanos.

A precarização do trabalho precariza vidas

Davis (2006) lembra-nos que a globalização condenou milhões à fome, ao desenraizamento, à semiproletarização de trabalhadores miseráveis nas favelas, nas periferias urbanas e nos campos. Formas de opressão, de condenação a um precaríssimo sobreviver que provocou revoluções urbanas, lutas por teto, levantes rurais por terra, por libertação. Uma "humanidade excedente" (p. 178s.) que interroga as ciências sociais, humanas, os estudos da cidade.

A semiproletarização dos camponeses sem terra, a dissolução das formas tradicionais de produção da vida, não jogados na marginalidade, mas incluídos em trabalhos marginais, informais. Na América Latina, 57% da força de trabalho na economia informal. Mulheres, negros, jovens em sua maioria no trabalho informal como estratégias de sobrevivência dos pobres. Vidas residuais, humanidades excedentes. Empreendedorismo forçado, imposto aos ex- -assalariados pelo declínio do emprego formal. Formas de sobrevivência que exploram, ameaçam vidas, direitos humanos. Vidas humanas. Até lixos humanos catadores de luxo, crianças, mães disputando restos de comida com urubus.

A informalidade tão formal, segregando, precarizando vidas principalmente de mulheres, crianças pobres, faveladas, negras. Os corpos mais fracos obrigados a carregar os fardos pesados do trabalho informal, da sobrevivência mais injusta, inumana. Infâncias pobres, aprendendo o sobreviver precário com as próprias mulheres, mães, condenadas a um precário, injusto, inumano sobreviver. Sobreviventes pobres da cidade – mulheres, crianças vivendo do excedente, vivendo uma humanidade excedente.

Aprender a sobreviver em vidas ameaçadas exige engenhosidade cada vez maior do número de crianças, adolescentes fazendo piruetas nas paradas dos sinais de trânsito, ou pendurando saquinhos de balas nos retrovisores dos carros, vendendo panos, pedindo esmolas. Infâncias inventando como sobreviver. Difícil a educadores que convivem nas escolas públicas de maioria pobres acreditar em teorias do desenvolvimento humano diante de vidas condenadas à "involução", retrocesso no seu sobreviver como humanos.

Quando condenados à sobrevivência nos limites, nas incertezas da informalidade, as redes tradicionais populares de auxílios se enfraquecem. Redes de solidariedade que se enfraquecem com o crescimento da pobreza, do sobreviver nos limites. Em tempos de negação dos direitos trabalhistas o trabalho informal cresce; o sobreviver nos limites cresce. O ameaçar vidas assumido como política de Estado. Trabalhos, infâncias para sobreviver em um precário viver. Que interrogações para a ética docente-educadora ao chegarem às escolas violentados internalizarão os contravalores das violências que padecem? Aprenderão valores de resistências? A pobreza extrema, a negação dos direitos do trabalho, o trabalho informal, o sobreviver precário, injusto, são uma expressão injusta da exploração humana. Logo, interrogam a educação, a docência no que é sua função histórica: a formação humana. As formas mais tradicionais de exploração humana repostas. Os corpos precarizados de crianças ao trabalho-infância, a pobreza-infância, a criminalização das infâncias-adolescências são as faces da velha desumanização retomada com requinte como política de Estado.

Uma percentagem alta de meninos, meninas entre 10 e 14 anos são obrigados a fazer algum trabalho gerador de renda e com seus proventos colaboram com a renda escassa das suas famílias pobres, crianças de trabalhos nas ruas, nas famílias, exploração do trabalho infantil, uma das ameaças de infâncias-adolescências em vidas ameaçadas. Até crianças-adolescentes mantidos como semiescravos forçados a trabalhar para sobreviver, sob condições de violência física, humana. Crianças, adolescentes puxando charretes de lixo com os pais nas ruas, avenidas de nossas cidades é uma imagem de trabalhos sub-humanos. Imagens de tráfico informal puxado à força humana até infantil.

Um setor de trabalho infantil é o serviço doméstico: cuidar de irmãos menores, cuidar da casa e até como trabalhadoras domésticas desde a adolescência nas famílias, quase em sua totalidade trabalhadoras domésticas, meninas em sua maioria negras. Trabalhadoras invisibilizadas, sem direitos. Filhas de mães pobres, negras, trabalhadoras domésticas que vêm dos mesmos percursos de trabalho adolescente que as filhas adolescentes repetem como uma herança maldita. E chegam às escolas, à EJA sobrevivendo a esse destino cruel de ameaças. Que capacidade das mães de garantir proteção básica para um justo, humano viver? Para se libertar desse destino de vidas precarizadas?

A precarização do trabalho precariza os espaços de viver, sobreviver, reforçando a precarização de vidas. Uma das ameaças que os educandos levam às escolas vem do espaço precarizado, da favelização das cidades. A população das favelas no mundo cresce 25 milhões de pessoas por ano (MARICATO, 2006). O empobrecimento dos trabalhadores urbanos obriga-os a sobreviver em espaços precarizados. O empobrecimento das cidades deixa exposto o empobrecimento dos seus trabalhadores, crianças, adolescentes, jovens-adultos que vêm das vilas, morros, favelas para as escolas. A velocidade da favelização acompanha a velocidade do empobrecimento, do desemprego, do trabalho informal.

O desemprego e a pobreza urbana conformam a negação do direito a teto. Revela a segregação, o racismo dos espaços de moradia. Revela, sobretudo, a intercasualidade do desemprego, subemprego, pobreza, racismo, moradia, espaço ameaçando vidas. Direito à vida justa, humana e direito a teto, moradia justa, humana. Revela a centralidade dada pelos movimentos e ações coletivas por direito à terra, teto. A segregação territorial expõe a segregação de classe, raça, gênero, etnia. Que exigências e respostas éticas chegam dessas vivências de espaços ameaçadores de um justo, humano viver? Quantas vidas destruídas, ameaçadas de mortandade, doenças, fome, subnutrição. Humanidades de crianças, adolescentes roubadas, decretadas e segregadas como humanidades excedentes, descartáveis, supérfluas?

Em que tempos estamos? De políticas de superação, humanização desses espaços, territórios de vida ou tempos de criminalização das favelas, das lutas por teto, moradia, criminalização como terroristas dos militantes por espaços de vida justa, humana. De extermínio sumário de militantes, mulheres, negros, como Marielle. Uma indagação para a educação e a docência: como garantir o direito dos educandos condenados a viver, sobreviver em espaços que ameaçam seu direito a uma vida justa, humana?

Os outros decretados incapazes de participar na produção intelectual, moral, cultural da humanidade?

Em nossa cultura política os pobres, não rentáveis, os sem-renda são os pobres, deficientes em moralidade, em humanidade. Sem direito à renda, vida porque sem humanidade. Acompanha-nos a hipótese de que estamos em tempos de retomar e radicalizar os tradicionais processos políticos de segregação dos Outros em nossa história. Tempos de nos dizer que o passado de segregações não passou, é retomado, radicalizado. A história da educação é inseparável da história do padrão de poder, de ser, de saber como os outros foram e continuam decretados com deficiência originária de humanidade, logo não educáveis, não humanizáveis. Extermináveis. A pergunta obrigatória: por que os Outros não têm sido reconhecidos sujeitos de história, nem suas histórias reconhecidas na história universal?

Quijano (2010) lembra-nos que os povos originários das Américas e os negros escravizados não foram reconhecidos capazes de participar na produção intelectual, cultural, moral da humanidade, da história do conhecimento, da cultura, dos valores. Nem da educação, dos processos de humanização. Porque decretados à margem de um paradigma de conhecimento, de racionalidade, moralidade e educação, humanização universal que se define desde o pensamento grego, a Paideia grega, como paradigma de humano, de racionalidade universal. Conhecer o mundo, conhecer-se desde a razão. Atrever-se a pensar para ser.

Outras formas de ser, pensar, saber do mundo e saber-se são relegadas à condição de não saberes, não conhecimentos. Não humanos. A função da pedagogia será tentar incluir os diferentes, não pensantes, irracionais, sem moral, sem cultura nem universalidade teórica, única, da razão. O suposto pensar racional se impõe como o paradigma não apenas de que conhecimento é ou não é válido, mas que humanos são ou não reconhecedores humanos porque racionais. O que é verdade e bem, os que são humanos capazes de aprender a verdade e praticar o bem tem sido o paradigma hegemônico de verdade, de bem, de humano.

Tensões persistentes nos paradigmas de conhecimento, de verdade, de moralidade, de cultura, de humanidade. Tensões persistentes na diversidade de humanismos pedagógicos. Esse definir essa universalidade de humano único legitima a segregação dos Outros, como o Outro do Humano único. Os in-humanos deficientes em humanidade porque deficientes na racionalidade única, universal, hegemônica, que define que coletivos: O Nós racionais, morais, humanos e os Outros irracionais, imorais. Não humanos, logo decretados excluídos, colonizandos, vencidos, extermináveis, resistentes a serem decretados in-humanos, logo sem direito a suas terras, territórios, culturas, saberes, valores, identidades.

Por que são retomadas como políticas de Estado essas ameaças dos Outros como incapazes de participar na produção intelectual, moral, cultural da humanidade? Porque os Outros em suas resistências, ações coletivas, movimentos sociais vinham se afirmando sujeitos humanos Outros de Outras Pedagogias, de Outros saberes, valores, culturas. Sujeitos de Outra produção intelectual, cultural, moral contrária à produção hegemônica. Vinham ocupando o sistema educacional da Educação Infantil ao Ensino Superior. Vinham ocupando o "latifúndio fechado cercado do saber", exigindo que seus saberes, valores, visões de mundo, da vida, da história fossem reconhecidos. Vinham pressionando escolas, universidades, ciências humanas, educadores-docentes a reconhecê-los como sujeitos de gênero, raça, etnia, classe.

As escolas, universidades, as ciências humanas vinham tomando partido por esses reconhecimentos. As reações do Estado, do poder, da política: con-

116

denar essas ousadias dos Outros afirmar-se sujeitos de conhecimentos, valores, culturas, identidades afirmativas. Condenar a educação, as ciências humanas por terem tomado partido nesses movimentos políticos, éticos, pedagógicos de reconhecimentos afirmativos dos Outros como humanos, desconstruindo os padrões de poder, de ser, de pensá-los deficientes em humanidade. As deficiências de humanidade estão no segregar os Outros como não humanos. Não capazes de participar na produção intelectual, moral, cultural da humanidade.

Parte III
QUE EXIGÊNCIAS-RESPOSTAS ÉTICAS

Mães se unem para dar visibilidade a seus filhos mortos e cobrar a dignidade de terem a memória deles reparada... Aprender das mães a ética de proteger as vidas ameaçadas dos filhos e dos educandos: "Não irão nos calar..." "Enquanto viver luto!" "Queremos justiça!" "Não matam só nossos filhos. Acabam matando a gente aos poucos também. Arrumamos forças onde não tem..." "Você educar um menino, ensinar os perigos da vida... Nunca repetiu um ano na escola, não faltava aula... Nenhuma mãe quer encontrar o filho no IML..." "Hoje estou aqui dando meu ombro, meu braço. Sei a dor delas (mães), mas sei também que vale a pena lutar". "Quando falam que bandido bom é bandido morto, é porque o filho deles está protegido".

In: *El País*.

"A morte de outro me invoca e me apela como se a minha possível indiferença me tornará cúmplice dessa morte... como se antes de ser condenado a ela tivesse que responder pela morte do outro e não deixá-lo entregue a sua solidão mortal".

Emmanuel Lévinas. In: Judith Butler (2006, p. 171).

"Quem cala sobre teu corpo consente na tua morte... quem cala morre contigo... quem grita vive contigo".

Menino (*Milton Nascimento e Ronaldo Bastos*).

"Vida precária é a exigência de aproximação de uma ética da não violência, da compreensão de quão fácil é eliminar uma vida humana. A agressão constitui a matéria mesma do debate ético... Exige despertar-se ao que é precário da vida do outro; ou despertar-se a precariedade da vida mesmo... Despertar-se a esfera da ética."

Judith Butler (2006, p. 20s.)

1
VIOLÊNCIA MORAL AMEAÇADORA DE VIDAS

Destacamos nas análises que estamos em tempos de vidas ameaçadas, nos perguntamos que vidas ameaçadas, de que coletivos sociais, étnicos, raciais, de gênero, classe, militância. Que ameaças e quem ameaça, que resistências a saber-se em vidas ameaçadas. Avancemos, defrontando-nos como docentes-educadores com uma questão: Que exigências e que respostas éticas da educação e da docência? Por que dar centralidade a que exigências e que respostas éticas diante de vidas ameaçadas na sociedade e nas escolas? Porque estamos em tempos de negação política da ética, a exigir como resposta a afirmação política da ética na sociedade, nas universidades e nas escolas.

Tempos de violência moral em defesa dos valores da Nação, de Deus?

Ameaçar, criminalizar vidas é legitimado porque estamos em um estado de violência moral, de ameaça, insegurança nos valores de ordem social. De ameaça aos valores da Nação e de Deus acima de tudo. Violências morais, dramatizadas na mídia, nos pacotes, medidas anticrime, a exigir como respostas do Estado a repressão, violência legitimada como Política. Uma estratégia política que se propõe convencer a sociedade de estarmos em um confronto de valores e contravalores, em uma guerra moral entre o Nós representantes do bem e os Outros representantes do mal, ameaçadores dos valores de ordem, segurança, propriedade da terra, do solo. Ameaçadores do valor das vidas que merecem ser vividas.

Quando a mídia hegemônica cultiva estarmos em um drama moral a legitimar pacotes anticrimes para salvar os valores da Nação e de Deus, estarmos em tempos de violências morais, de negação política da ética, se torna obrigatório perguntar-nos que exigências éticas, que valores afirmar e como denunciar os contravalores de ameaçar, violentar vidas, de que coletivos, de infâncias, adolescências, jovens. Somos obrigados a perguntar-nos que violências sociais, políticas, econômicas antiéticas ameaçam as vidas dos Outros, até de jovens, adolescentes, pobres, negros, militantes, mulheres, sem terra, sem teto, sem vida humana justa. Obrigados a reconhecer, entender a violência moral ameaçadora de vidas.

Da mídia e do Estado tem vindo a criação, legitimação de um clima de medo e de ódio a esses coletivos, de modo a legitimar as ameaças de suas vidas pelos órgãos do Estado e de sua justiça. Dos docentes-educadores se exige resistir a esse estado de medo, de ódio aos Outros, não deixar-se contaminar, não ver os jovens, adolescentes, crianças pobres, negros, indígenas, quilombolas que chegam às escolas; não vê-los com o olhar condenatório, com que a mídia, os órgãos do Estado, o Pacote Anticrime os vê e os criminaliza. Tempos de serem exigidos como docentes-educadores do direito à formação humana plena, moral, perguntar-nos que contravalores antiéticos, que julgamentos imorais da mídia, do Estado, da política condenam, criminalizam os jovens, adolescentes, crianças, militantes dos movimentos sociais que chegam às escolas, à EJA, às universidades como cotistas ou como militantes na Pedagogia da Terra, Indígena, Quilombola. Como criminalizam as escolas, universidades, as ciências humanas, os docentes-pesquisadores por tomarem partido por valores de direitos, de justiça.

Aprofundar nos tempos de formação inicial e continuada na compreensão dessa violência moral ameaçadora de vidas. O que caracteriza essa violência moral que violenta os Outros, violenta a educação, os seus profissionais? Violenta nossa ética profissional? Um traço marcante dessa violência moral ameaçadora de vidas é o ódio. O ódio aos militantes em movimentos e ações coletivas por direitos humanos – terra, teto, renda, trabalho, identidades de etnia, raça, gênero. O Estado, a mídia os declara terroristas, que ameaçam o direito à propriedade da terra, do solo, da renda. Do poder. Militantes a serem decretados terroristas extermináveis. O ódio aos adolescentes, jovens, até crianças, pobres, negros, as mulheres como Marielle, negras em lutas por espaços de um justo, humano viver. Estamos em tempos de um Drama Ético-Político em que o ódio, a criminalização, o extermínio dos decretados criminosos, terroristas se legitimam como valor político. O ódio, o medo criados, enfatizados como violência moral a legitimar vidas ameaçadas. O ódio, o medo afirmados, cultuados como valores a legitimar os contravalores do ameaçar vidas.

Que exigências e respostas éticas, políticas, pedagógicas diante desse drama ético, político cultuado pelo Estado, que amedronta a sociedade e que chega às escolas? A ética docente-educadora se interroga como entender os porquês desses ódios, dessas violências morais, políticas. Como entender contra que coletivos sociais, étnicos, raciais, de gênero, classe. A ética docente-

-educadora interrogada em como entender, a que interesses serve esse estado de violências, ameaças morais. Imorais.

Uma interrogação nuclear à pedagogia: saber-se odiados, criminalizados, com medo não rouba humanidades? Não desumaniza? Resistem e se humanizam? Somos obrigados como pedagogia, docência a entender a que processos de desumanização são submetidos esses coletivos, jovens, adolescentes, mulheres militantes, até crianças temidas, odiadas por essas ameaças antiéticas. Tomar consciência de como e em que essas violências in-morais antiéticas afetam a função humanizadora, formadora da docência e da educação, das escolas, das universidades e de seus profissionais. Vínhamos lutando por um Estado de Direitos, por valor de justiça, igualdade, equidade, de reconhecimento das diferenças. Lutando pelo valor do direito à vida justa, humana, por terra, teto, renda, saúde, educação. Por cidadania e humanidade. Vínhamos priorizando a educação em valores. Que sentido tem educar em valores em tempos de um estado de violentas ameaças aos valores humanos mais básicos – o valor da vida? Somos obrigados a tentar entender que intenções políticas, econômicas, que interesses, de que grupos sociais, econômicos estão em jogo nessa produção de um clima de ódio, medo, violências morais, in-morais ameaçadoras das vidas dos Outros.

Olhando para as vidas ameaçadas, de que coletivos e por que motivos podemos entender os interesses políticos, econômicos em jogo: os decretados criminalizáveis, ameaçáveis em suas vidas são os militantes em lutas por terra, teto, renda, trabalho. Por que esses militantes decretados ameaçadores, terroristas? Porque ameaçam o valor sagrado da propriedade da terra, do teto ao lutarem por direito à terra, teto. Ameaçam a concentração da renda, lutando por renda, trabalho. Ameaçam esses valores assumidos como valores de Estado, da Nação e até de Deus acima de tudo. Ameaças políticas, econômicas a serem decretadas crimes políticos merecedores de vidas ameaçadas. Conflitos morais, ético-políticos de valores-contravalores não apenas em convívios interpessoais, nem de valores de ordem, desordem, disciplina-indisciplina, mas conflitos éticos de um Estado, uma justiça que optaram pelos contravalores econômicos, políticos de propriedade, apropriação da terra, da renda, do trabalho e condena os valores dos direitos humanos. Direito ao valor da vida. Que exigências éticas da educação e de seus profissionais?

O estado de medo, de ódio, de violências morais sempre usado como cruel, como de poder, mecanismo político pelos donos do poder contra os decretados sem poder. Tempos de repolitizar até os conflitos de valores. De repolitizar a função da educação, da docência formadoras em valores. Quando as tensões por valores se politizam ao extremo de violências imorais ameaçadoras de vidas, a pedagogia, a docência são obrigadas a se politizar como formadoras em valores humanos. Sobretudo, formadoras dos decretados in-humanos, temidos, odiados como sem valores humanos. Que exigências e respostas éticas, políticas, pedagógicas vêm dessa repolitização para a educação e a docência?

Os contravalores de nossa história assumidos como política

Nessas tensões de valores-contravalores a educação, os seus profissionais forçados a não ficar de fora, mas a tomar partido. Reconhecer que estamos em tempos de exigências éticas, de opções políticas no próprio campo da ética e da educação. Uma das primeiras exigências será aprofundar nos tempos de formação inicial e continuada sobre que contravalores condenam jovens, adolescentes, crianças a vidas ameaçadas; que contravalores legitimam o Pacote Anticrime; que contravalores legitimam o poder, a apropriação-expropriação da terra, do teto, da renda, da vida. Não estamos em tempos políticos em que os velhos históricos contravalores são radicalizados, legitimados como valores de Estado? Os contravalores de expropriação-apropriação da terra, exploração do trabalho, o patriarcalismo, sexismo, racismo; os históricos mecanismos de opressão, de roubar humanidades, os culturicídios, extermínios como política; o sem-valor das vidas dos Outros assumidos como Política legitimados como valores da Pátria Amada, até de Deus.

Contravalores estruturantes dos padrões de poder, de dominação, subalternização dos Outros como vítimas. As vítimas de nossa história vitimadas: indígenas, quilombolas, ribeirinhos, das florestas, camponeses, militantes, mulheres, negros, jovens, adolescentes. O velho racismo mais requintado, o velho sexismo mais aprimorado, os velhos extermínios legitimados: vidas que não merecem ser vividas, que merecem ser criminalizadas, extintas – não viváveis para garantia, segurança das vidas que merecem ser viváveis. O valor da vida negado para garantir os valores da propriedade da terra, do solo, das águas, do agronegócio, da acumulação do lucro. Tempos de confrontos de valores-contravalores.

As análises de nossa história desde essa perspectiva antiética-ética como uma história de negação política da ética têm sido persistentes e retomadas com insistência na historiografia, na sociologia e na política, na filosofia, na literatura, nas músicas, no cinema, nas artes. Uma pergunta para estudo-formação: essas análises de negação política da ética não trazem indagações centrais para a formação-deformação humana? Para a pedagogia, a educação, a docência? Para a história da educação como possibilidades e limites de formação humana? Que exigências, respostas éticas para a educação e a docência diante dessas tensões de valores-contravalores?

Uma forma de resistências éticas, políticas será trazer essas interrogações para as pesquisas, para o pensar pedagógico, para as análises de políticas, para o repensar-recontar de nossa história política, da educação, sobretudo para a formação de docentes-educadores que terão de entender, acompanhar educandos em tensos conflitos de valores-contravalores. Assumir esses contravalores como política de Estado invade as políticas e as instituições públicas, até as instituições educativas. Se resistirem a se reger por esses contravalores ou tomarem partido por valores de direito à vida justa, humana, se optarem por valores de justiça serão ameaçados. Tempos de confrontos de valores a radicalizar a opção política, ética por que valores na educação, na docência, na gestão de escolas, universidades.

As vítimas culpabilizadas do drama ético, social, político?

O drama ético na sociedade é atribuído à falta de valores dos oprimidos, responsabilizados das violências, porque sem valores de ordem, de convívio social. Sem valores humanos. Uma condenação política sacrificial que sacrifica os Outros como sem valores, sem moralidade para ocultar a negação política da ética das elites, de apropriar-se das terras, renda, espaço. Do poder. Uma história de negação política da ética que persiste decretando os jovens, adolescentes, trabalhadores empobrecidos, favelados, militantes em lutas por terra, solo, trabalho, saúde, educação como ameaçadores da ordem. Vidas ameaçadas de extermináveis.

Ameaçar vidas, exterminá-las tem sido uma das injustiças políticas, um dos dramas antiéticos mais persistentes postos na criminalização dos Outros. Uma história de dramas éticos pouco destacada a exigir centralidade no recontar a história social, política, ética e até pedagógica. Provocar o sofrimento humano desde a infância, ameaçar vidas de um injusto, in-humano sobreviver e até de não viver é a forma mais injusta, antiética, sobretudo quando essas ameaças são de Estado. O sofrimento humano exige respostas éticas da política, da educação.

Lembrávamos que há outra história política, ética, pedagógica de educação em valores de que são sujeitos as vítimas desse drama ético, político. Uma análise das dimensões éticas, dos valores afirmados, cantados na cultura popular revelaria essa outra história de afirmação política da ética de que têm sido sujeitos as vítimas do drama antiético. Uma afirmação política da ética a afirmar o primeiro valor: a vida. Quanto mais tem sido em nossa história a vida ameaçada e até exterminada, maior o valor dado pelas vítimas à vida. Maiores as resistências por vida justa, humana.

As mulheres mães pobres, vivenciando a mortandade infantil por doenças, pobreza, falta de políticas de vida, saúde, têm sido as testemunhas éticas mais afirmativas do valor da vida dos filhos. Tantas mães hoje vivenciando as vidas ameaçadas de seus filhos são os testemunhos éticos mais afirmativos do valor da vida dos filhos. Processos persistentes e resistentes de repor o valor ético da vida diante da persistente história de negação política do valor da vida. Diante de tantas injustiças contra a vida.

Os movimentos sociais, sobretudo de mulheres por alimentação, moradia, saúde, educação são movimentos por vida. Repõem o valor de suas vidas e das vidas dos filhos. Culpar as famílias, as mulheres-mães pelo drama ético, social, político que as ameaça e ameaça as vidas dos filhos é antiético. Estamos nesses tempos. Como reagir na educação, na docência? Reconhecendo e fortalecendo as famílias, mulheres-mães e os filhos em suas resistências éticas por direito à vida justa. Não reforçando o ser vítimas culpabilizadas do drama ético, social, político.

As tensões entre valores-contravalores repolitizadas pelo Estado

A Pedagogia desde a Paideia teve consciência de que educar nos valores da Pólis, da cidadania, da humanização exigia ter consciência dos contravalores; denunciar e desconstruir esses contravalores que ameaçavam a construção da Pólis e o reconhecimento dos cidadãos da Pólis. Todos os humanismos pedagógicos destacaram mais os conflitos de valores a educar do que das verdades a ensinar.

O próprio Estado, a política, a justiça politizam essas históricas tensões de valores, contravalores, condenando as universidades, as ciências humanas, a educação básica e seus profissionais por terem optado por tomar partido nessas tensões entre valores, contravalores sociais, econômicos, políticos, de gênero, classe, raça. A educação, seus docentes-educadores pressionados por terem tomado partido por valores de libertação dos contravalores a que os oprimidos resistem. Tempos políticos de tensões de valores. Que opções nessas tensões de valores? Optar por fortalecer os valores que os movimentos sociais vêm afirmando no resistir aos contravalores que os oprimem: denunciar que a dominação, segregação, opressão não são naturais; que as próprias vítimas dessas injustiças não são os culpados; denunciar que a política é a arte dos poderosos manter os Outros sem poder, sem terra, sem teto, sem renda. Sem vida. Resistir a que esses contravalores deverão ser os valores da política, da Nação e de Deus acima de tudo e de todos.

O Estado, a política se afirmam a favor da legitimação desses contravalores porque têm consciência de que as vítimas avançaram nas resistências a esses contravalores que têm legitimado as estruturas que os vitimam. A política, o poder, a justiça tentam legitimar a repressão no combate às ousadias organizadas em movimentos de resistências a esses contravalores. A função da educação não seria reafirmar as resistências a esses contravalores? Assumir, optar por negar, criticar esses históricos contravalores de dominação-opressão, racismo, sexismo, exploração de classe? Quando a educação da básica à superior, as ciências humanas são atacadas por terem tomado o partido a favor das vítimas, qual deveria ser a opção política, ética da educação? Fortalecer as vítimas da negação política da ética que acompanha a manutenção da dominação social, racial, de gênero, classe e fortalecer os valores de justiça, resistências, libertação, emancipação que as vítimas reafirmam em radicais ações coletivas.

Nessas tensões de valores-contravalores a opção ética será que a educação retome sua função política, ética de educar, fortalecer os valores de justiça. As vidas ameaçadas no Estado, na sociedade, nas escolas são dos coletivos que resistem a esses contravalores e afirmam Outros valores. Afirmam valores de justiça, radicalizando as promessas pedagógicas de inclusão, igualdade pela educação.

Por que essa radicalidade dos Outros em suas lutas por justiça contra os contravalores de dominação de classe, raça, gênero? Porque avançaram na consciência de que as desigualdades são estruturais. Condená-los a sem terra, sem renda, sem teto, sem direitos sintetiza os contravalores estruturantes da Nação. Sintetiza as injustiças que os oprimem. Têm consciência de terem sido criminalizados no passado e no presente por se contrapor, resistir a esses contravalores estruturantes das injustiças. No passado e no presente o Estado responde a essas lutas por justiça, criminalizando os Outros pela suposta falta de valores que ameaçam os valores da Nação e de Deus. Vidas ameaçadas por terem coragem de se contrapor aos hegemônicos valores nacionais e religiosos: Tempos de o próprio Estado radicalizar as tensões de valores-contravalores para legitimar na Nação e até em Deus criminalizar, ameaçar as vidas dos coletivos que lutam por justiça. Que respostas da educação? Radicalizar as relações entre justiça-educação.

2
O DRAMA ÉTICO CHEGA ÀS ESCOLAS, À EJA. OUTRA ÉTICA DOCENTE-EDUCADORA?

Nos coletivos docentes-educadores-gestores aumenta a consciência de que o drama ético, social, político chega às escolas nas vidas ameaçadas dos educandos e de seus educadores. Diante dessa consciência dos profissionais da educação como repensar a ética docente-educadora? Uma exigência posta: aprofundar na negação política da ética do Estado, da justiça que condena jovens, adolescentes, crianças, militantes, até educadores a vidas ameaçadas e tenta legitimar a criminalização no suposto caos ético que esses coletivos estão provocando na ordem social. Aprofundar na tentativa de legitimar a criminalização nas supostas ameaças à sociedade, à ordem, ao direito à propriedade da terra, do solo. Ameaças que são atribuídas à falta de valores de ordem, de respeito à propriedade privada. De respeito à própria vida dos cidadãos de bens e de bem.

Como reconhecer e trabalhar a centralidade da ética?

A pergunta obrigatória: se a negação política da ética é reposta com tanta ênfase no ameaçar vidas até de educandos e educadores, que centralidade dar à ética, aos valores, nas estruturas de poder, nas políticas, nos currículos, na docência, na gestão? Exigir ética na política? Que centralidade dar à ética como matriz de formação humana de educadores e de educandos decretados extermináveis porque sem valores, até ameaçadores dos valores sociais? Como trabalhar a centralidade da ética? Como os educadores reafirmam a ética? Que temas de pesquisa e de estudo-formação?

• *Reconstruir esse traço persistente de negação política da ética em nossa história.* Reconstruir a nossa história como um drama ético. Aprofundar nos contravalores do poder nessa negação política da ética. O contravalor de decretar os povos originários, os negros escravizados e libertos, os camponeses, os trabalhadores condenados a se submeter às vidas ameaçadas sob pena de serem criminalizados em suas resistências e serem decretados criminosos-extermináveis.

• *Reconhecer os sofrimentos humanos dessas vitimações* a que foram e são submetidos na história de seus coletivos e na história de seu atual viver desde crianças. O sofrimento que levam às escolas, os medos de sobreviver em vidas ameaçadas, de conviver com os extermínios, mortes de colegas, vizinhos, familiares mortos pelas repressões do Estado. Não deixar no esquecimento tantas vidas ameaçadas. Denunciar o esquecimento dessa história de sofrimentos. Reconhecer na memória das vítimas dessa história que desde crianças se sabem vítimas das injustiças sofridas e continuam a sofrer. A vulnerabilidade e fragilidade a que são submetidos. Reconstruir como essas memórias de injustiças têm marcado a cultura popular: as narrativas, as músicas, as crenças, religiões, as artes, o artesanato, as festas, comemorações...

• *Reconhecer que esse drama ético tem sujeitos.* Não é natural. Aprofundar sobre quem são os sujeitos. Quem são os verdadeiros provocadores do drama ético? Responsabilizar os jovens, adolescentes, trabalhadores, militantes em lutas por direito é uma forma de ocultar os verdadeiros responsáveis.

• *Pesquisar como as vítimas dessa história têm resistido por libertação.* Reconstruir a história de resistências a submeter-se às violências dos opressores. Paulo Freire nomeava os movimentos dos oprimidos como Movimento de Cultura e Liberação. Resistências culturais liberadoras. Os movimentos sociais ao lutarem por terra, teto, trabalho, renda, saúde, educação, por vida, repõem esses movimentos de resistências libertadoras, de não submeter-se às violências dos vencedores, opressores. Desde crianças participam dessas ações coletivas de resistências libertadoras.

• *Reconhecer como essas resistências libertadoras* revelam o não submeter-se a ser decretados deficientes em humanidade – irracionais, incultos, sem valores, sem história. Afirmam-se humanos sujeitos de valores, saberes, culturas. Reagindo a esses processos de opressão afirmam as Pedagogias dos Oprimidos com que se humanizam, se sabem humanos. Como entender, reconhecer essas pedagogias éticas em que se formam desde crianças? Processos de humanização, que Pedagogias põem em ação os oprimidos nessas culturas de libertação-humanização? Uma história da Pedagogia, de Outras Pedagogias dos Oprimidos a serem reconhecidas como história da Pedagogia, da Educação. Uma outra história ocultada que exige ser reconhecida.

• *Aprender como na pedagogia familiar, de raça, etnia*, como na socialização-educação materna, sobretudo, esses saberes, valores, culturas de liberação são transmitidos desde a infância. As mulheres pobres, mães ao levarem seus filhos às escolas levam essas pedagogias de educar os filhos em saberes, valores, culturas, identidades resistentes de libertação. O que a pedagogia, a docência escolar têm a aprender dessas pedagogias de educar os filhos na cultura da libertação? Que espaços de diálogos abrir para trocas, aprendizados entre as pedagogias das famílias, das mães e dos mestres das escolas? Ninguém melhor do que as mães sabe da dor de cuidar de vidas ameaçadas, de um in-humano, injusto sobreviver e até ameaçados de não viver. Cuidar dessas vidas é o gesto ético-político mais radical a aprender dessas mães.

• *Fazer uma análise crítica da ética escolar e docente*: reproduz esses contravalores de culpar os educandos, famílias, mães como responsáveis de serem oprimidos, pobres, porque carentes de valores, de responsabilidade, de trabalho, de estudo, de ordem social e escolar? Essa negação política da ética, culpando as vítimas como sem valores, tão persistente em nossa história e no presente é reforçada ou superada na educação? Que propostas éticas de superação acontecem nas escolas, na EJA, nos cursos de Pedagogia e nas Licenciaturas?

Exigências éticas para a educação e a docência

Os movimentos sociais, os movimentos docentes vinham sendo atores políticos por um Estado de Direitos à terra, trabalho, educação. Estaríamos em tempos que parecem repor passados antiéticos que pensávamos superados pelos avanços de lutas por direitos, por um Estado de igualdade de direitos ao menos de direito político à vida? Uma questão ética urgente: diante de vidas ameaçadas do direito a ser vividas, a função política, ética das escolas e da EJA não será salvar, proteger vidas ameaçadas? Que pontos a merecer tempos de estudo-formação, de pesquisa e de docência:

• *Criminalizar, ameaçar vidas, operações de poder*. Desde os genocídios de indígenas, negros escravizados em lutas por libertação ou quilombolas em lutas por territórios, ou militantes em lutas por terra, teto, trabalho, ou de mulheres negras em lutas por vida como Marielle, uma questão interroga essa tradição reposta no Estado de criminalização: quem criminaliza, legitima ameaçar essas vidas? O Poder, a Coroa, o Império, a República, até o Estado que se diz democrático. Entender esses mecanismos específicos do poder criminalizador, ameaçador de vidas confere radicalidades éticas a serem examinadas.

Um tema de estudo-formação sobre as vidas ameaçadas na sociedade, nos campos e nas cidades que buscam proteção nas escolas públicas: como entender os mecanismos específicos do poder, do Estado ameaçador e da mídia que legitimam com seus Pacotes criminalizadores, que vidas são ou não dignas de serem vividas ou ameaçadas, extintas? É o Estado que decreta a guerra contra o crime, que decreta que jovens-adolescentes pobres, negros sejam enquadrados como criminosos, que decreta que militantes são ameaçados como terroristas.

Aprofundar nos tempos de estudo-formação como para a legitimação política e ética tem sido orquestrada pela mídia, pelas elites, pelo Estado uma cultura do medo a esses jovens-adolescentes militantes como ameaçadores da ordem pública e da vida dos homens de bem, de paz. Uma cultura do medo a legitimar o Pacote Anticrime para salvar as vidas dos coletivos de bem. Para legitimação política, ética das violências contra os jovens, adolescentes decretados militantes do mal. Um drama ético, político a exigir tempos de formação para entender como afeta os educandos, os docentes-educadores. Uma guerra entre o bem e o mal, os coletivos do bem e os ameaçadores coletivos do mal. Uma guerra, um drama ético patrocinado pelo Estado, pela sua justiça, pela mídia, pela bancada política da Bíblia e da Terra, do Agronegócio. Uma cultura antiética decretando os Outros como ameaçadores para legitimar sua criminalização e extermínio.

Será necessária uma análise política desse drama ético-político que tem como ator central o poder, a justiça, as forças da ordem. Um Estado antiético que tenta se legitimar como exterminador, criminalizador de jovens, adolescentes, crianças populares no decretá-los criminosos, temíveis ameaçadores de vidas de bem. Complexos tempos de dramas éticos que têm como ator o próprio Estado não mais de Direitos, mas de Exceção, criminalização dos Outros.

• *Dramas éticos que enredam a ética profissional* das escolas públicas dos seus docentes, gestores-educadores. Uma pergunta obrigatória para a formação: que contravalores são ativados nessa cultura do medo, do medo a que coletivos?

Uma pergunta obrigatória em tempos de formação: essa cultura de medo aos jovens, adolescentes, infâncias pobres, negros não termina contaminando a visão das escolas públicas populares como antros de violentos? Não termina contaminando as representações dos seus profissionais exigindo deles condenar os educandos populares como violentos, ameaçadores da paz nas escolas, nas ruas, ameaçadores até dos próprios docentes-educadores? Logo decretar sem função educadora as escolas e defender a educação familiar e as escolas militarizadas.

Com que exigências éticas responder? Resposta urgente: nos tempos de formação criticar o paradigma de Nós humanos e os Outros in-humanos que marcaram os diversos humanismos pedagógicos de nossa Colonização e que continuam repostos nos tempos de Estado e de justiça criminalizadores. A alocação de umas vidas como merecedoras de um humano viver – as vidas do Nós – legitima a alocação de Outras vidas na condição de não viver porque criminalizados por atacar as vidas do Nós humanos dignos de vidas humanas.

Tensões políticas, éticas até pedagógicas atreladas às velhas estruturas de classe, gênero, etnia, raça repostas de maneira enfática pelo Estado e sua justiça criminalizadora. Tempos também de nossas respostas políticas, éticas, pedagógicas já acontecendo nas escolas e nos seus coletivos de docentes-educadores. Frente a velhas práticas de condenar educandos como violentos, indisciplinados e expulsá-los, condenando-os ao extermínio dos agentes do Estado, as opções éticas docentes-educadoras são Outras: protegê-los. Outra ética docente-educadora que soma com as famílias, mães pobres, trabalhadoras que levam seus filhos às escolas públicas na esperança de que suas vidas sejam protegidas. Salvar vidas ameaçadas de infâncias, adolescências assumidas como função ética, políticas, pedagógicas das escolas e dos seus docentes-educadores-educadoras. Outras novas-velhas funções políticas éticas para as escolas públicas e para seus profissionais: garantir o direito à vida, quando do Estado vêm tantas formas de negar o direito à vida. Na educação, na docência se avança não apenas em não reproduzir nas escolas processos segregadores, reprovadores dos mesmos que a sociedade, o Estado criminaliza desde a infância, mas se avança indo além: fortalecer os educandos para resistir, por se libertar. Com que saberes, valores fortalecer suas resistências?

• *Aprender com os valores de suas resistências por libertação-emancipação*. A tendência dos humanismos pedagógicos tem sido se atrelar ao dualismo abissal do paradigma de humano educável e in-humano nem educável porque nem humanizável. As tentativas de tantas pedagogias têm sido como superar essa visão dos Outros como in-humanos sem valores de humanidade. Ao menos como educá-los em valores, que não têm, como moralizá-los para incluí-los na condição de humanos racionais, morais, éticos.

Um tema de estudo-formação – aprofundar com uma visão crítica: a ênfase na educação em valores dos sem-valores da educação moralizadora dos sem-moral não tem sido uma constante nas pedagogias inclusivas, igualitárias, críticas, libertadoras das imoralidades de origem, de raça, de etnia, de classe? Pedagogias enfatizadas no Estado Democrático de Direitos e em suas políticas inclusivas.

Toda política inclusiva dos Outros pressupõe uma política anterior de decretá-los excluídos porque decretados sem conhecimentos, sem valores, sem culturas. Até excluídos em humanidade. Todas as pretensões éticas dessas políticas inclusivas pressupõem um decretar os incluíveis como excluídos, à margem da condição de humanos, de cidadãos, de éticos. Supõe uma história antiética de segregação-opressão, subalternização para legitimar uma ética da inclusão.

Os movimentos sociais, em ações coletivas, resistem a ser decretados excluídos para legitimar políticas benevolentes de sua inclusão. Afirmam-se humanos plenos, sujeitos de saberes, valores, culturas, identidades, Outros Sujeitos éticos não a serem moralizados para merecerem ser reconhecidos cidadãos humanos pela educação em valores. Dessas ações coletivas vêm exigências de Outra ética docente-educadora mais radical do que a ética da inclusão condicionada à moralização pela educação. Uma outra exigência de outra ética a ser objeto de tempos de estudo-formação inicial e continuada.

Que focos a merecerem destaque nos tempos de estudo-formação inicial e continuada.

Primeiro: Que ética-antiética tem acompanhado o decretar os Outros sem valores, sem saberes, sem culturas, sem identidades, sem ética para prometer-lhes incluí-los pela educação na condição de humanos de sujeitos de valores, saberes, culturas, identidades humanas e cidadãs? Essas políticas inclusivas exigem uma análise ética radical, uma vez que a história da educação democrática, igualitária, inclusiva tem se legitimado nessa antiética declaração dos Outros sem humanidade, sem cultura, sem valores e se tem legitimado na suposta ética de inclusão pela educação, pelo aprender os saberes, valores, culturas hegemônicas, únicas do Nós humanos cidadãos. Há muito a avançar na crítica aos pressupostos das políticas inclusivas sob a perspectiva ética-antiética.

Segundo: Que ética outra afirmam os Outros nas suas resistências históricas em defesa de seus saberes, crenças, valores, culturas, identidades como humanas, a serem reconhecidas, respeitadas, valorizadas como expressões de Outra ética? Esses coletivos põem em ação Outras matrizes da formação humana. Outras éticas: resistências históricas a serem decretados in-humanos, a serem roubados de suas humanidades, suas culturas, resistências a históricos culturicídios. Resistências à expropriação de seus territórios onde enraizaram suas culturas, saberes, valores, identidades coletivas. Resistências ao direito a vidas não exterminadas. Uma história que persiste diante dos extermínios, que persiste diante do não reconhecimento do direito a seus territórios, do direito à agricultura camponesa, ribeirinha. Coletivos de docentes, educadores optam por fortalecer suas resistências como pedagogia da educação em valores, afirmando outra ética.

Terceiro: Analisar as respostas do Poder, do Estado a esses atrevimentos dos Outros de afirmarem-se sujeitos de valores, de direitos humanos, de direito à terra, território, culturas, crenças, identidades coletivas. Analisar essas respostas como uma reposição de passados antiéticos. Que respostas radicais do Estado? Decretá-los terroristas, por defender seus direitos à terra, territórios, culturas, identidades, valores; entregar a demarcação de suas terras ao agronegócio, acabar com o Ministério da Reforma Agrária, com a agricultura familiar; reprimir os movimentos sociais nos campos, nas periferias urbanas; criminalizar os valores de libertação que os movimentos sociais, seus coletivos vinham afirmando. Diante da reposição de passados políticos antiéticos perguntar-nos: como esses confrontos políticos, éticos afetam, interpelam a ética docente-educadora? Como afetam a defesa da Educação do Campo, Indígena, Quilombola, Ribeirinha? Provocam novas resistências? Qual a força educadora dessas resistências?

3
O VALOR DA VIDA EM CRISE: QUE EXIGÊNCIAS ÉTICAS POR RECUPERAR O VALOR DA VIDA?

Acompanha-nos a hipótese de que o decretar vidas ameaçadas, criminalizáveis traz exigências e respostas éticas para a educação e a docência, porque estamos em tempos de um drama ético na política, no Estado, nos Poderes, na Justiça, um drama ético que chega às escolas, à educação, à docência, obrigadas a assumir esse drama ético como realidades pedagógicas, como interpelações éticas. Entender essas tensões de valores-contravalores que determinam não apenas a formação-deformação dos educandos, mas determinam a negação do valor primeiro à vida. Decretar vidas de jovens, adolescentes, crianças, militantes como extermináveis coloca em crise o valor da vida.

A precarização da vida como política

Paulo Freire (1987) nos lembrava de que toda forma de opressão rouba humanidades e se pergunta qual a função da pedagogia em recuperar essas humanidades roubadas. Estamos em tempos de roubar vidas, de negar o valor do direito à vida. Tempos de opressões radicalizadas pelas violências de Estado, da própria justiça contra o direito à vida de jovens, adolescentes, militantes que buscam proteção para suas vidas ameaçadas nas escolas. Sabendo-se ameaçados, perdendo irmãos, amigos, parentes, vizinhos vendo as mães chorando, ouvindo as notícias de extermínios, vendo na mídia rostos de sua cor, sua raça, exterminados. Que conflitos identitários, éticos vivenciam e levam para as escolas? Para a EJA?

Como trabalhar esses conflitos identitários, éticos, humanos? Conflitos identitários, éticos que nos convocam, demandam, reclamam prestar atenção, entendê-los, trabalhá-los como uma das funções históricas da pedagogia, dos humanismos pedagógicos: a centralidade da formação ética na formação humana. A vida ameaçada de morte nos convoca como humanos, mas acrescenta uma convocação radical, ética: conviver com infâncias, adolescências, jovens, adultos com a função ética de acompanhar sua formação humana traz uma convocação ética radical sobre como recuperar identidades, autoimagens, vidas decretadas sem valor, sem merecer ser vividas, merecendo ser ameaçadas, extintas.

Quando os educandos chegam vitimados por essas tensões éticas e antiéticas de valores e contravalores, a pedagogia, a docência são obrigadas a intervir por obrigação ética. Quando chegam às escolas ainda crianças, vivenciando que a vida não tem mais valor, a pedagogia, a docência se defrontam com como trabalhar a destruição do valor mais radical: o valor da vida. Lembro-me do diálogo com uma professora de uma escola pública: "Não sei o que fazer: uma criança, meu aluno de 7 anos, alegre, vivendo a infância e aprendendo, convivendo, começou a faltar à aula; quando vinha só ficava chorando, desinteressado de tudo, triste. Marquei um encontro com a mãe para entender o filho. A mãe chegou chorando: me ajude, ajude meu filho, professora, ele adorava o irmão de 15 anos, mas foi morto pela polícia, não se conforma, só fica chorando. Eu mãe e eles irmãos chorando o filho, o irmão morto". A interrogação da educadora: "que posso fazer como educadora com a mãe e com o menino?"

Prepararam-nos para entender, responder moral e pedagogicamente a esses dramas éticos que chegam às escolas, à educação, à docência? Aprender o que ensinar e como tão central nas diretrizes da formação docente não dá conta. O ético, a ética são demandados a entender esses dramas éticos tão presentes e persistentes na sociedade, nas cidades, nas periferias, nas escolas públicas e na EJA. Que ética nos permitirá entender, tratar essas vidas ameaçadas? As questões éticas que perpassam a Pedagogia nem sempre têm tido centralidade na formação de docentes-educadores.

Que interpelações éticas vêm do valor da vida em crise?

Diante da precarização da vida como política e do drama ético que chega às escolas, as questões éticas adquirem centralidade. A ética nos empurra para ir além do olhar científico, do que ensinar, aprender e como. Olhar para esses rostos, esses corpos para entender o drama ético, existencial, entender o choro que revela identidades, autoimagens quebradas. As diretrizes curriculares, a Base Nacional e as avaliações sentenciadoras não veem rostos humanos. Só veem números sem rosto para não serem interpeladas moralmente pelos rostos. A educadora responde a esses rostos com ética: "o menino não consegue mais estudar, vai perder o ano. Eu sei do problema, mas não vou reprová-lo".

A chamada ética se sobrepõe: que posso fazer com a mãe e o menino que choram o filho, irmão exterminado?

Tantas interpelações éticas que vêm de educandos em vidas ameaçadas, precarizadas, redefinindo culturas antiéticas de segregação, reprovação. Quando as escolas, a docência escutam as interpelações éticas que vêm dos rostos de educandos em vidas ameaçadas, a resposta é outra ética pedagógica, gestora, docente. Uma ética contra a cultura política e escolar condenatórias, violentas. Contra o Estado, a justiça criminalizadores. Na medida em que os educandos são outros, pobres, negros, das periferias, dos campos, das águas, das florestas – são Outros – os oprimidos, criminalizados, se torna mais difícil ignorar, ocultar as interpelações éticas que esses rostos-vidas ameaçados carregam.

Aprender com a ética das mulheres-mães de vidas ameaçadas. As mulheres-mães não se limitam a levar seus filhos às escolas, levam os corpos, os rostos, as vidas ameaçadas, levam os medos, os sofrimentos de saber-se mães de vidas ameaçadas. Pedindo das educadoras que entendam o que é sofrer as ameaças de vida dos próprios filhos. Pedindo que não os condenem, que os entendam ameaçados, em conflitos de identidades, de valores, de aprendizagens. Questões cada vez mais instigantes no ambiente escolar. Como entender e responder com ética a essas interpelações éticas? Diante de vidas ameaçadas, que colocam em crise, negam o valor da vida, somos docentes-educadores assumindo como exigência recuperar o valor da vida. Obrigados a colocar-nos temas de estudo na formação inicial e continuada. Que temas-apelações éticas?

• *A indagação moral diante do sofrimento*. No convívio com essas infâncias até adultos em vidas ameaçadas seus docentes-educadores percebem vidas sofridas, corpos, rostos, olhar de sofrimentos. "Tanto sofrer" é o grito do Samba. Sobreviver na pobreza extrema, na fome, nas favelas produz sofrimentos. Tantas formas de sofrimentos que chegam às escolas com solicitações éticas. Responder ou ignorar esses sofrimentos? Os sofrimentos estão na rua, nos campos, nas famílias, nas escolas: não temos responsabilidade com isso? Nossa responsabilidade ética escolar se reduz a que aprendam a ler, sejam disciplinados para um dia, talvez no futuro, se persistirem deixarão de sofrer? Seu tempo é hoje, sua dor é no presente de crianças, adolescentes a exigir compreensão ética no presente. Sabem-se sofrendo e exigem saber porque sofrem das lições dos mestres.

Das famílias-mães aprendem desde crianças, adolescentes que tanto sofrer é uma condição de ser pobre, ser negro, ser favelado, ser camponês, ser ribeirinho, ser trabalhador... Aprendem uma postura ética: não se reconhecer responsáveis por tanto sofrer.

• *Aprendem com seus coletivos, suas mães o valor da indignação moral por tanto sofrer.* Indignam-se contra a sociedade, o poder, os donos da terra, do espaço, da riqueza, do poder que os condenam a esses sofrimentos. Com a indignação de seus coletivos diante do sofrimento aprendem um outro valor: não reconhecer-se culpados de sofrer, logo resistir com indignação moral a esses sofrimentos.

Com esses conflitos éticos chegam da Educação Infantil à EJA: sabendo-se condenados a sofrimentos que não merecem, indignados por esses sofrimentos e resistindo por se libertar. Como entender esse drama ético que chega às escolas nos corpos, rostos, olhares, vidas tão sofridas de infâncias, adolescências até jovens-adultos?

Questões para estudo-formação: desses rostos, olhares, vidas no sofrimento vêm que exigências éticas, políticas, pedagógicas para a educação e a docência? Para as políticas públicas, para as diretrizes curriculares de formação de docentes-educadores? A pergunta exige ser alargada: que exigências éticas de garantir a esses educandos o direito a conhecer-se, a saber-se condenados, por quem? Por que estruturas antiéticas condenados a esses sofrimentos? Os saberes dos currículos, das áreas, da Base Nacional Comum lhes garantirão o direito a saber-se gente-comum condenados a sofrimentos incomuns históricos antiéticos?

Rever a docência, o que e como ensinar desde essa perspectiva ética é uma exigência para a docência, para os conhecimentos curriculares. Para a análise crítica da Base Nacional Comum. Tem sido antiético ocultar na própria história da educação e nos conhecimentos curriculares essa história antiética de sofrimentos que os educandos e seus coletivos padecem na nossa história. Como docentes-educadores, gestores aprendem que essa história antiética está nos noticiários e chega às escolas com os sofrimentos dos educandos. Que respostas? Podemos ignorá-los, desligar os noticiários. Mas como ignorar, desligar o olhar, o rosto de sofrimento do educando a nossa frente? Como ignorar suas interpelações. Que posturas éticas vêm sendo assumidas pelos gestores, docentes, educadores e pelos formuladores de políticas e da Base Nacional Comum?

• *Indignações éticas diante da negação do direito à vida.* Se condenar infâncias, vidas ao sofrimento exige indignação ética, condenar vidas à ameaça de mal-viver, indigno sobreviver e até não viver exige a indignação ética mais radical. Lembrávamo-nos da postura ética de educadores e educandos diante de colegas que não mais respondem a chamada na aula, porque exterminados nos fins de semana. A atitude ética de repulsa a essas mortes tem levado a abrir debates de educadores e educandos sobre esses extermínios imorais.

A indignação ética cresce na educação e na docência obrigadas a conviver com vidas ameaçadas, que exigem respostas éticas. Lembrávamo-nos do irmão de 7 anos inconformado com o extermínio de seu irmão adolescente. A indignação do irmãozinho, da mãe, da educadora é um gesto ético. Poderíamos lembrar-nos do grito resistente, indignado dos adolescentes-jovens negros: "parem de nos matar porque somos negros". Às escolas chegam vidas ameaçadas, indignadas com indignação moral, política pela prática social, política do Estado criminalizador, exterminador de vidas. Torna-se um imperativo dedicar tempos de estudo-formação para analisar as dimensões antiéticas dessas políticas, desse Estado e de sua justiça criminalizadora de vidas. Mas também analisar as dimensões éticas, políticas das indignações. Trazer notícias, estudos para o debate formador. Ir além e trazer as respostas éticas que acontecem nas escolas, educando no valor primeiro da vida. Analisar os gestos de indignação que se tornam tão frequentes nos coletivos de educandos e educadores, famílias, mães, sobretudo.

• *Aprender com as mães a chorar vidas perdidas como um gesto ético*, político em defesa do direito à vida. Para onde avançar nessas denúncias formadoras diante da negação da vida? Diante das mortes, extermínios, um tempo de estudo-formação: analisar como do Estado, dos meios de comunicação e seus analistas vêm aprovações políticas, éticas, justificativas para a criminalização e os extermínios nas prisões, nos fins de semana. Contrapor essas análises que legitimam exterminar com as reações das famílias, das mulheres mães pobres, negras. Trazer para o debate as imagens dessas mulheres-mães chorando seus filhos nas portas das prisões. Que éticas afirmam e que denúncias da antiética do Poder de exterminar seus filhos?

• Diante do medo a perder a vida que invade os coletivos populares, negros, trabalhadores ameaçados e até invade suas crianças, jovens, adultos nas escolas, na EJA?

Nos tempos de formação de coletivos de educadores e de educandos torna-se uma prática apelar às Artes, a filmes, a músicas que denunciam, se indignam diante da negação do direito à vida de jovens, adolescentes e até crianças: *O meu guri*, de Chico Buarque; *Menino*, de Milton Nascimento e Ronaldo Bastos. "Quem cala sobre teu corpo consente na tua morte talhada a ferro e fogo nas profundezas do corte que a bala riscou no peito. Quem cala morre contigo. Quem grita vive contigo." As Artes nos educam nos valores mais radicais: o valor da vida, o valor do grito, do pranto, da denúncia diante de meninos mortos. De vidas ameaçadas.

• *Indignação ética pelo enquadramento seletivo de vidas não merecedoras de viver.* O que torna mais antiético decretar umas vidas como não merecedoras de viver e a criminalização seletiva de umas vidas – as vidas dos Outros para o salvar as vidas do Nós, que se autodecretam vidas dignas de ser vividas.

Um tema de estudo-formação: que motivos legitimam criminalizar vidas? Os motivos que a política, as forças da ordem, o Estado, a justiça criminalizadora apresentam para criminalizar, exterminar vidas de jovens, adolescentes pobres, negros é que põem em perigo as vidas do Nós que merecem ser vividas. O argumento para decretar militantes sem terra, sem teto, mulheres negras, jovens negros das periferias como terroristas extermináveis é serem denunciados por colocar em perigo o direito da propriedade privada da terra, do espaço. Da vida.

Um tema de estudo-formação: o direito à vida não foi sempre um direito seletivo? Trazer essa análise para o humanismo pedagógico: a pedagogia reconheceu todas as vidas, de todos como vidas humanas, humanizáveis, educáveis, dignas de ser vividas com o mesmo valor humano? As vidas dos indígenas, negros, quilombolas não foram reconhecidas viváveis porque não reconhecidas vidas de humanos.

Um enquadramento seletivo de vida como humanos. Um drama ético que contaminou a política e a educação desde a Colonização até a nossa fraca democracia. A radicalidade antiética de exterminar essas vidas está em não reconhecer seus sujeitos como humanos. Tempos de ameaçar vidas ou de repor o decretar os Outros jovens, adolescentes, crianças, militantes como in-humanos. Os históricos impasses éticos para a pedagogia repostos: decretar jovens, adolescentes, crianças a extermínios se legitima no não reconhecimento dessas vidas como humanas.

• *Não reconhecer os Outros como humanos é o mais radical contravalor humano.* Uma vida só é reconhecida como digna de ser vivida se os sujeitos dessas vidas são reconhecidos humanos. As vidas criminalizadas, ameaçadas pressupõem o não reconhecimento dos seus sujeitos como humanos. As vidas ameaçadas nos remetem ao paradigma político-pedagógico antiético de humano-in-humano. Aprofundar na formação como tem sido antiético o paradigma do Nós humanos como direito à vida humana e os Outros in-humanos sem direito à vida humana. Extermináveis sem indignação ética.

A justificativa mais antiética desse criminalizar, decretar vidas dos Outros ameaçados é não reconhecê-los vidas humanas porque decretados in-humanos ameaçadores dos humanos, do humano direito à vida. Aníbal Quijano nos lembra do mito ôntico que levou os colonizadores a decretar os povos originários e negros extermináveis, incivilizáveis por não serem reconhecidos em estado de humanidade, mas de natureza. Boaventura de Sousa Santos reforça essa visão antiética: decretados com deficiência originária de humanidade para legitimar como ética a sua escravidão, culturicídios, homicídios.

Quando lemos o Pacote Anticrime do Ministério da Justiça, ou os conselhos de um governador de equipar as polícias para olhar para a cabeça dos jovens-adolescentes negros e atirar não é difícil reconhecer que o mito do estado de natureza, da deficiência de humanidade persiste para legitimar o extermínio dessas vidas. Indagações éticas tão persistentes na política, no Estado, nas políticas públicas de segurança, de ordem e até de educação que afetaram os humanismos pedagógicos. Que afetam com radicalidades antiéticas em tempos de vidas ameaçadas de humanos não reconhecidos humanos, decretados em vidas ameaçadas porque sem direito à vida humana. Temas de formação, pesquisa: Por que o valor da vida em crise? Por que a precarização da vida, do direito à vida é assumido como Política de Estado?

Que exigências, respostas éticas no trabalhar com vidas ameaçadas, violentadas

Uma interrogação inevitável nos coletivos de docentes-educadores, gestores das escolas, da EJA aonde chegam os violentados da sociedade, da política, do Estado e de sua justiça. Que respostas éticas no trabalhar com vidas ameaçadas, violentadas? Todo ato de violência contra um ser humano é injusto, é imoral. A imoralidade das violências aumenta quando os vitimados são crianças, adolescentes, jovens, os Outros vitimados no passado e no presente por tantas violências e injustiças. A primeira resposta ética: não legitimar que são merecedores das violências que sofrem. São vítimas. A violência é produzida na interação humana, social, política. Sintetiza relações in-humanas entre humanos. Avançar para interpretações políticas. A violência do Estado condensa a dominação, subalternização dos donos do poder, do Estado, da justiça, dos órgãos de repressão, criminalização contra os coletivos subalternizados. Condensa relações de poder de coletivos sobre coletivos.

Avançar para um olhar pedagógico: o decretar vidas ameaçadas condensa antivalores de negação, de rejeição do Outro como humano sujeito do direito humano mais humano – viver. As violências criminalizadoras condensam o contravalor de elevar à condição de valor político o não direito a viver. Quando as violências antiéticas vêm do Estado, da justiça, quando os medos, as vidas ameaçadas vêm dos órgãos do público, dos poderes instituídos, o drama ético adquire radicalidades políticas e éticas a exigir respostas éticas com radicalidade política.

À educação, à docência chegam essas exigências éticas, políticas para entender as vidas violentadas que vêm da sociedade às escolas, à EJA. A violência não é um conceito, condensa comportamentos, valores, contravalores, vivências, medos, inseguranças, ameaças. Condensa contravalores antiéticos a exigir uma análise, respostas, comportamentos éticos como profissionais. A exigir dos centros de educação humanização e formação humana e exigir dos profissionais desses valores tentar entender como a violência destrói as possibilidades de formação humana. Como a experiência vivida da violência desde a infância não só destrói autoimagens positivas, destrói vidas vivíveis. Destrói o próprio valor do viver. Da vida. Valor máximo do ser humano. Quando a violência de Estado é criminalizadora, deletéria, letal das vidas dos outros sintetiza a negação de um "Outro" como humano. A pedagogia é negada em sua função sempre que o Outro como humano é negado. E ameaçado, exterminado pela violência criminalizadora.

Pesquisas, temas de estudo-formação, análises do Pacote Anticrime, da justiça e do Estado criminalizadores de vidas como política que afeta a Pedagogia na sua função histórica política: afirmar o humano, até afirmar os Outros não reconhecidos humanos. Aí as exigências e respostas éticas, políticas mais radicais na função histórica da pedagogia, afirmar que essas infâncias, jovens em vidas ameaçadas, violentadas são humanos, a merecer vidas humanas.

Os modos concretos como em cada tempo as infâncias-adolescências são submetidas a ameaças de um viver in-humano obriga moralmente as escolas, os gestores, os docentes-educadores a assumir novas e radicais respostas éticas: novas interpelações, novas demandas morais, éticas a exigir maior centralidade nos currículos de formação e na prática docente-educadora.

Que as elites, o Estado tentem condenar esse tomar partido das escolas, dos educadores por verdades-valores em defesa de vidas imoralmente ameaçadas é sinal do quanto se vinha avançando em responder com ética ao drama ético que as próprias crianças, adolescentes levam da sociedade às escolas. Das escolas, de seus educadores vêm respostas éticas por proteção aos educandos decretados ameaçadores da ordem, da moral, do progresso, da civilização republicana. Ameaçadores dos valores da Nação e de Deus acima de tudo.

As escolas, seus educadores são atacados porque, com gestos éticos, acolhem e seus mestres defendem jovens-adolescentes decretados ameaçadores. Frente à falta de valores, de autoridade moral com que se criminalizam jovens, adolescentes, crianças e contra os antivalores que tentam legitimar exterminá-los obriga nas escolas e nos cursos de formação a dar toda centralidade às demandas morais, a retomar os valores dos humanismos pedagógicos. A autoridade moral, político-pedagógica nas escolas e nos seus profissionais se torna obrigatória.

Tempos de ser interpelados moralmente diante das interpelações que chegam das famílias pobres, das mães negras: salvem, protejam as vidas ameaçadas de nossos filhos, filhas. As escolas, seus educadores são livres para não assumir essa proteção de vidas ameaçadas? Assumir a ética como traço configurante das identidades docentes-educadoras passou a ser uma exigência de uma ética mais radical a configurar as identidades docentes-educadoras. Mostrar que se o valor da vida está em crise na política, na justiça, as respostas éticas das escolas, universidades são reafirmar o valor da vida como exigência política, ética e pedagógica.

4
AFIRMAR, DEFENDER O VALOR DA VIDA HUMANA

Os movimentos sociais, lutando por vida como primeiro direito, e as mulheres-mães resistindo às vidas ameaçadas dos filhos e levando-os às escolas na esperança de educadoras que protejam suas vidas de tantas ameaças, que valores conferem à vida? Não estão a dizer à pedagogia: priorize os valores da vida, assuma as exigências éticas de proteger vidas ameaçadas? Nos tempos de Estado de Pacotes legitimadores de vidas ameaçadas e da mídia que destaca e aprova o extermínio de jovens, adolescentes pobres, trabalhadores e até de militantes, mulheres negras como Marielle, somos como educadores obrigados a perguntar-nos pelo valor da vida – Que vidas humanas têm valor, merecem ser vividas e que Outras vidas merecem ser exterminadas, não vividas?

Que vidas têm valor? Que Outras vidas não têm valor?

Cientes de que as vidas decretadas sem valor são as vidas ameaçadas que chegam às escolas, à EJA, somos obrigados a defrontar-nos com a negação política da ética ao decretar vidas ameaçadas porque decretadas sem valor. Uma questão moral, ética a interrogar as teorias pedagógicas, até críticas. Quando as mulheres-mães encomendam às educadoras, às escolas cuidem das vidas ameaçadas de nossas filhas, filhos estão a dizer entendam estarmos em tempos políticos, antiéticos de não mais reconhecer o valor da vida de nossos filhos. Nas escolas vinha aumentando a consciência de seu papel de educar em valores de trabalho, ordem, disciplina, solidariedade, responsabilidade. Formação moral. As demandas são mais radicais diante da negação política da ética, diante de educandos que chegam vítimas da negação do valor primeiro – o valor da vida. Uma consciência mais radical de ser éticos como escolas, como profissionais defendendo o valor da vida. Exigências éticas de criar condições – ao menos nos tempos de escola – para que vivam com justiça, como vidas humanas.

Essas respostas éticas são uma exigência sempre, mas com destaque em tempos políticos de negação da ética no próprio Estado e na sua justiça. Uma radical exigência ética das escolas públicas em tempos em que do próprio Estado e até do Ministério da Educação estão a dizer: salvar vidas não é responsabilidade do público, nem do Estado. Tempos de nos dizer que a função política do Estado, da justiça é salvar vidas que merecem ser vividas e criminalizar, exterminar vidas que não merecem ser vividas porque decretadas ameaçadoras das vidas de bem que merecem ser protegidas.

Nova radicalidade ética exigida dos docentes-educadores em tempos de negação política da ética pelo próprio Estado, não de um Estado de proteção do direito de todo cidadão à vida. Mas apenas de proteção de vida do Nós cidadãos, de humanos "Direitos", não dos Outros subcidadãos, sub-humanos. Se os subcidadãos não devem esperar contar com a responsabilidade ética do Estado, as escolas, universidades espaços públicos não devem responsabilizar-se pela proteção de vidas ameaçadas, mas condená-las. Tensões éticas postas com radicalidade nas escolas, na EJA, nas universidades.

Tensões éticas que interrogam a função docente-educadora, que vinham de inventar com responsabilidade ética propostas de proteger as vidas ameaçadas que chegam às escolas públicas populares, das periferias, dos campos. Como gestores, docentes-educadores vinham tomando partido por fazer das escolas públicas espaços de Mais Educação, de Educação Integral tempos de um justo, digno, humano viver para milhões de infâncias-adolescências condenadas a um injusto, antiético, ameaçador sobreviver. Vidas ameaçadas: que exigências, que respostas éticas reafirmar? Defender o valor da vida humana. Reafirmar o valor das vidas decretadas sem valor. As escolas, a EJA podem ser o lugar onde se sentem e se sabem valorizados em suas lutas por vida justa, humana.

Quando se responde às lutas por vida ameaçando vidas

Volta a indagação que nos acompanha: por que vidas ameaçadas e de quem? Dos coletivos sociais que lutam por vida. Um dos traços da diversidade de movimentos sociais é lutar por vida. Lutar por terra, teto, território, renda é lutar por vida, lutar contra a pobreza, por políticas de saúde, é lutar por vida, lutar por escola, é lutar por alimentação, proteção, vida. Os movimentos infantojuvenis lutam por vida contra as formas de extermínio do Estado e de seus órgãos de segurança. Contra as mortes-extermínios nas prisões e em cada fim de semana nas periferias – de cada três, dois negros. Brutais extermínios raciais de adolescentes e jovens. "Parem de nos matar porque somos negros", é o chamado de luta da juventude negra.

Às lutas por vida, o Estado, a justiça respondem ameaçando vidas. Por que lutar por vida é tão ameaçador? Lutar por vida denuncia as estruturas sociais, econômicas, políticas que condenam os Outros a vidas precárias, à morte. O custo da diversidade de lutas de coletivos por direitos tem sido o extermínio, a morte de militantes nas lutas por terra, teto, nas lutas por afirmação das identidades raciais heterossexuais. Marielle como testemunha. "Lutemos pela vida e pelo que nos é de direito", sintetiza o MST em suas marchas. Massacres dos mesmos coletivos sociais, raciais, étnicos, de trabalhadores dos campos, periferias que fazem parte de nossa história colonial e republicana. Milhões de indígenas mortos resistentes a ser expropriados de suas terras, milhões de escravizados resistentes à escravidão e exterminados em lutas por terras nos quilombos. Ainda milhares de militantes em lutas por terra, teto, de indígenas, quilombolas em lutas por direitos a reocupar seus territórios. Milhares de adolescentes, jovens nas periferias, favelas, mortos nas ocupações, nas cruzadas pacificadoras, nas periferias de tantas cidades.

Extermínios legitimados na cultura política e na mídia que se alimenta de mostrar essas notícias de extermínios como limpeza social, racial de militantes. As infâncias-adolescências, símbolos da vida, repõem as ameaças de morte até nas escolas. Adolescentes entrando nas escolas, educadores recebendo os educandos. A polícia chega, tenta prender dois adolescentes negros, um professor os abraça, defende. Professor e educandos presos, mantidos por dias na cadeia. Vidas ameaçadas de educandos e mestres protetores. Educadores e educandos, famílias convivem com a morte, o medo nas ruas, nos morros, favelas, dentro das escolas. A imprensa deu destaque à imagem de uma mãe mostrando a camisa da escola que seu filho vestia quando foi baleado e morto no caminho para a escola. A frase repetida pela mãe: "este o preço que paguei por lutar pelo direito de meu filho ir à escola". Essas imagens de mães lutando por escola-espaço de proteção de vidas dos filhos repõem o valor da vida e sua proteção como primeiro direito dos filhos, humano. O choro, pranto pelos filhos mortos nas periferias, nas prisões e até nas escolas repõe o gesto político radical: vidas ameaçadas, exterminadas que deveriam ser preservadas, sobretudo por quem tem o dever de proteger vidas – o Estado, a sua justiça. Gestos políticos radicais de mulheres, mães negras chorando os filhos negros ameaçados, exterminados. Gestos políticos que têm cor. Que resistem.

Nas escolas públicas das periferias se tornou frequente na hora da chamada algum colega responder: "Professora, esse não voltará mais à escola, foi morto pela polícia no fim de semana". Tornou-se familiar um ritual: todos em pé, um minuto de silêncio para lembrar o colega morto. Rituais novos frequentes nas escolas populares e até na EJA. Quando as vidas infantis ou juvenis são ameaçadas, exterminadas, a relação pedagogia-docência-escola, vidas em crescimento, muda para uma relação não esperada, mas real – vidas ameaçadas, exterminadas, interrogando o pensamento e a prática educadora. Interrogando a ética dos docentes-educadores. Lutar por vida, síntese do que nos é de direito? Uma questão pedagógica: lutar por vida humana, a primeira matriz pedagógica?

A relação pedagogia-vida redefinida-radicalizada?

Essa precarização da vida, até das vidas infantis, adolescentes, interrogam a pedagogia, a docência. A relação pedagogia-docência-vida se redefine. Se radicaliza. As imagens tradicionais de escola jardim de infância, flor, semente, vida e as imagens de docente-educador jardineiro se desconstroem e exigem outras imagens, outras metáforas que reconheçam que até as infâncias são flores-vida ceifadas. A pedagogia, as teorias de formação, de desenvolvimento humano são chamadas a repensar-se, descolar-se dessas imagens-metáforas e construir novas teorias pedagógicas de desenvolvimento humano, de infâncias-vidas ameaçadas de morte.

Docentes-educadoras, educadores obrigados a repensar seu olhar e sua identidade. Lembro-me do depoimento de uma professora, aconselhando um adolescente de 12 anos a sair do tráfico: "Você sabe que pode ser morto". "Sei, professora, mas que diferença faz para mim e para meus colegas morrer amanhã ou no próximo ano?" O comentário da professora no depoimento: "Como ser educadora de crianças-adolescentes que se sabem condenados à morte?" O convívio dessas infâncias-adolescentes-jovens com a morte não chega apenas pelas notícias que a mídia noticia com requinte, chega do seu convívio com a morte de colegas. Com a certeza de que não há diferença morrer hoje ou no próximo mês, ano.

Vivências radicais da relação docência-educação, vida-morte tão frequentes na nossa sociedade, nas ruas, nas escolas. Que pedagogias carregam? Como ser educadores de vidas por um fio? Que centralidade ou que ausência têm essas vivências que esperam aos formandos nos currículos de pedagogia e de licenciatura? Que centralidade tem debater, aprofundar nos tempos de formação inicial e continuada nessa estreita relação entre infância-adolescência-juventude, vida-morte-extermínio? Quando nas ruas, nas periferias, nas escolas, vidas são vividas por um fio, a relação pedagogia-docência-formação profissional, teoria pedagógica, políticas, currículos... são forçados a assumir como obrigatório pesquisar, teorizar, formar para entender a relação vida-morte-extermínio.

Torna-se mais obrigatório não ignorar essa realidade que os educandos levam às escolas e capacitar os seus profissionais para entender, acompanhar esses percursos de infâncias-adolescências debatendo-se com vidas por um fio. Reconhecer que interrogações radicais trazem suas infâncias em vidas por um fio, que possibilidades, limites de percursos de formação-deformação como humanos desde a infância. As teorias pedagógicas e de desenvolvimento humano são obrigadas a perguntar-se que valores, identidades, culturas, processos de desenvolvimento humano, de aprendizagens, de leituras de mundo e de si nesse mundo são possíveis? Que saberes os ajudarão a entender-se? Que valores, identidades positivas os ajudarão a sobreviver?

Outras Pedagogias, outras indagações pedagógicas-docentes que vêm dessas lutas de milhões de crianças-adolescentes, jovens-adultos, sabendo-se em vidas ameaçadas, resistindo por se libertar. Lutando por vida.

As famílias populares, as mães, sobretudo de filhas, filhos em vidas ameaçadas, mostram a função nova que esperam das escolas, das educadoras e das suas pedagogias. Esperando que o tempo de escola seja um lugar de vida segura. Não é essa a esperança das mães levando suas crianças-adolescentes às escolas? A figura da escola e das educadoras para essas mães é mais do que ensinante, é guardiã de vidas ameaçadas. Outras identidades para as escolas e para seus profissionais. Outro pensamento pedagógico, outra formação profissional. Outras Pedagogias e Outro humanismo pedagógico: Salvar, proteger vidas ameaçadas.

A proteção de vidas ameaçadas: uma exigência ética para a educação e a docência

Quanto maiores as ameaças vividas pelas famílias, pelos educandos vindas do Estado, maior a exigência ética radical para as escolas públicas e seus gestores, docentes, educadores: proteger vidas ameaçadas. Assumir nas políticas, na gestão escolar, na função da docência a proteção às vidas ameaçadas que buscam proteção nas escolas passou a ser uma exigência ética, política. A pedagogia nasce e se afirma como acompanhante protetora da infância em seus percursos por humanização. Essa tem sido a função política, ética da Pedagogia e da Docência. Quando as condições de viver a infância deixam de ser de proteção da vida e a sociedade, o Estado e a Justiça as ameaçam, a Pedagogia e a Docência, as escolas e sua gestão são obrigadas a dar toda centralidade política e ética ao direito à proteção dessas vidas ameaçadas. As mães levam seus filhos às escolas públicas na esperança da proteção de suas vidas ameaçadas. Esperam das educadoras das escolas essa função primeira – ética: proteger vidas.

Nos tempos de formação inicial e continuada os docentes-gestores-educadores se propõem conhecer de que condições de desproteção, de ameaças à vida chegam. Saberes exigidos da formação ética. Como proteger vidas ameaçadas para ao menos prolongar a vida viável? Essa função de prolongar uma vida vivível em educandos ameaçados de não viver não se tornou uma exigência ética, política, pedagógica para as escolas públicas e para seus profissionais? As políticas educativas, a gestão das escolas dos pobres, aonde chegam milhões de vidas ameaçadas na pobreza extrema e até ameaçadas de sobreviver, têm assumido sua função política-ética de tornar essas vidas viáveis? Como dar centralidade a essas interrogações éticas que chegam das vidas ameaçadas? Como responder às esperanças das mães pobres de salvar as vidas dos filhos? Interrogações éticas que se tornam mais exigentes se o Estado de Exceção, de justiça criminalizadora não apenas nega a proteção, mas ameaça de extermínio essas vidas.

Dar centralidade nos tempos de formação inicial e continuada a pesquisar que avanços fizemos na proteção das vidas precarizadas que chegam às escolas públicas. Políticas a serem reconhecidas em suas dimensões éticas de proteção de vidas: o Programa Bolsa Família, as Políticas de Mais Educação, de Tempo Integral, que garantiram mais proteção para corpos precarizados (ARROYO, 2012a). As políticas de alimentação, merenda escolar, do material escolar, de transporte. Sobretudo, avanços nas pedagogias, nas artes de proteção, cuidado com que docentes-educadores, gestores acolhem e tratam os educandos.

A pergunta que persiste: essas pedagogias de proteção e essas políticas éticas para minimizar a precariedade do sobreviver dos educandos não conseguem desconstruir as condições estruturais, injustas, antiéticas de tornar o direito a vidas igualitárias? Diante dessas limitações estruturais a crítica e denúncia deverão ser às injustas, antiéticas estruturas de classe, raça, que reproduzem e perpetuam essas desigualdades estruturais no direito à vida justa, humana. Tomar consciência de que apesar dessas políticas "igualitárias" por minorar as desigualdades pela educação, a precariedade e sua distribuição tão desigual persistem e chegam às escolas. Aumentam. A desproteção vem do Estado de quem esperávamos políticas de proteção.

Das respostas das escolas e dos educadores se exige aumentar a proteção. Se exige fortalecer os educandos para resistir à desproteção. Que os conhecimentos dos currículos os garantam o direito a entender as estruturas de opressão, desproteção de que são vítimas históricas para se organizarem em resistências por libertação. As persistências de vidas ameaçadas, sem condições de um justo, humano viver, colocam impasses éticos para os gestores-docentes-educadores desses educandos: reconhecer que apenas políticas, tentativas de minorar a precariedade do viver não só não superaram o precário sobreviver dos educandos, mas os mantêm na condição de condicionados a políticas de remediar seu indigno, injusto, in-humano sobreviver. Questões desestruturantes para educandos na condição de vidas precarizadas e para os educadores conscientes de que essas condições estruturais que produzem essa precarização estão sendo repostas como políticas do Estado. A função da educação, da docência não será que nos tempos de escola entendam essas históricas condições estruturais que os condenam a esse injusto, in-humano sobreviver?

As exigências éticas de proteção de vidas se radicalizam diante da condição de classe, raça, etnia que vem pressionando por direito à escola pública, até universidade. Em nossa história, as vidas desses coletivos sempre viveram sob ameaça. São eles que povoam e morrem nos massacres das prisões e nos extermínios de cada fim de semana. São eles condenados à pobreza extrema, a corpos precarizados. Para esses coletivos, para sua condição étnica, racial o Estado de Exceção, de ameaça sempre foi e continua norma. Os educadores sabem que estamos em tempos de decretar essas vidas não apenas vulneráveis à pobreza extrema, ao desemprego, mas tempos de decretar as vidas dos jovens, adolescentes, crianças pobres, negros como extermináveis, criminalizados.

A negação política da ética radicalizada. Lembremos com Walter Benjamin: se para os oprimidos o Estado de Exceção sempre foi regra em tempos em que o Estado se afirma de Exceção política, as exceções sobre os oprimidos aumentam. São exceções do direito a viver. Os educandos pobres, negros, dos campos, das periferias, embora cheguem vivos às escolas e até recebam o Bolsa Família ou a merenda na escola para sobreviver, sabem-se com medo, condenados a não viver porque decretados criminosos como pobres, favelados, negros, jovens-adolescentes. Entre os gestores, docentes, educadores aumenta a consciência ética da relação estreita entre raça, etnia, classe e vidas ameaçadas, exterminadas a serem protegidas.

Como aprender como docentes-educadores a proteger, salvar vidas ameaçadas

Na medida em que essas ameaças de vidas chegam às escolas cresce a sensibilidade dos gestores, docentes, educadores sobre como proteger essas vidas ameaçadas, com medo. Tornou-se frequente nas escolas promover reuniões de educadoras com as mães dessas vidas ameaçadas. Como salvá-las? Como não condená-las como violentas na sociedade e nas escolas? Juntos aprendem a vê-los educandos com outro olhar materno-pedagógico: os violentados pela sociedade, pelos órgãos de segurança chegam às escolas exigindo proteção.

Aprender com a ética das mulheres mães. Lembrávamos que um dos gestos ético-políticos mais fortes vem das mães pobres, negras nos portões das penitenciárias, chorando revoltadas a morte de seus filhos. Enquanto autoridades políticas os culpam dos massacres, elas mulheres, mães choram sua perda. Mães e educadoras afirmam as vidas dos filhos e educandos merecedoras de luto. Judith Butler (2006) nos lembra de que "a distribuição diferencial da condição de ser passível de luto entre as populações tem implicações sobre por que e quando sentimos disposições afetivas politicamente significativas, tais como horror, culpa, sadismo justificado, perda, indiferença" (p. 45). As autoridades revelam que esses negros em sua maioria mortos nas prisões ou nos fins de semana não são passíveis de luto, mas são passíveis de culpa, sadismo, perda, indiferença, extinção. Apenas para as mulheres mães pobres, negras essas mortes são passíveis de luto, merecedoras de choro, de revolta e indignação materna, ética política.

Esse drama ético-político chega às escolas públicas das periferias e seus gestores, docentes-educadores sentem horror, colocam em debate as mortes até de alunos, os reconhecem passíveis de luto. Há escolas, educadoras/es que, ao fazer a chamada de um educando, o colega responde: professora, esse não volta mais, foi morto no fim de semana pela polícia. O gesto coletivo: um minuto de silêncio por nosso colega morto e não faltam depoimentos positivos de revolta dos colegas. Nas escolas e na EJA de educandos em vidas ameaçadas, exterminadas, o luto é uma forma de reação política. De formação ética. Formas éticas de salvar vidas ameaçadas desconstruindo imagens negativas e valorizando autoimagens positivas que merecem viver. Autoimagens positivas de lutar por vida que aprendem com seus coletivos. Pesquisar e valorizar essas autoimagens coletivas positivas.

Que exigências chegam às escolas e que respostas éticas dos seus profissionais diante de condenar educandos e educadores a vidas ameaçadas? Aprender com as famílias, as mães a proteger e salvar vidas ameaçadas. As famílias populares, as mães, sobretudo, têm resistido a esse decretar suas vidas e as vidas dos filhos como não merecedoras de um justo, digno, humano viver. Lutam pelo valor da vida, exigem do Estado postos de saúde, escolas para o direito dos filhos a uma vida justa, humana. Lutas das famílias, das mães que conferem às escolas, a seus profissionais uma exigência ética, política: proteger vidas ameaçadas. Tempos em que não há como não assumir essa exigência ética-política. As exigências éticas das escolas, de seus profissionais mudam quando as responsabilidades éticas da sociedade, do Estado com a vida dos educandos mudam. Quando suas vidas são ameaçadas pela antiética do próprio Estado.

5
AS MÃES "ÓRFÃS" DE FILHOS QUE O ESTADO LEVOU

Essa a manchete e o comentário de imagens de mulheres-mães em sua maioria negras em manifestações e marchas de denúncias: "Em plena democracia polícias matam cidadãos e não assumem a responsabilidade do crime. Muitas vezes acusando a vítima. Mas se unem para dar visibilidade a seus filhos mortos e cobrar a dignidade de terem a memória deles reparada".

Uma lição dessas manchetes: se há uma imprensa hegemônica que encobre as violências e até mostra e acusa com requinte persistente os coletivos, jovens, adolescentes populares como responsáveis, causadores das violências e desordens sociais, há outra imprensa denunciante das violências do poder, denunciante de silêncio, cúmplice de certas instâncias da justiça. Todo silenciamento de injustiças é injusto, antiético, e toda denúncia é justa, é ética. Trazer as manifestações, denúncias, lamentos das mães "órfãs" dos filhos que o Estado levou é um gesto político, ético, pedagógico a ser reconhecido. Que lições aprender dessas mães "órfãs" de filhos em vidas ameaçadas? As mães sujeitos de Outro humanismo, de Outra educação que exige ser narrada? Destaquemos pontos a merecer tempo de estudo-formação.

• *A perda de vidas de filhos une as mães em um Nós mães "órfãs"*. Sobretudo, o extermínio de vidas decretadas sem valor une aquelas para quem a vida dos filhos pobres, negros decretados sem valor terá sempre valor. Se decretar vidas de jovens-adolescentes, crianças sem valor une os donos do poder, as mães respondem afirmando e unindo-se, fortalecendo-se em defesa das vidas dos filhos, afirmando-as vidas com valor. Como educadores, aprender que as vidas que chegam às escolas decretadas ameaçadas sem valor, as mães esperam da educação, da docência, reconhecê-las vidas com valor a esperar a união das escolas com as mães no reconhecimento dos filhos-educandos como vida a merecer viver. A consciência das ameaças, até da perda unindo todos os responsáveis pelas vidas das infâncias--adolescências ameaçadas.

• *O que se perde quando se perde a vida dos filhos?* "Todos os meus sonhos foram enterrados juntos com o meu filho", afirma uma mãe. As mães sentindo-se "órfãs" com a perda dos filhos nos revelam o que delas mães se perde. Revelam o que perdem de si ao perder os filhos. Sabem-se "órfãs" dos filhos, da maternidade, de tantos cuidados. Uma pergunta para a educação, a docência diante da perda de educandos, de vidas que chegam às escolas: "Professora, esse colega não voltará mais à aula, foi morto no fim de semana". Perdas tão frequentes nos noticiários, que nos obrigam a uma interrogação ética, pedagógica: o que as mães, as famílias, a pedagogia perdem de si, de sua função de protetoras, educadoras? O que se perde em nós com essas perdas? Como recuperar as perdas em nós, quando a vida não mais será recuperada? Denunciar essas perdas como violências e reforçar o como proteger vidas ameaçadas de filhas, filhos, educandos uma exigência ética, pedagógica.

• *Vidas lembradas com dor, denúncias de dor.* Que radicalidades políticas no pranto das mães, nas denúncias das perdas, das ameaças das vidas dos filhos? Todo pranto revela a consciência da perda e a consciência do enigma do por que e de se a violência continuará. A radicalidade do pranto, das denúncias coletivas revela a consciência das mães de que a violência contra seus filhos é coletiva, é contra seus coletivos de pobres, favelados, negros, oprimidos. A cor dos corpos que a mídia hegemônica expõe como criminosos a não merecer vida são a mesma cor das mulheres "órfãs" que os choram.

• *Resistências, lutas coletivas como repostas.* Fotografias fortes denunciantes de que vidas são exterminadas. Fotos de mulheres negras segurando um cartaz: "Enquanto viver, luto! Mulheres negras em luta contra o genocídio da população negra". As ameaças têm cor, são seletivas. As mães como mulheres negras se sabem ameaçadas quando os filhos negros são ameaçados, exterminados. As mães reforçando o movimento negro infantojuvenil: "Parem de nos matar porque somos negros". Movimentos coletivos denunciantes da seletividade dos extermínios e dos saber-se em vidas ameaçadas pelo racismo social, estrutural do poder.

• *O saber-se ameaçados como coletivos reforça as resistências afirmativas como coletivos.* Os depoimentos das mães: "Enquanto viver, luto". "Queremos justiça". "Sei a dor das mães, mas sei também que vale a pena lutar". Um tema de estudo-formação: Que resistências das vítimas, das mães, sobretudo? Pesquisar os diversos grupos e redes de resistências a essas ameaças: Mães e famílias de vítimas do Terrorismo de Estado; Instituto Memória e Resistência; Mães de Maio do Cerrado; Mães do Xingu;

Fórum de Religiões de Matriz Africana e tantas. A motivação: Não irão nos calar! O jornal comenta: Apesar da dor e da força de quem está do outro lado (essas mães órfãs) escolheram lutar pela dignidade e denunciar: "Os sonhos dos nossos filhos foram roubados pelo braço forte do Estado". Lutemos por um Estado não ameaçador, mas protetor de vidas.

• *Os humanismos pedagógicos interrogados.* O pranto-denúncia das mães interroga a pedagogia, os humanismos pedagógicos sobre a vulnerabilidade da vida humana. Do humano. O pranto, a dor vai além de ser uma denúncia porque órfãs de filhos mortos. Revela a precarização do humano, a vulnerabilidade humana. O humano descartável para o poder, o humano chorado, defendido para as mães, exigindo que os filhos sejam reconhecidos humanos. Volta a velha pergunta: por que vidas humanas negras, pobres decretadas extermináveis? Porque persiste o velho decretá-las com deficiência de humanidade. A vulnerabilidade do humano desses coletivos persistindo como política em nossa história. A vulnerabilidade de nosso humanismo político, cultural, moral, pedagógico persistindo em nossa história. Reposto como política de Estado. Chorado, denunciado pelas mães como violência política. Que exigências pedagógicas para a história de nosso humanismo pedagógico? Outro humanismo radicalizado pelo pranto-denúncia das mães?

• *Infâncias decretadas fora dos humanos direitos?* Uma indagação ética, política que chega dessas infâncias e do lamento-denúncia das mães: reconheçam ao menos as crianças como humanos, como gente. Quando as infâncias não são reconhecidas humanos viáveis, a pedagogia será decretada não viável. Saberem-se crianças decretadas não merecedoras de vida humana. Já nos começos do viver é de uma imoralidade política extrema a interrogar aqueles que têm por função cuidar, proteger, acompanhar percursos de humanização nos começos. Os testemunhos das mães, das próprias crianças apelando: deixe-nos viver. Somos humanos com direito à vida humana. Trazem apelações da maior radicalidade a todos os paradigmas pedagógicos: que humanismo pedagógico é possível quando as infâncias não são reconhecidas humanas, humanizáveis, mas são decretadas exermináveis?

6
APRENDER DAS MÃES A ÉTICA DE PROTEGER AS VIDAS AMEAÇADAS DOS FILHOS

Lembrávamos que docentes-educadores aprendem com a ética das mães no proteger as vidas dos filhos e no esperar a proteção de suas vidas ameaçadas ao levá-los às escolas. Que ética aprender? A proteção da infância fica em nossas memórias inseparável da proteção das mães. Mães trabalhadoras lutam por não deixar desprotegidos seus filhos e se mobilizam para exigir do Estado espaços profissionais de proteção da infância. As lutas das mães trabalhadoras pró-creches, por centros de Educação Infantil para seus filhos, acompanham em nossa história as pressões por um Estado protetor de vidas e por escolas protetoras de vidas. Essas funções políticas, éticas tão radicais do Estado já vinham sendo esperadas, exigidas das creches, escolas pelo movimento de mães trabalhadoras, pelos movimentos sociais na diversidade de ações coletivas por escolas, nas periferias, nos campos, nas florestas, nas águas.

As pressões éticas, políticas das mães radicalizadas

Quando as ameaças antiéticas do Estado, da justiça, dos órgãos de repressão aumentam, as respostas éticas das mães se radicalizam. Como guardiãs das vidas dos filhos. Que éticas afirmam? Aprender com os movimentos de mães, com os movimentos sociais a refletir sobre que outras funções se esperam, exigem do Estado, do público, das escolas públicas. Responder politicamente a essas exigências de novas funções sociais para as escolas: proteger vidas ameaçadas. Dos gestores-educadores se exige dar atenção especial aos movimentos infantojuvenis, negros que se sabendo em vidas ameaçadas gritam por "Parem de nos matar". Não só os pesquisadores no Atlas da Violência destacam que mais de 70% das vítimas das violências são negros, mas os próprios jovens-adolescentes negros têm consciência e reagem em movimentos contra essa necrogovernança do Estado e da Justiça justiceira, decretando seu extermínio. As mães guardiãs das vidas de seus filhos têm classe, têm cor. As vidas ameaçadas nos fins de semana, as vidas exterminadas nas prisões têm classe, têm cor, raça.

O que aprender com a indignação, o choro ético dessas mães? As escolas públicas, seus gestores e educadores têm consciência de que não podem ficar indiferentes, são escolas, educadores de pobres, de negros em sua maioria. Decretar exterminar jovens-adolescentes pobres, negros afeta diretamente a função das escolas públicas e de seus gestores-educadores em tempos de retomar o genocídio negro, a limpeza étnica, racial assumidos como políticas de Estado, de Justiça justiceira. Políticas que vêm dos tempos da Colonização, ainda persistentes na cultura colonizadora das elites, das estruturas de poder. Educadores, gestores das escolas públicas se perguntam: como essas políticas afetam as políticas sociais, educacionais? Como afetam a função do Estado, da política, do público, das escolas públicas? Perguntas que os educadores nas escolas públicas populares são obrigados a enfrentar. Obrigados a ir além dos números de vidas ameaçadas, exterminadas e entender que estamos em tempos de repor processos históricos de segregação, de desumanização dos mesmos coletivos sociais, étnicos, raciais, que vêm da Colonização e persistiram no Império, na República e até nos sonhados tempos de democracia.

Nos tempos de formação obrigados a entender que os tempos atuais de decretar vidas de pobres, negros, ameaçadas, extermináveis não é um acidente histórico, é um lembrar que "para os oprimidos, o Estado de Exceção sempre foi regra", como nos lembra Walter Benjamin. A ética protetora das mulheres mães das vidas ameaçadas de seus filhos também é regra em nossa história. Uma pergunta ainda obrigatória: se a proteção da infância é inseparável da mãe protetora, o que esperar de tempo em que as violências sobre as próprias mães pobres, negras aumentam? Os Mapas das Violências indicam que coletivos são as vítimas: jovens, adolescentes, até crianças pobres, negras, nas periferias, os mesmos que as mães lutam por proteção na escola pública. Os Mapas indicam que entre as vítimas preferidas estão as mulheres, em especial negras, vitimadas pela pobreza, pelos feminicídios, pelo sem trabalho, sem direitos do trabalho. Ainda persistem olhares condenatórios da sociedade e até das escolas sobre essas mães pobres, negras: não cuidam, não educam, são responsabilizadas de serem ameaçados porque violentos.

Aumentam os coletivos de gestores, educadores que tentam superar essas visões condenatórias tão antiéticas das mães e reconhecem as marcas que trazem nos seus corpos com *Maria, Maria*, de Milton Nascimento e Fernando Brant: "Maria, Maria é um dom, uma certa magia, uma força que nos alerta, uma mulher que merece viver e amar como outra qualquer do planeta... Maria,

Maria é o som, é a cor, é o suor, é a dose mais forte e lenta de uma gente que ri quando deve chorar. E não vive, apenas aguenta..."

Tantas mães de educadoras e as próprias mulheres educadoras se veem nessas letras? Diante das mulheres mães pobres, negras, Maria, Marias que levam seus filhos às escolas para serem protegidas suas vidas se perguntam. Como essas mães vítimas da desproteção social do Estado terão condições de cumprir a função materna de proteger a vida dos seus filhos? Questões radicais que chegam às escolas públicas. Como suprir essa carência de proteção materna que a infância pobre leva às escolas públicas? Das escolas, dos seus gestores, docentes-educadores se exige suprir essa carência materna de proteção dessas vidas ameaçadas. Seria essa a encomenda ética das mães pobres, ao levar suas filhas, seus filhos às escolas? Educadoras, protejam as vidas ameaçadas de nossos filhos?

Somar com a ética das mães: salvar vidas ameaçadas

Temos avançado no reconhecimento das radicalidades políticas, éticas de toda criança na escola para o acesso aos domínios dos conhecimentos. Diante de vidas ameaçadas que buscam proteção nas escolas, somos forçados a novas radicalidades ético-político-pedagógicas: salvar vidas de infâncias ameaçadas de um precário, incerto viver. São esses os significados ético-políticos que inspiram as mulheres-mães pobres em lutas por centros de Educação Infantil, escolas para proteger, salvar as vidas ameaçadas de suas filhas e seus filhos. Um tema de estudo-formação: entender, valorizar essas dimensões éticas que as mulheres-mães põem em ação revela as tentativas de salvar vidas ameaçadas. Valorizar o valor que conferem às escolas, às educadoras de seus filhos como protetoras de vidas ameaçadas. Radicalidades éticas que vêm das mulheres-mães e projetam nas educadoras, nos centros de Educação Infantil e nas escolas.

Nos tempos de Estado de Direitos se afirmava que a educação é dever do Estado, da sociedade e da família. Quando o Estado de quem esperar proteção ameaça vidas, torna-se uma exigência articular famílias, mães, escolas, educadores, gestores para proteger vidas ameaçadas até pelo próprio Estado.

Tempos de articular os compromissos políticos das escolas, dos seus educadores, somando com os compromissos ético-políticos das mães e das famílias populares. Somar no compreender e proteger vidas ameaçadas. Como articulações das famílias-mães-educadoras por salvar vidas? Articular encontros das escolas e das famílias, das mães protetoras de vidas para entender os processos, as estruturas, relações sociais de classe, gênero, raça. Com as famílias, mães de vidas precarizadas, ameaçadas, podemos aprender que não é um acidente, mas uma condição histórica, social, de raça, classe. Viver em uma condição precária como regra é mais radical do que ser submetidos por acaso a vidas precárias, ameaçadas.

Reconhecer que os educandos que chegam às escolas públicas vêm de uma condição histórica permanente de vidas precarizadas nos ajudará a entender por que a educação pública popular e os seus profissionais têm sido na nossa história tratados em condições tão precarizadas. A precarização da educação pública e do trabalho dos seus profissionais não tem sido um acidente, mas uma condição a acompanhar a "condição precária" das vidas das infâncias-adolescências populares. Tempos de lembrar-nos que os cortes na educação superior e básica não são um acidente, mas refletem o histórico decretar a educação do povo na condição de precariedade com que se manteve o povo na condição de um precário sobreviver.

Aprender das famílias populares, das mães uma lição que vem de condenados a vidas precarizadas, ameaçadas e a resistir por um justo, humano viver. Têm consciência de que as formas como os padrões de poder, o Estado os vê, os decreta à margem da renda, da terra, do teto, da vida têm sido o mesmo padrão como decreta seu direito à saúde, trabalho. Educação. Os oprimidos são mantidos em estado permanente de exceção, de um sobreviver precarizado, ameaçado, seus direitos à saúde, teto, comida, educação serão precarizados. Aprender com as famílias, as mulheres mães a resistir se emancipar, buscar nas escolas, nos docentes-educadores salvar vidas ameaçadas.

Aprender das mães: como lutam por vida justa, humana

Quanto mais vidas, sobretudo de infâncias-adolescências são ameaçadas, maiores as reações, lutas das mães por vida justa, humana. Até maiores resistências, cuidados das escolas, docentes, educadores. É contraditório, mas real: essas ameaças instigam tantas e tantos educadores a redefinir seu ser educador, a inventar Artes de entender, acompanhar, fortalecer vidas ameaçadas para resistir pelo direito à vida. As mães são as primeiras educadoras a resistir, proteger as vidas ameaçadas dos filhos. As ameaças sobre seus filhos submetidos a um viver precarizado e até submetidos às violências do Estado, da justiça, dos órgãos de segurança levam essas mães a defender suas vidas ameaçadas de um indigno viver e de um injusto morrer.

Das escolas e de seus educadores/as esperam que protejam a vida ameaçada dos seus filhos, de suas filhas. Lutam por escola, os levam às escolas e esperam nas filas de saída na certeza de que estando nas escolas poderão esperá-los vivos. Levá-los vivos em casa. Às mães acompanha o medo de que se não forem à escola não terão certeza de que voltem vivos em casa. Nem todas as mães poderão levar seus filhos às escolas, nem esperá-los no portão de saída. Milhares na extrema pobreza terão de sair bem cedo de casa, da vila, das periferias para chegarem ao trabalho; deixarão os filhos, até crianças aos cuidados das irmãs maiores (ARROYO, 2012a), e quando voltarem do trabalho talvez já estejam dormindo. Milhares de mães não têm nem direito a levar seus filhos às escolas. Não têm nem direito a ser mães como outra mãe do planeta. Poderíamos lembrar-nos da música de Milton Nascimento – *Maria, Maria*. Essas mulheres não merecem viver e amar como outra qualquer do planeta?

Diante de vidas ameaçadas de jovens, adolescentes, crianças, as escolas adquirem novas funções sociais, éticas, políticas, salvar as vidas das ameaças de não viver. Quando as condições sociais de viver da infância mudam, a pedagogia teve de mudar sua função social, os educadores mudam, radicalizam suas identidades: além de ensinar, proteger vidas ameaçadas. Estamos em tempos de extrema radicalidade no viver/não viver da infância. Tempos de extremas radicalidades políticas, éticas, pedagógicas na função das escolas, dos seus profissionais. Para as mães dessas vidas ameaçadas a questão nuclear: como salvar essas vidas, a mesma questão que ocupa tantas educadoras nas escolas públicas aonde chegam as vidas mais ameaçadas.

Paulo Freire nos lembrava de que diante de humanidades roubadas a pedagogia é obrigada a perguntar-se como recuperar humanidades roubadas. Nestes tempos somos obrigados ainda mais: diante de vidas ameaçadas, roubadas, até de crianças, somos obrigados a assumir como função política, ética, pedagógica o como salvar vidas ameaçadas. Seria essa a função primeira que as mães esperam das escolas e dos seus educadores/as? Protejam a vida dos nossos filhos, professoras?

Poderíamos lembrar Guimarães Rosa: "um menino nasce – o mundo tornou a começar". E quando tantos meninos são exterminados? Quando milhões de vidas infantes são ameaçadas de não viver, o mundo deixa de começar e a pedagogia e a docência perdem sua função histórica: acompanhar a infância nos percursos de se constituir como humanos. Da pedagogia e da docência para não perder sua função histórica se exige salvar vidas. Que nos milhões de meninos ameaçados de não viver renasça a esperança de viver, nascer de novo para que o mundo torne a começar. Não é essa a lição ética das mães dessas vidas de meninos, adolescentes ameaçados?

Que significados ético-políticos no proteger vidas?

Uma lição ético-política das mães: nunca duvidar de que a vida de uma filha, de um filho é viável, merece ser protegida, ser vivida. Uma lição: Ser reconhecida uma vida como vida vivível ou como vida não vivível é uma escolha política, ética ou antiética das relações de poder. Esses reconhecimentos seletivos de que vidas merecem ou não merecem ser vividas como humanas implicam opções políticas de valores. Repõem processos políticos de afirmação ou de negação da ética. Quando as famílias, as mães levam suas crianças aos Centros de Educação Infantil ou quando levam os filhos, filhas às escolas põem em ação o valor ético que atribuem a cuidar, proteger suas vidas. Quando mães e educadoras acolhem essas infâncias, adolescências estão pondo em ação o valor ético-político-pedagógico de cuidar, proteger vidas.

Essas dimensões éticas da maternidade e da docência, da educação estão a exigir maior centralidade no pensamento pedagógico, nos currículos de formação inicial e continuada, na construção das próprias identidades profissionais. A estreita relação entre ética-educação-docência-maternidade está sendo reposta diante de um Estado antiético que decreta as infâncias, adolescências populares como vidas ameaçadas. Quando as vidas são mais ameaçadas por doenças, pobreza, fome, a ética das mães e dos profissionais da vida, da saúde é mais demandada. Tempos de novas demandas éticas dos profissionais da educação: cuidar, proteger as vidas ameaçadas dos filhos, dos educandos. Sobretudo, em tempos de um Estado, uma justiça que nega sua função política-ética de salvar essas vidas e assume como política ameaçar vidas.

Uma pergunta radical para a pedagogia: que vidas são ameaçadas? Todo enquadramento político de que vidas reconhecer ou não dignas de serem vividas é um enquadramento *ético*. As escolhas de políticas de vida ou de extermínio exigem ser reconhecidas como escolhas éticas ou antiéticas. As políticas de proteção de vidas ameaçadas exigem ser reconhecidas em seus significados ético-profissionais. As lutas das mulheres-mães pobres por proteção dos seus filhos, lutas por moradias, comida, saúde, escola são lutas de extrema radicalidade ético-política. Dos coletivos populares, das famílias, mães pobres vêm novos e radicais significados éticos, políticos no lutar por centros de educação, escolas. Os centros de Educação Infantil, as escolas e seus profissionais adquirem novos significados ético-político-pedagógicos radicais: reconhecer as infâncias ameaçadas como vidas com direito a serem protegidas, sobretudo porque o Estado, a sociedade as decretam como vidas ameaçadas de não reconhecimento como vidas. Dimensões éticas que conferem significados políticos às escolas, aos profissionais protetores dessas vidas.

Uma indagação para os currículos de formação, para as políticas e para o pensamento pedagógico: que centralidade dar a esses significados éticos repostos na função docente educadora de infâncias desprotegidas, ameaçadas pelo próprio Estado e suas forças de ordem e justiça? Essas exigências éticas, políticas não estão a merecer maior centralidade nas pesquisas, no pensamento pedagógico, nos currículos de formação de docentes, educadores, gestores? Quando o Estado, a justiça assumem como política ameaçar, criminalizar vidas, o proteger vidas ameaçadas adquire relevâncias políticas, éticas, pedagógicas de extrema radicalidade. O pranto político das mães chorando os filhos mortos nas portas das prisões revela as respostas éticas ao drama ético que ameaça seus filhos na sociedade, no Estado. As mesmas mães que tantos dias levaram seus filhos às escolas à espera de serem salvos, protegidos pela ética de docentes-educadoras.

7

CORPOS PRECARIZADOS QUE INTERPELAM NOSSA ÉTICA PROFISSIONAL

No livro *Corpo-infância: exercícios tensos de ser criança – Por outras pedagogias dos corpos* (ARROYO & SILVA, 2012a), trabalho como os corpos precarizados que chegam às escolas interrogam nossa ética profissional. Lembro, no texto, que não podemos ignorar que convivemos com corpos marcados pelo sofrimento, pela fome, pelas múltiplas violências e doenças, pelo desgaste da velhice que se prolonga. Corpos de crianças-adolescências condenadas precocemente a vidas precarizadas pelo trabalho infantil, pela violência social e sexual, pelos preconceitos, pela homofobia e pela pederastia, pela dor e pelo sofrimento, pela fome e pela desproteção (p. 23).

Desses corpos vêm apelos para rever valores sociais e políticos

No texto, lembrava que autoras como Seyla Benhabib (2005-2006) e Judith Butler (2006-2007) trazem em suas análises ao centro da reflexão os corpos e as vidas precarizadas, choradas, os corpos que importam, dos sem direito à vida, ao corpo. Lembrava como é significativo que essas análises partam de mulheres do pensamento feminista que traz ao centro da ética contemporânea o direito a corpos não apenas femininos, mas infantes, de imigrantes, da velhice, dos miseráveis (p. 23). No livro *Passageiros da noite*, do trabalho para a EJA. Itinerários pelo direito a uma vida justa (2017) sugiro ver os jovens-adultos como Totalidades Humanas Corpóreas que estão a dizer a seus educadores: me olhe como totalidade humana corpórea. "Trago no meu corpo as marcas do meu tempo, meu desespero, a vida num movimento, a força, a fome... eu não queria andar morrendo pela vida..." (*Hoje*, Taiguara).

Que interpelações éticas vêm desses corpos em vidas ameaçadas? Ignorá-los? Condená-los? Reprová-los como indisciplinados, violentos como o Estado os condena? Trazem nos seus corpos as marcas do seu tempo, de sua cor, de seus sofrimentos, desesperos, a fome, a pobreza, o trabalho precoce por sobreviver. Trazem os medos de saberem-se ameaçados, a nos dizer com Taiguara: "Eu tenho medo... Eu desespero. Eu não queria andar morrendo pela vida..." Aprender com o olhar das Artes a ver esses corpos. Nas escolas ainda podemos pedir – "cala a boca, menino!" Difícil conseguir que os corpos, os rostos, os olhares não falem e não mostrem serem corpos oprimidos de vidas ameaçadas. Um falar sem palavras dos sofrimentos que levam. Dessas linguagens dos corpos, dos rostos, dos olhares vêm exigências éticas novas para os educadores. Corpos, rostos, vidas ameaçadas com a extrema precariedade dos corpos precarizados que interrogam nossa ética profissional.

Os corpos dos Outros, das outras infâncias, adolescentes, jovens ou adultos que buscam na escola proteção carregam uma demanda ética. A responsabilidade com a vida é a demanda ética mais básica, sobretudo diante de corpos ameaçados de fome e até de morte. Os rostos das fotografias de Sebastião Salgado em crianças no *Exodus* são rostos interrogantes. Uma professora comentava: "o olhar dos alunos triste, de fome me interroga". Os rostos de adolescentes, jovens, crianças ameaçadas de não viver nos suplicam – não me deixe morrer. As notícias tão expostas de corpos exterminados de jovens-adolescentes, pobres, negros nos desafiam como a música *Menino*, de Milton Nascimento e Ronaldo Bastos: "Quem cala sobre teu corpo – consente na tua morte – trabalha a ferro e fogo – quem cala morre contigo – quem grita vive contigo".

Essa vulnerabilidade dos próprios corpos dos educandos nos defronta com mais do que seu direito à educação, ao letramento na idade certa, nos defronta com o direito à existência. À vida. Na tradição ética o direito à existência do Outro teve sempre prioridade: não só não matarás, mas salvemos a vida dos Outros. Nada fácil aos docentes-educadores olhar os rostos, os corpos de educandos crianças, adolescentes ou jovens não tratados como humanos, mas como os via Paulo Freire: "roubados em sua humanidade". Lembro-me de uma professora, "quando vi na TV centenas de mulheres pobres, negras, mães de presos mortos nas prisões, à busca de notícias, sem querer me deu vontade de proteger meus alunos. Um dia estariam entre os presos chorados por suas mães?" O que as mulheres-mães pobres que levam seus filhos às escolas querem é que não estejam um dia nesses noticiários de extermínios.

Medos éticos, políticos de mães que contagiam os medos das educadoras. Solidariedades de mulheres-mães e educadoras por salvar vidas ameaçadas. Solidariedades éticas nos medos, no salvar vidas. Chegam corpos precarizados de sofrimentos às escolas públicas, levam o cuidado, os medos das mães e encontram os cuidados, os medos solidários das educadoras e educadores. A ética das mães e educadoras reforçada para proteger, salvar vidas ameaçadas. Questões éticas que não dão mais para ignorar, vividas pelas educadoras, mães e professoras, que exigem centralidade no pensamento pedagógico: ultrapassar ver só infâncias em processos de humanização, de desenvolvimento humano e ter de reconhecer que vidas precarizadas, ameaçadas revelam pôr a centralidade em entender as rupturas de humanidade que chegam às escolas.

Dos processos pedagógicos se exige entender essas infâncias rotas, quebradas em suas humanidades, dar toda centralidade pedagógica a entender, não condenar, recuperar vidas ameaçadas, precarizadas. Nas escolas e na sociedade há milhões de vidas precarizadas como vidas, que interpelam a ética social, política e a ética escolar. Aumenta a sensibilidade ética entre os profissionais das escolas dos pobres, públicas. Veem no rosto, no corpo dos educandos não indisciplinados, violentos, mas passaram a ver as precariedades que os vitimam.

A compreensão da precariedade do viver, sobreviver, da ameaça de não viver passa a ser exigência de Outra ética. Como punir, castigar, expulsar, reprovar essas infâncias, adolescentes, jovens vitimados por essas precariedades tão radicais? Esses apelos para Outra ética vão além do apelo à Paz nas escolas. Rostos, corpos precarizados cada vez mais presentes nas escolas públicas que vêm produzindo tensões profissionais éticas. Não as velhas posturas antiéticas de condená-los. A precariedade dos rostos, corpos, vidas ameaçadas dos educandos reeducando éticas escolares e educadoras.

Dos sofrimentos humanos vêm as interpelações éticas mais radicais

Lembrávamos que as Artes em suas múltiplas manifestações têm destacado os sofrimentos humanos com maior destaque do que as ciências. Têm destacado os sofrimentos dos jovens, adolescentes até das crianças. Difícil esperar que até os Parâmetros Nacionais ou a Base Nacional Curricular deem destaque aos sofrimentos humanos da história e tragam conhecimentos científicos para os educandos que sofrem entender por que sofrem, que estruturas sociais, econômicas, políticas os condenam a tantos sofrimentos. Quando docentes-educadores se perguntam como entender os sofrimentos que chegam nos corpos, nas vidas ameaçadas dos educandos, o recurso às Artes poderá ser um caminho. Lembrávamos oficinas de fotografias dos rostos confrontados com as Pinturas, as fotografias de Sebastião Salgado e até confrontadas com os rostos interrogantes dos grafites.

Rostos de um olhar interrogante, ameaçador, de exigir entender por que esses sofrimentos desde crianças. Rostos interrogadores de quem os faz sofrer. Rostos exigindo mais do que compaixão, exigindo justiça. Nada fácil aos docentes-educadores-gestores decifrar os sofrimentos que esses rostos, corpos carregam desde a infância. Poderá ser trabalhada a letra *Hoje*, de Taiguara. "Hoje trago no meu corpo as marcas do meu tempo. Meu desespero, a vida num momento, a fossa, a fome..." Poderá ser buscado entender as interpelações éticas que vêm dos sofrimentos a partir do pranto, do choro. O sofrimento tem sons, suas formas de falar. Há dois tempos da vida em que os sofrimentos, as dores se manifestam pelo choro: a infância e a velhice. Revelar o sofrimento pelo choro tem gênero em nossa cultura: menino não chora, a menina, a mulher choram, mulheres pobres, negras choram os extermínios de seus filhos nas periferias ou nas prisões. O pranto por vidas ameaçadas, exterminadas por sofrimentos, revela e denuncia o antiético do próprio sofrimento humano, do antiético ameaçar, exterminar vidas humanas. O choro revela a precariedade da vida para os coletivos sociais decretados a um precário, injusto sobreviver sob ameaças de não viver. Não são essas as interpelações éticas que os rostos nos grafites, nas infâncias no *Exodus* de Sebastião Salgado, ou os rostos das mulheres-mães tentando proteger seus filhos das brutalidades do poder no *Guernica* de Picasso? Não são essas as interpelações das mulheres-mães no pranto--denúncia do antiético de filhos exterminados nas periferias ou nas prisões? Músicas como *Menino*, de Milton Nascimento e Ronaldo Bastos, nos revelam as dimensões políticas, éticas do pranto: "quem cala sobre teu corpo consente na sua morte... quem cala morre contigo, quem grita vive contigo".

Lembro-me de uma educadora: "o olhar de minhas crianças é triste, me sinto interrogada: por quê?" Não há como ocultar as marcas dos sofrimentos que chegam às escolas. Poderia ser trabalhada a letra *Canto das três raças* (Mauro Duarte e Paulo César Pinheiro): "Ninguém ouviu um soluçar de dor. No canto do Brasil um lamento triste sempre ecoou desde que o índio guerreiro foi pro cativeiro e de lá cantou... O canto que deveria ser um canto de alegria soa apenas com um soluçar de dor".

A pedagogia, a docência interpeladas moralmente pelos corpos-rostos ameaçados

Lembro-me de um trabalho em uma escola pública da periferia: os alunos com suas câmeras do telefone filmando rostos de crianças, adolescentes, jovens das vilas. A ideia: fazer uma análise desses rostos para conhecer os educandos e entender como os rostos nos interpelam nas ruas, até nas escolas, nas salas de aula. Os rostos fotografados foram confrontados com os rostos nas fotografias de Sebastião Salgado no *Exodus*. Na infância no *Exodus*. A questão ética em debate: seus olhares fixos, tristes não nos interpelam moralmente? Como entender, não esquecer esses apelos morais? Esses rostos não trazem para os docentes-educadores as questões éticas mais radicais postas na sociedade e trazidas pelos educandos às escolas? Nos tempos de formação inicial e continuada fomos formados para entender essas demandas éticas?

No livro de Judith Butler – *Vida precária* (2006) – encontrei umas análises sobre os apelos morais que vêm do Rosto do Outro. Judith comenta Emmanuel Lévinas para entender o modo como somos interpelados moralmente pelo Rosto do Outro. Emmanuel Lévinas (1995) nos fala das interpelações morais que vêm dos outros. "A proximidade do rosto é o modo mais básico de responsabilidade... O rosto não está frente a mim, mas acima; é o rosto antes da morte, olhando através da morte e anunciando-a. O rosto é o outro me pedindo que não o deixe morrer só, como se o deixando só me tornará cúmplice de sua morte. O rosto me diz: não matarás. O direito à existência desafiado pelo rosto do outro. Na ética, o direito a exigir do Outro tem prioridade, é o mandato ético: não matarás, não porás em perigo a vida do Outro..." (p. 23-24).

Poderíamos trazer reforçando Lévinas a letra da música *Menino*, de Milton Nascimento e Ronaldo Bastos: "Quem cala sobre teu corpo – consente na tua morte – talhada a ferro e fogo – quem cala morre contigo – quem grita vive contigo". Com Milton e Lévinas poderíamos tentar entender os rostos dos educandos, das fotos do *Exodus*, até os rostos de meninos nos grafites dos muros, das cidades, das escolas. Trabalhar como somos interpelados moralmente pelos rostos-corpos tão postos e repostos nos noticiários de extermínios de jovens, adolescentes, em sua maioria negros, tão próximos dos rostos-corpos dos educandos das escolas das periferias, dos campos, das florestas, das águas. Com Lévinas e com os modos de ser interpelados por esses rostos poderíamos trabalhar com os rostos de mulheres, pobres, negras, chorando os filhos mortos nos massacres das penitenciárias. Rostos das mães das vítimas dos extermínios mirando-nos através da morte e denunciando-a.

Choros éticos de protestos políticos que nos interpelam na ética do Estado, da sociedade, até na ética pedagógica. Rostos do *Exodus*, de Sebastião Salgado, ou dos educandos captados em suas câmeras: rostos dos educandos pedindo-nos que não os deixemos morrer para não ser cúmplices de sua morte. Que gritemos como educadores mostrando essas imoralidades. Rostos linguagens de sofrimento, de vocalização sem palavras, do medo que chega das ruas às escolas com corpos-rostos de vidas ameaçadas. Lévinas nos lembra: "O rosto, como a extrema precariedade do Outro, nos desperta ao que é precário de outra vida. Nos desperta para a precariedade da vida mesma. De nossa própria vida. O rosto do Outro, síntese da esfera da ética". Judith Butler (2006), em *Vida precária*, comenta: "...O rosto serve para produzir uma luta em mim e instalá-la no coração da ética".

166

Rostos-corpos ameaçados que põem em ação gritos de educadores de proteção de suas vidas. Estive em uma cidade mineira, a notícia era entre os educadores: Um professor organizando a entrada na escola dos adolescentes. Chega a polícia, tenta prender dois educandos, o professor os abraça para protegê-los. Professor e adolescentes foram presos. As interpelações de Lévinas vividas nas nossas escolas públicas interpelando nossa ética. Diante desses rostos, corpos, vidas ameaçadas nas portas das escolas ou nos noticiários dos massacres, nas fotografias do *Exodus*, nas câmeras dos vídeos ou nos grafites dos muros, somos forçados a instalar-nos no coração da ética, convocados, demandados, reclamados a assumir essas vidas ameaçadas como assunto nosso. Porque nos olham interrogantes não cabe indiferença ética sem cumplicidade. Volta a interrogação destas análises: vidas ameaçadas: que exigências e que respostas éticas para a educação e a docência?

Os humanismos pedagógicos se afirmam na construção das culturas humanistas do valor da vida. Todo humanismo pedagógico reconhecível se legitima no valor da vida ao menos na angústia de pensar em vidas humanas, infâncias ameaçadas de não viver, não se realizar como humanos. As mortes, sobretudo de infâncias, sempre apelaram aos humanismos pedagógicos a dar respostas políticas a favor da vida. A pedagogia, a docência não podem ficar indiferentes perante o extermínio de humanos e menos de infâncias. Se ficar indiferente será sua negação como Pedagogia. Nos coletivos de docentes-educadores das escolas, da EJA, dos cursos de Pedagogia e de Licenciatura se avança a abrir tempos de entender as interpelações éticas que vêm dos rostos-corpos em vidas ameaçadas.

Com que ética olhar corpos-rostos de vidas ameaçadas?

Quando às escolas públicas, à EJA chegam vidas ameaçadas, rostos-corpos decretados pelo poder, pela justiça como ameaçadores, sem valores de ordem, com que ética olhar esses rostos de vidas ameaçadas? A primeira postura ética que esperam das escolas e de seus profissionais será que não os olhem com o olhar segregador, condenatório com que se sabem olhados pelos órgãos da ordem, pela justiça, pelo Estado.

Para não reproduzir-nos como educadores esses olhares condenatórios com que se sabem olhados, seremos obrigados a dedicar tempos de estudo--formação para entender de maneira crítica como são olhados com olhares tão negativos e por quem. Uma interrogação a ser trabalhada na formação inicial e continuada, com uma visão crítica dos contravalores desse olhar antiético persistente em nossa história sobre os coletivos sociais, étnicos, raciais: decretados sub-humanos, subcidadãos, porque decretados carentes de valores de convívio, de cidadania, de humanidade e civilidade. Decretá-los vidas ameaçadas.

Um olhar crítico sobre essa história na perspectiva ética será formador para como educadores não reproduzir esses olhares, representações negativas antiéticas dos educandos populares. Será necessário, ainda, pensar como garantir o direito dos educandos a saber-se pensados, segregados por essas representações antiéticas. Com seus coletivos, famílias aprenderam a saberem-se segregados; esperam e têm direito a entender essa história de segregações das lições dos mestres. Direito a entender que poderes, que estruturas, que culturas antiéticas os têm decretado em nossa história em vidas ameaçadas. Entender porque decretados sub-humanos, subcidadãos. Coletivos de docentes-educadores se deixam interpelar por esses rostos que se sabem ameaçados, representados com tantas carências, negatividades antiéticas e chegam às escolas na esperança de entender-se. Assumem que são interpelações éticas. Em tempos de formação se perguntam que interpelações éticas e antiéticas tentar entender nos rostos, corpos, vidas ameaçadas dos educandos.

Começar por entender que contravalores legitimam o olhar, condenar crianças, adolescentes, jovens a vidas ameaçadas, precarizadas e em função de que interesses políticos, econômicos têm sido postas e repostas essas representações, segregações dos Outros em nossa história. A produção e persistência dessas representações, segregações vem desde o grito colonizador Terra à Vista e se legitima no padrão antiético de poder, de expropriação-apropriação das terras, do trabalho. Radicalizaram-se no decretar humanos como coisas-escravizáveis e se perpetuam nos padrões de poder, de trabalho sexistas, racistas, classistas.

Quando no Estado, na justiça se decretam os militantes criminosos, em lutas por terra, teto, moradia, os mesmos contravalores são repostos. Uma história de representações, segregações imorais, injustas que se repetem e que chegam às escolas nas vidas ameaçadas dos educandos, pobres, negros das periferias e indígenas, ribeirinhos, camponeses dos campos. Que exigências e que respostas políticas, éticas? Uma interpelação ética a entendê-los nessa história antiética de produção de representações negativas para legitimar o padrão de poder: decretá-los carentes de humanidade. Decretar coletivos humanos como carentes de humanidade, sem direito a vidas humanas é a negação política mais radical da ética. Não são apenas mantidos em um sobreviver precário o que já interpela nossa ética (ARROYO, 2012a). A história foi mais antiética com esses coletivos, os decretou e continua decretando-os a vidas precárias, ameaçadas porque criminosos, in-humanos, ameaçadores de vidas de humanos direitos a merecer viver.

Conviver, educar rostos, vidas ameaçadas porque decretadas não vidas humanas é de uma radicalidade antiética maior do que mantê-los sobrevivendo na pobreza extrema, no desemprego, nas favelas, rostos, corpos de pobreza de um precário sobreviver em vidas ameaçadas que sintetizam a condição da violência injusta. Antiética. Volta a pergunta: com que ética olhar os rostos das vidas ameaçadas que chegam às escolas, à EJA? Com o olhar histórico da pedagogia: reconhecê-los negados como humanos, decretados in-humanos, logo sem direito a viver vidas humanas, ameaçados, decretados criminosos, irmãos, amigos, vizinhos de exterminados, porque pobres, negros como eles e seus coletivos. Um olhar pedagógico que os reconheça injustiçados. Mas avançar para olhar nesses rostos resistências históricas por se libertar. Por vida justa. Humana.

Com que ética responder ao sofrimento de corpos-rostos ameaçados?

Educadoras-educadores das escolas aonde chegam essas vidas ameaçadas de crianças, adolescências se colocam com que Artes pedagógicas educá-las. Como responder eticamente ao sofrimento, ao medo de viver em vidas ameaçadas que os educandos mostram em seus rostos, seus corpos? Que obrigações éticas quando assumimos como trabalho profissional a docência, gestão, educação de infâncias-adolescências, nas escolas ou jovens-adultos, na EJA, que expõem em seus corpos as marcas das ameaças de sobreviver na pobreza extrema – mais de 18 milhões obrigados a frequentar as escolas para continuar no Programa Bolsa Família? Que expõem seus medos de ser decretados criminosos, ameaçáveis, exterminaveis?

Que indagações éticas para educar milhões de crianças, de jovens-adultos que chegam de espaços precarizados e segregados, na sobrevivência dos pais desempregados, no medo da violência mais radical: criminalizados e com irmãos, amigos, vizinhos exterminados nos fins de semana ou nas prisões? Lembro-me da professora-educadora: "esses rostos, esses corpos, esses olhares desses educandos me interrogam". Interrogações éticas. Como responder eticamente a essas interrogações?

Acompanha-nos a certeza de que diante desses outros educandos, dessas vivências de vidas ameaçadas, as identidades docentes-educadoras estão passando por processos de redefinição: sabem não ser suficiente ser competentes no que e como ensinar, aprender, avaliar. Sabem-se na obrigação ética de entender, acompanhar as tensões éticas vivenciadas pelos educandos desde a infância não vivida, ameaçada. Uma pergunta obrigatória: na formação inicial e na continuada há espaços para reconhecer esses apelos éticos e as respostas que, como docentes-educadores, são obrigados a assumir?

Essas dimensões éticas do ser docente-educador de vidas ameaçadas, precarizadas, até criminalizadas não trazem exigências éticas novas para as diretrizes curriculares de formação? Para os currículos de Pedagogia e de Licenciaturas? A formação ética de uma profissão tão demandada de obrigações éticas tem sido trabalhada nos tempos de formação? Como entender, responder com ética aos apelos éticos que vêm dos educandos em vidas ameaçadas tem ficado por conta de cada educador ou dos coletivos de educadoras, educadores que convivem com esses educandos?

A proximidade de vidas ameaçadas por tantos e tão brutais contravalores obrigam esses profissionais a tentar entender esses conflitos éticos que levam às escolas da sociedade. As tentativas de respostas éticas se tornam vinculantes às identidades docentes-educadoras. Tentativas de respostas que passam a ocupar tempos-coletivos de estudo-formação. Que indagações-respostas éticas vêm sendo priorizadas?

• *Reconhecer os educandos em vidas ameaçadas vivenciando incertezas éticas*. Nas imagens dos educandos desde a infância nas escolas até a vida adulta na EJA prevalecem imagens de iletrados a serem letrados, até de indisciplinados a serem moralizados. Reconhecer os educandos da infância à vida adulta em processos de formação-deformação moral, ética não tem sido familiar aos imaginários docentes-pedagógicos.

A proximidade com educandos – com corpos, rostos, vidas vitimadas pelos contravalores da sociedade, da política, do próprio Estado que os criminaliza e ameaça de um injusto, incerto viver vem exigindo para os docentes-educadores alargar as imagens de educandos apenas a ensinar, moralizar. Da docência, educação se exige reconhecê-los vivenciando o drama ético da sociedade.

Uma indagação se torna objeto de estudo-formação: como os educandos veem os contravalores que os vitimam? Como vivenciam os contravalores que vitimam seu sobreviver? Têm consciência desses contravalores? Sabem-se decretados deficientes em moralidade, humanidade? Como ser pensados carentes de valores, moralidade impõe limites a sua formação ética, humana? Que exigência para a educação e a docência? Como entender esse drama ético que vitima crianças, adolescentes, jovens que chegam às escolas? Aprendem cedo que seus coletivos sociais, raciais são pensados como sem valores, ameaçadores dos valores sociais. Carregam imagens negativas de membros desses coletivos segregados na sociedade. Que exigências éticas dos seus educadores?

• *Não compactuar com culpabilizar os educandos como imorais*. Condenar os educandos, seus coletivos como sem valores, que respostas éticas exigem da educação e da docência? As respostas antiéticas vêm sendo do

Estado, das mídias e por vezes das escolas: condenar os Outros educandos que vêm chegando das periferias, dos campos como sem valores, violentos, indisciplinados, ameaçadores da paz social e escolar. Até ameaçadores entre si e dos seus educadores e mestres.

Do Estado, da mídia vem a imagem de que as escolas públicas mudaram com a chegada massiva desses Outros educandos, jovens, adolescentes, até crianças sem valores. Logo como resposta retomar a função moralizadora de controle, de reprovação, expulsão das escolas. Criminalizá-los na sociedade, no Estado. Reduzir a idade penal e entregar o seu controle à justiça penal ou à gestão escolar militarizada da polícia.

O reconhecimento de que nas escolas se vivenciam problemas éticos vem levando a culpar os Outros educandos, culpar as famílias e coletivos, os lugares, a classe, a raça de origem, culpar as mães por não educar em valores.

• *Uma exigência ética para educadores: é ético culpar as vítimas pelas imoralidades de origem que levam às ruas e às escolas?* Avança a consciência de docentes, gestores, educadores que não é ético. É repor as velhas imagens antiéticas com que em nossa história os coletivos de origem dessas infâncias, adolescências foram decretados carentes de valores, de humanidade. Uma exigência na formação ética de docentes-educadores: entender os contravalores de decretar os Outros como imorais, carentes de valores. Um contravalor que traspassa nossa história política e marca até a história da educação.

As marcas da história de nossa educação desde a colonização carregam esse olhar antiético de condenar os povos originários, os negros escravizados, os trabalhadores como carentes de moralidade, a serem moralizados pela educação.

Condenar essa história como antiética que vem do passado e se acentua no presente, exigindo reações éticas da docência e da educação exige outra ética docente-educadora que ao menos não compactue, nem reforce o culpabilizar os educandos como imorais.

• *Reconhecer os educandos vítimas do drama ético da sociedade.* Na medida em que do Estado e da mídia se avança no condenar as infâncias, adolescências, os jovens-adultos como imorais, sem valores, sem ética, suas educadoras e os educadores avançam para reconhecê-los vítimas dos contravalores da sociedade e das estruturas classistas, racistas, sexistas de poder, de trabalho, de apropriação da terra, do espaço, da renda.

Avançar em ver os educandos como vítimas muda o olhar ético, político, pedagógico e exige aprofundar em uma interrogação: que contravalores econômicos, sociais, políticos os vitimam e os condenam a um viver tão precarizado, tão ameaçador, tão injusto e tão in-humano? Que, como coletivos docentes-educadores, gestores se coloquem essas indagações já revela Outras identidades ético-pedagógicas, docentes.

Como aprofundar essas interrogações éticas nos tempos de formação inicial e continuada?

• *Pesquisando sobre que contravalores vêm vitimando os Outros em nossa história.* Um contravalor histórico reposto: decretar como valor sagrado a apropriação da terra, do espaço, da renda, do trabalho que vem desde o grito Terra à Vista na colonização, reafirmado no Império, na República que define como cidadãos de direito os donos da terra: os homens (nem as mulheres) de bens, posses e de bem, de valores de Ordem e Progresso e como subcidadãos os trabalhadores, sem terra, sem renda. Ameaçadores por lutarem por terra, território, teto. Os filhos desses coletivos vitimados até no presente têm direito a aprender nos conhecimentos escolares a história persistente desses contravalores. Não será essa uma forma de educar em valores?

É significativo que a justificativa para criminalizar os militantes seja repor o valor sagrado da propriedade da terra, o poder do agronegócio como o valor, repondo criminalização de coletivos, de militantes que ousam ocupar terras, territórios, espaços em lutas por direito à terra, territórios indígenas, quilombolas, por direito a teto, moradia. Os educandos que chegam às escolas públicas, à EJA vêm desses coletivos decretados em nossa longa história sem direito à terra, território, teto, moradia. Vêm com corpos, vidas precarizados, vitimados por esses contravalores econômicos, políticos. Têm direito a entender os contravalores que os vitimam.

• *Entender a persistência em nossa história e no presente desses contravalores* é uma exigência ética para entender seu viver ameaçado que os vitima e que levam às escolas e à EJA. Vê-los como vítimas desses contravalores estruturais, sociais, políticos será uma exigência ética para superar a longa história de culpá-los como sem moralidade, sem humanidade.

Reconhecer estarmos em tempos de reafirmar esses contravalores ajuda a ver as escolas públicas com outro olhar ético-político: não como antros das carências éticas dos Outros que vêm de coletivos sem moralidade para as escolas, mas ver as escolas, as infâncias, adolescências, os jovens-adultos e seus docentes-educadores como vitimados pelos contravalores sociais, econômicos, políticos estruturantes e persistentes em nossa história antiética. Imoral.

Como conhecer com profundidade essa história antiética? Uma exigência ética será desconstruir a visão que em nossa história e no presente decreta esses coletivos sem valores e construir uma história que os decreta vítimas de contravalores sociais, políticos, econômicos. Ver nos educandos não violentos, mas violentados. Falta na educação reconstruir essa história de contravalores que tem vitimado os coletivos sociais, raciais que chegam às escolas.

Não culpá-los, não responsabilizá-los das violências que os oprimem

Os coletivos docentes-educadores nos convívios com essas infâncias, adolescências, jovens e adultos em vidas ameaçadas sentem e respondem às apelações éticas que vêm dessas vidas ameaçadas com que convivem: Que exigências éticas e que respostas éticas? Comecemos por uma exigência: não responsabilizá-los pelo atraso econômico, político, educacional.

Sabem-se responsabilizados de todos os atrasos da Nação, ameaçados em suas vidas como um fardo descartável. Vimos que são criminalizados como um peso, uma ameaça para a paz, a ordem social, até escolar. Os conhecimentos dos currículos reproduzirão essa visão? A história econômica, social, educacional como os vê como responsáveis de todos os atrasos, até na educação? Uma exigência ética: superar, não reproduzir esse vê-los, tratá-los, segregá-los como o atraso. Mostrar e denunciar o padrão racista, classista de dominação que acompanha em nossa história ver os Outros como responsáveis pelos atrasos da Nação.

Denunciar o recontar a história da educação, das políticas, das avaliações como inseparáveis desse padrão racista de poder, de dominação, segregação até do direito à educação. A tese persistente de que o subdesenvolvimento, atraso econômico, social, político da Nação se deve ao enorme contingente de sua população negra, herança pesada da escravidão, tem sido transposta na explicação do atraso educacional, cultural, político.

A persistência em destacar o nosso atraso educacional, o nosso Ideb tão baixo encontrou sempre uma explicação: são os adolescentes, jovens pobres, negros, indígenas, quilombolas os que rebaixam, envergonham nosso Ideb. Até as violências tão destacadas pela mídia nas escolas públicas apontam adolescentes, jovens, até crianças negras, pobres como os violentos a serem controlados por gestões militares, policiais. Não apenas a história da educação destacada pelas elites brancas tem passado essa explicação racista do atraso de nossa educação pública, mas as análises do próprio pensamento pedagógico, dos formuladores e gestores de políticas, dos analistas de avaliações e do Ideb continuam culpando o peso-presença dos educandos negros, quilombolas, indígenas na educação básica pública. Análises racistas não superadas nem nos tempos de Estado de Direitos nem de República.

Como denunciar e superar essas visões racistas, etnicistas repostas como política em nossa história e no presente? O Estado em nossa história teve como regra culpabilizar os Outros, pobres, negros, quilombolas, indígenas como responsáveis do nosso atraso econômico, social, político e até educacional. Denunciar essas análises racistas na política, na educação se torna uma exigência política, ética inadiável em tempos políticos de persistentes criminalizações, de ameaças desses jovens, adolescentes, como responsáveis pela insegurança pública, na sociedade e nas escolas.

Uma resposta ética que avança nos coletivos de docentes-educadores: como os conhecimentos das diversas áreas, como a Base Nacional Curricular, como a história da educação pensam os Outros em nossa história? Continuam pensando-os como responsáveis por todos os atrasos? Como avançar para conhecimentos que garantam o direito de saber-se vítimas do padrão classista, racista de poder, de dominação? O movimento negro vem criticando e desconstruindo o mito da "democracia racial" tão cultuado na política e na educação. Um ocultamento do padrão político racista de dominação, opressão, segregação. As escolas, as políticas, diretrizes curriculares – os Parâmetros e a Base Nacional ocultam o padrão racista histórico de poder, dominação e optam por exaltar a democracia racial pela exaltação da benevolência das elites com o povo, até com os escravos. A exaltação dessa história de relações cordiais oculta as barbáries da história real. Que exigências éticas para a educação e a docência?

Uma exigência ética diante do Estado de criminalização, extermínio de jovens, adolescentes em sua maioria negros: entender essa história real, denunciá-la, fazer análises críticas de que história é repassada nos conteúdos escolares da educação básica e superior. Como garantir às vítimas desse racismo político, social o direito a saber-se na sua chegada às escolas, à EJA e às universidades? Desconstruir o pensá-los como o atraso, garantir seu direito a saber-se vítimas do padrão racista. Como garantir aos docentes-educadores o direito a conhecer esse padrão racista de dominação e a criticar o romantismo antiético da democracia racial? Exigências éticas para os currículos de formação: com que saberes, com que artes formar docentes-educadores, gestores sensíveis a essas apelações e exigências éticas que vêm de rostos, corpos, vidas ameaçados? Não responsabilizá-los, culpá-los das violências que os oprimem.

8

A FUNÇÃO *ÉTICA* DA PEDAGOGIA: RECONHECER QUE TODA VIDA MERECE SER VIVIDA

O enquadramento seletivo de vidas como precárias e até como não merecedoras de serem reconhecidas vidas humanas tem sido uma constante na história social. Esse constante decretar vidas desde a infância não merecedoras de ser vividas tem provocado reações éticas e antiéticas. Reações de proteção e reações de extermínio. A Pedagogia se afirma na história com a função de proteger a infância, de reconhecer que desde a infância a vida tem direito a ser vivida. Todos os humanismos pedagógicos repõem às sociedades, aos Estados essa exigência ética de reconhecer o direito de toda infância à vida. Entre as ciências humanas a Pedagogia tem tido essa função ética, política de reconhecer e afirmar, proteger o direito de toda vida a ser vivida.

Quando a vida é ameaçada a pedagogia radicaliza sua função ética

A docência, a identidade educadora carregam na história essas dimensões éticas: proteger vidas, sobretudo vidas ameaçadas. Dimensões por vezes ocultadas, secundarizadas, quando se prioriza o ensinar, letrar, formar o ser docente, secundarizando o cuidar, afirmar o direito à vida, de vidas ameaçadas desde a infância. A Pedagogia reafirma essa função de proteger vidas quando as infâncias são vítimas de ameaças, de precarização de seu viver, como milhões de infâncias, adolescências nas escolas públicas e de jovens-adultos na EJA. Sempre que a vulnerabilidade do viver chega às escolas, às ruas, aos campos ou periferias urbanas, a pedagogia, os seus profissionais são chamados a assumir sua identidade ética de proteger vidas. Quando a sociedade, até o Estado decretam vidas não só vulneráveis, ou ameaçadas, mas as decretam destruíveis, a pedagogia, os seus educadores, as instituições educativas são obrigadas a radicalizar sua ação política, ética: denunciar toda forma de vulnerabilidade, de ameaças e, sobretudo, defender os educandos de extermínios.

Estamos nesses tempos de uma justiça criminalizadora de jovens, adolescentes, crianças, militantes não reconhecidos com direito à vida. Mas também tempos da pedagogia, educadores refirmarem sua histórica função ético-política de defender, proteger essas vidas ameaçadas. Tempos de somar com os movimentos de mulheres, mães pobres, negras pró-vida, por políticas, espaços de proteção pelo direito à vida digna, justa. Humana. Tempos do pensamento social e pedagógico aprofundar sobre os históricos enquadramentos seletivos sobre o que é vida que merece ser ou não reconhecida como vida. Aprofundar mais sobre o que Paulo Freire nos alertava já faz 50 anos: a Pedagogia tem como dever ético-político entender os processos de desumanização, de roubar humanidades, de não reconhecer os oprimidos como humanos, logo não reconhecer essas vidas como dignas de serem reconhecidas vidas.

Os humanismos pedagógicos são obrigados a entender mais sobre os processos de desumanização de tornar vidas, desde a infância, vulneráveis, na precariedade do viver. Ameaçáveis de não viver. Entender mais dos enquadramentos seletivos políticos de que vidas merecem ou não ser vividas. Que coletivos sociais, étnicos, raciais, de gênero, orientação sexual merecem ou não ser reconhecidos com direito à vida e vida justa e que outros merecem sobreviver na vulnerabilidade, no estado de vidas ameaçadas. Politizar esses enquadramentos seletivos será uma exigência para politizar com maior radicalidade a função ética da pedagogia, da docência, da educação das escolas públicas, assumindo proteger essas vidas ameaçadas.

As resistências por vida ressignificam as lutas por escola

Educadoras, educadores recebem a cada dia das mulheres-mães que levam esses corpos-vidas ameaçados às escolas: "A gente aprende com essas mães pobres, trabalhadoras o valor que dão à vida dos filhos", comentava uma educadora em uma escola pública da periferia. Um comentário objeto de debates nos tempos de formação continuada. Que aprender com as famílias, coletivos, mães que vivenciam a condição histórica de sobreviver em corpos, vidas ameaçadas de um injusto sobreviver? Aprendizagens de experiências feitas: aprendem vitimados pelas estruturas de classe, pelo padrão racista, sexista de poder, de trabalho, de apropriação da renda, da terra, do teto. Até de apropriação da justiça. Do Estado. Lembrando Paulo Freire: Ninguém tem maior consciência da opressão do que aqueles que a sofrem. Tornam-se frequentes diálogos dos educadores e as mulheres-mães para trocas de aprendizagens mútuas sobre como cuidar, proteger os filhos, educandos em vidas ameaçadas.

O que aprender? Aprender com a consciência das mães pobres, negras, das periferias, dos campos, das águas ou das florestas, levando seus filhos às escolas à procura de proteção para suas vidas ameaçadas acumula longas, persistentes, históricas experiências como coletivos. Histórias de corpos na pobreza, famintos, de mortandade infantil, de moradias indignas, de escassez, desemprego, subemprego. De salários mínimos, marmitas mínimas. Vida mínima. Vivências de corpos, vidas ameaçadas na totalidade do viver, sobreviver. Não viver. Aprender também suas histórias-lições de resistências por libertação. Por vida justa. Essas históricas ameaças totais provocaram em nossa história e continuam provocando resistências TOTAIS por um justo, digno, humano viver. Por vida justa, humana ao menos para os filhos. Esse o significado radical da luta popular das mulheres, mães por escola, esse o significado de levar cada dia os filhos aos Centros de Educação Infantil, às escolas: gestos de resistências a que os filhos continuem vitimados, ameaçados de um injusto viver. Gestos de esperança de que educadoras nas escolas protegerão suas vidas.

Ameaçando vidas, o Estado e sua justiça criminalizadora esperam amedrontar os coletivos ameaçados com extermínios, mas todo ato de poder, dominação, toda ameaça quanto mais ameaçadora até de não viver provoca reações, resistências por viver. Por salvar vidas. Os docentes-educadores nas escolas, aonde as mulheres-mães levam seus filhos esperando proteção para suas vidas ameaçadas aprendem o valor da vida, reagem ao poder ameaçador de vidas e somam com as famílias, as mães, as próprias crianças, adolescentes, jovens, resistindo às ameaças de não ter direito à vida justa, humana.

Esses significados tão radicais de lutar por escola para a proteção da vida dos filhos vêm provocando das escolas, dos seus profissionais aprendizados de novos e radicais significados nas lutas por educação, escola, EJA. Novos e radicais significados para o ofício de mestres-educadores. Os militantes que chegam das lutas por terra, teto, territórios repetem uma frase que sintetiza seus movimentos: "Lutamos pela vida e pelo que nos é de direito": Terra, teto, território, renda, trabalho, educação... e vida. Vida, primeiro direito a dar sentidos radicais às lutas por tudo que nos é de direito: dar significados radicais às lutas por escolas confere significados radicais à função dos seus profissionais.

O dever das escolas de garantir o direito à vida?

Avançamos no dever das escolas, dos docentes de garantir o direito aos conhecimentos socialmente construídos. As diretrizes curriculares como os Parâmetros Nacionais, Base Nacional Comum e as diretrizes de formação docente têm destacado que a função do tempo-espaço escolar é como garantir o *direito de aprender* de todos os educandos e com qualidade para elevar nosso Ideb. Nesses documentos se ignora que os docentes-educadores se defrontam com o direito dos educandos a ser, viver a um sobreviver em vidas ameaçadas. Quando às escolas, à EJA chegam vidas ameaçadas, ou nem voltam mais porque vítimas de vidas exterminadas, os docentes-gestores-educadores sabem que não há como não priorizar o direito à vida. O dever das escolas de garantir a vida.

O direito à vida adquire centralidade política diante do drama ético de milhares de refugiados fugindo da fome e das guerras, mortos, até crianças no Mediterrâneo; diante de milhares de mortos em confrontos políticos em todo o mundo; diante das mortes nos presídios e em cada final de semana. Reconhecer o direito à vida se impõe como dever da política, das ciências humanas, dos Estados, da justiça. Da pedagogia. Avança o pensamento, as políticas, as manifestações e ações coletivas a favor da vida. Vidas que merecem luto, choro, indignação ética, política. Por que se avançou tanto na responsabilidade política, ética de proteger umas vidas e se condenar Outras à precarização, a ameaças de extinção? Questões que assumem centralidade política, ética e que chegam às escolas, ao pensamento pedagógico, às políticas socioeducativas; chegam com toda urgência à prática docente-gestora-educadora a exigir centralidade na formação inicial e continuada de profissionais que convivem, educam, ensinam vidas ameaçadas.

Determinar como função do Estado proteger vidas que merecem ser vividas e ameaçar vidas outras decretadas criminalizadas coloca a política, a ética em um impasse dramático. Impasse posto nas escolas públicas, sobretudo, aonde chegam as vidas condenadas pelo Estado, pela justiça como criminosas, a ser mantidas em estado de suspeita. Propor gestão militar, escolas militares, não mais gestão pedagógica, impor a militarização das escolas dos pobres revela serem pensadas escolas de vidas perigosas, criminalizadas, ameaçadas. A imprensa reforça essa imagem dos educandos nas escolas públicas: ameaçadores de vidas até dos mestres, logo entregá-los à justiça penal, porque ameaçadores de vidas. Reconheçamos que esse decretar vidas a ser protegidas das outras vidas decretadas ameaçadoras afeta em cheio a função das escolas, da gestão, da docência. Quando a vida é regulada pelo poder, pelo Estado como vida vivível ou ameaçada, porque decretada ameaçadora, o direito à vida adquire radicalidades políticas em todos os espaços do viver. Até nas escolas, na EJA.

Não há como ignorar que esse decretar vidas que merecem ser protegidas e vidas ameaçadas, porque pensadas ameaçadoras, está em nossa história marcado por identidades de etnia, raça, classe. O Nós vidas a serem protegidas tem uma raça, uma classe, até um gênero, as outras vidas ameaçadas são da outra classe, etnia, raça, gênero. São estas outras infâncias, adolescentes jovens, adultos ameaçados pelo Estado, criminalizados pela justiça, que são levados das favelas, vilas, dos campos, das florestas, das águas, são levados pelas mães pobres, negras às escolas públicas. São essas outras vidas choradas pelas mães nos portões das prisões. É a denúncia das mães: as vidas de nossos filhos mereciam ser vividas. Que exigências éticas para a educação e a docência? Quanto mais as escolas públicas são escolas dos pobres, negros, camponeses, indígenas, quilombolas, filhos-filhas de trabalhadores sem direitos, desempregados mais essas escolas são de vidas ameaçadas a serem entregues à gestão policial, militar, porque em nossa história política, até pedagógica, classista, racista as escolas públicas são pensadas o lugar de vidas ameaçadoras das vidas que merecem ser vividas.

Diante dessas ameaças de medo a não viver nas vilas, nos morros, até nas escolas, a função política, ética e pedagógica dessas escolas dos pobres e de seus gestores, docentes, educadores será proteger vidas ameaçadas. Não é isso que as famílias, as mães pobres das vilas, periferias, dos campos, das águas esperam ao levar a cada dia seus filhos às escolas? Esperar que continuem vivos, protegidos da violência do próprio Estado, da própria justiça que os criminaliza e ameaça. Radical função da escola, dos seus profissionais – salvar vidas ameaçadas. Garantir o direito à vida.

Ir além de políticas inclusivas em tempos de vidas ameaçadas

A história da educação revela a consciência de que a história política, social, econômica tem sido brutalmente segregadora dos Outros – indígenas, negros, camponeses, ribeirinhos, das florestas, segregadora dos trabalhadores das periferias urbanas e dos campos. Essa mesma história da educação, das políticas socioeducativas se revela também compassiva com os Outros e os promete a inclusão excludente pelo letramento nas escolas das primeiras letras no Império e pelo letramento na idade certa na democracia.

O termo escola-educação, currículos, políticas inclusivas tem sido uma constante na educação, propondo-se a remediar os brutais processos sociais, políticos, econômicos de segregação que vitimam os outros. A inclusão pela educação carrega uma forte dimensão moral de compaixão, até religiosa. Uma armadilha que atrela a educação não tanto a uma crítica-denúncia dos injustos e brutais processos de segregação econômica, social, política, mas a atrela à função suave do sonho de corrigir a segregação pela compassiva inclusão pela educação. Sem dúvida que a nossa história da educação dos segregados, ameaçados, desterritorializados de suas terras, territórios – sem terra, sem teto, sem trabalho, sem renda, sem vida justa, humana – tem sido uma história de lutas por esses direitos, uma história de crítica a esses processos segregadores, mas as políticas oficiais desde a Colônia e ainda na República e na frágil democracia têm sido marcadas pela compassiva inclusão. Pela empatia com os segregados, pela vontade de letrá-los, instruí-los. Superar seus contravalores, moralizá-los.

Uma intenção política inclusiva: moralizar os Outros para saírem da miséria de que são culpados pelo seu iletramento, sua ignorância, sua irracionalidade, imoralidade e deficiência de humanidade. Toda política inclusiva pela educação pressupõe que a culpa da exclusão é dos próprios excluídos por sua irracionalidade, imoralidade a serem corrigidas pela escolarização. A pedagogia ilustrada buscava a moralidade, o agir moral pelo atrever-se a pensar. Pela escolarização instrutiva, pelo saber racional e moral será incluído na humanidade que não tem, no ser alguém que não é. Na pedagogia colonial, imperial e republicana a ênfase não foi tanto no saber racional, mas moral. Políticas que persistem. Inclusão compassiva, ou dar uma chance a tantas infâncias, adolescências, até jovens-adultos irracionais, imorais porque iletrados, à margem da cultura nobre letrada, à margem da Ordem e do Progresso. Toda política inclusiva pressupõe processos políticos, sociais, culturais e pedagógicos de exclusão, segregação.

Estamos em tempos em que essa função compassiva, inclusiva pela educação está sendo questionada e dispensada. Não um Estado, políticas até educativas de inclusão compassiva, mas políticas de criminalização de vidas ameaçadas. Em realidade esse desprezo pela educação dos outros, até compassiva-inclusiva sempre foi a norma. A persistente repetição de políticas, currículos inclusivos nos Planos Nacionais de Educação e na Base Nacional revela que as bondosas e compassivas intenções de incluir pela educação não foram cumpridas. Não foram políticas e merecer crédito. Os tempos atuais radicalizam a descrença política na inclusão até compassiva e afirmam a segregação-criminalização como política de Estado.

Uma pergunta pendente: os tempos de políticas compassivas, inclusivas não deixaram de ser acompanhados de criminalização-extermínio de vidas dos Outros (ARROYO, 2017). Os dados deixaram explícito que os extermínios foram políticas persistentes, foram regra para os jovens-adolescentes negros das periferias. Inclusive exterminados, indo às escolas, à EJA na esperança de serem incluídos. Estamos em tempos de assumir a criminalização dos Outros sem ocultá-la nas promessas de inclusão compassiva pela educação. Tempos das políticas educativas repensarem os significados políticos, éticos de criminalizar vidas, mas também de críticas às políticas de legitimar a segregação com promessas de inclusão compassiva.

Há um dado positivo nesse ter compaixão dos outros segregados. As políticas inclusivas carregam uma dimensão moral, como toda compaixão com o necessitado, mas podem carregar o sentido não moral de legitimar a segregação dos destinatários da inclusão compassiva. O que os Outros merecem é não culpá-los dessa condição de segregados e ver a segregação como uma injusta produção política, social, econômica e ser tratada com políticas de justiça, de condenação da desumanidade a que a segregação os submete. Tempos da educação vincular menos educação e inclusão e vincular educação e justiça.

A pedagogia chamada a acompanhar os processos de humanização desde a infância tem mostrado e denunciado os processos de in-humanidade a que são submetidos os decretados excluídos, segregados. Tem ido além, mostrando quem são os in-humanos, imorais, irracionais que decretam os Outros a vidas ameaçadas, que os criminalizam. Essa a função ética, política esperada da pedagogia: denunciar as injustiças, garantir aos oprimidos o saber-se injustiçados por quem, por que injustiças. Como responder a essas exigências éticas?

Radicalizar o direito a saber-se

No livro *Currículo, território em disputa* (ARROYO, 2011) destacávamos que os educadores e educandos disputam o Direito a Saber-se. Construíram identidades e saberes de si. Na epígrafe, lembrávamos uma frase de Santo Agostinho: "Converti-me em uma questão para mim". Pensando agora nos milhões de crianças, adolescentes que chegam às escolas e de jovens-adultos na EJA com vivências de medo, de vidas ameaçadas, criminalizadas, a frase "converti-me em uma questão para mim" se torna vital diante de saber-se convertidos em uma questão de viver, não viver para o Estado, para a própria justiça justiceira.

Lembro-me de uma professora: "Diante de tantas notícias de jovens, adolescentes mortos, colegas dos morros, das periferias, os alunos parecem perguntar-nos: professora, o que nós fizemos? Por que ser ameaçados de sobreviver?" Como tantos docentes-gestores-educadores se perguntam por que currículos, saberes, valores ensinados os ajudarão a saber-se ter-se convertido em uma questão não só para eles, mas para o Estado, a justiça. Quando os educandos se tornam uma questão para o Estado e ameaça suas vidas e quando os próprios educandos se tornam uma questão para si mesmos, somos obrigados a uma interrogação: os saberes dos currículos, da Base Nacional, das diversas áreas, as pedagogias de tratá-los lhes ajudarão a saberem-se como uma questão de si mesmos e, sobretudo, como uma questão do Estado, do Poder justiceiro que ameaçam suas vidas?

Um tema de estudo: haverá lugar nos currículos oficiais, na Base Nacional para garantir aos educandos o direito a saber-se? Temos aprendido nos cursos de pedagogia e de licenciatura que as diretrizes curriculares oficiais sintetizam o conhecimento socialmente produzido e oficialmente sintetizado. Os Parâmetros Curriculares, a Base Nacional Comum, os saberes de cada área sintetizam essa pretensão de universalidade do conhecimento, da verdade, da cultura única, hegemônica, *universal*, a serem aprendidos por todos ou decretados na ignorância. Irracionais e in-morais. O currículo e a pedagogia escolar se têm pensado a si mesmos como o lócus do conhecimento universal, único. Boaventura de Sousa Santos nos lembra de que essa pretensão de paradigma único universal de verdade decretou outras verdades, culturas, valores como ignorâncias. Nossa história colonizadora decretou a cultura, os saberes, valores dos povos originários como algo pré-histórico, incapazes de participar na produção intelectual, cultural, moral da humanidade. Em nome desse paradigma único, universal de verdade foram excluídos metafisicamente, decretados em estado de natureza, não de humanidade.

Uma velha segregação reposta no Estado e nas diversas formas de poder: decretá-los violentos, ameaçadores, in-humanos para legitimar decretá-los vidas extinguíveis, até vidas ameaçadas porque ameaçadoras pela irracionalidade, incultura, imoralidade. Modos de pensar os Outros tão persistentes, repostos no condenar no presente os herdeiros daqueles coletivos a vidas ameaçadas porque não incluíveis no padrão de conhecimento, racionalidade, moralidade único, universal. Que indagações éticas, pedagógicas para a docência, as diretrizes curriculares, a formação docente? Diante de vidas ameaçadas como irracionais, imorais, à margem da pretensão de conhecimentos, moralidade, racionalidade única, universal, não somos obrigados a questionar essa pretensão de conhecimento moral, cultura única, universal que os currículos, a Base Nacional Comum pretendem sintetizar?

Dos Outros afirmando suas racionalidades, moralidades, seus saberes de si, suas culturas e identidades vêm questionamentos a essa pretensão de universalidade dos conhecimentos sintetizados nos currículos. A própria pretensão de universalidade dos currículos a serem ensinados-aprendidos reconhece ser excludente dos outros, de seus saberes, valores, culturas, identidades; daí uma constante: prometer incluí-los no paradigma único, universal de racionalidade, moralidade, cultura, mas desde que reconheçam serem incapazes de participar por suas irracionalidades e imoralidades na produção intelectual, moral, cultural da humanidade única. Uma exigência antiética, antipedagógica.

O paradigma epistemológico único, que tanto marcou a história da construção dos paradigmas pedagógicos grego, cristão, renascentista, ilustrado foram abissais e sacrificiais dos Outros e lhes colocaram um preço para incluí-los no paradigma único, universal de racionalidade: o preço de renunciar a suas identidades, culturas, valores, saberes, porque decretados deficientes em humanidade.

Quando os sem-terra lutam por ocupar o "latifúndio do saber" – a universidade – quando os jovens negros, pobres lutam por cotas sociais, raciais ou quando jovens-adultos lutam por EJA e as mães lutam por escolas para seus filhos não renunciam a suas culturas, saberes, valores, modos de pensar--se e pensar o mundo com suas racionalidades. Levam Outras racionalidades, moralidades a exigir serem reconhecidas. Disputam a pretensão de universalidade única, hegemônica. Criticam o totalitarismo segregador inerente a essa pretensão de universalidade dos currículos hegemônicos. O preço desses totalitarismos do pensamento único, dos currículos síntese dos conhecimentos únicos tem sido o desprezo nos próprios currículos de outros saberes, racionalidades, de outros valores, de outras culturas. O preço político tem sido de extrema radicalidade: decretá-los ameaçadores da ordem, do progresso, da paz social e escolar. O preço tem sido em nossa história legitimar criminalizá-los, ameaçar suas vidas de extermináveis.

Estaríamos nestes tempos? A educação, seus educadores ameaçados porque valorizando o saber social, ético, valorizar as culturas outras, as lutas por identidades de gênero, raça, etnia, classe. As ciências humanas ameaçadas por questionar essa pretensão de universalidade por não condenar os Outros em estado de natureza, de inferioridade racional, moral. Humana. Sempre que os Outros disputarem a pretensão de universalidade única hegemônica da política, da religião, do conhecimento e dos valores, suas vidas foram e continuam ameaçadas.

Quando a educação, as ciências humanas, os mestres tomam o partido das vidas ameaçadas serão ameaçados. Tensões históricas a exigir uma visão mais politizada dos currículos, da docência. Vidas ameaçadas que repolitizam os currículos, as áreas do conhecimento na própria pretensão de universalidade única e exigem saber-se oprimidos, ameaçados do primeiro direito à vida. Como garantir seu direito a saber-se ameaçados? Sobretudo, como fortalecer nas escolas suas resistências pelo direito a uma vida justa, humana? Reconhecendo os saberes de si e do mundo, os valores, culturas e identidades que levam de sua história de resistências por libertação. A exigência e resposta ética de tornar as escolas espaços, vivências de comunidades, de coletivos em trocas de saberes, valores, culturas.

Para além de corrigir a ignorância – recuperar humanidades de vidas roubadas

As diretrizes e políticas educativas se propõem superar a ignorância, o analfabetismo ensinando, transmitindo os saberes, habilidades acumulados e sistematizados nos currículos. Garantir o direito a aprender inspira essas diretrizes. Um direito negado por que lutam, que os docentes tentam garantir com profissionalismo. Mas os profissionais das escolas públicas e da EJA sabem-se chamados a uma responsabilidade que vai além de corrigir a ignorância com os saberes dos conteúdos: a responsabilidade de recuperar humanidades roubadas pelas in-humanidades e injustiças sociais, raciais a que desde crianças são condenados os educandos. In-humanidades que afetam não só seu direito a aprender, mas seu direito à humanização, a um viver justo, humano.

A segregação social que levam às escolas, à EJA não é apenas de negar-lhes o direito ao conhecimento acumulado, mas negar-lhes a humanidade. A questão posta para os docentes-educadores vai além de como garantir o acesso dessas infâncias, jovens-adultos ao letramento, aos conhecimentos da Base Nacional, mas como garantir-lhes o direito a ser humanos, a superar as injustiças das in-humanidades, do viver in-humano a que são condenados em vidas precarizadas, ameaçadas. Esperam dos seus mestres que ao menos os conhecimentos sistematizados a que têm direito lhes garantam o direito a entender por que condenados a vidas precarizadas, ameaçadas, desumanizadas. Entender que estruturas injustas, que opressores os roubam suas humanidades. O direito a entender e fortalecer suas resistências, de seus coletivos por libertação.

Essas vítimas do presente e do passado interrogam não só a docência para que garanta seu direito a aprender os conteúdos da Base Nacional, interrogam com especial radicalidade de serem educadores de humanidades roubadas que vão à escola na esperança de serem recuperadas. As diretrizes de formação priorizam apenas formar docentes que garantam o direito do aluno a aprender. Esses profissionais se defrontam com a função mais radical de garantir o direito a ser, como humanos, a entender-se condenados a um sobreviver in-humano e a ser ameaçados de não viver. Agir como docentes-educadores exige muito mais do que dominar o que e o como ensinar para garantir o direito de aprender. Das vidas ameaçadas, condenadas a um injusto, in-humano sobreviver vêm apelos por radicalizar a docência como educação. Vêm apelos, exigências de alargar as identidades docentes-educadoras.

Entender essas vidas ameaçadas, decretadas sem direito a um humano, justo viver traz exigências políticas, éticas, pedagógicas de extrema radicalidade. Com essas vidas ameaçadas no presente, chegam memórias dos seus coletivos exigindo dos conhecimentos e dos docentes trazer essas memórias dos vencidos, dos injustiçados para garantir o direito dos educandos a saber--se vencidos, ameaçados como uma constante em nossa história. Se os conhecimentos sistematizados nos currículos, nas áreas narrarem essa história serão mais do que conteúdos a aprender para melhorar o Ideb, serão conhecimentos educadores que garantam o direito a saber-se (ARROYO, 2011).

Por aí o ser docente-educador se reforça. A docência se alarga não ignorando que os educandos crianças-adolescentes ou jovens-adultos são herdeiros dos vencidos, das vítimas, dos oprimidos. Herdeiros que o Estado de criminalização os decreta vidas ameaçadas, extermináveis. Ser docente-educador será saber lembrar essas memórias e velar para que não se apaguem na consciência dos herdeiros que chegam às escolas, à EJA e às universidades como cotistas sociais e raciais. Como docentes-educadores dessas vidas ameaçadas conscientes de ter de velar pela consciência dos vencidos, dos deserdados avançam na responsabilidade ética, política e pedagógica de ir além dos saberes dos Parâmetros e da Base Nacional. O Nacional, a Nação acima de tudo, não sintetiza os saberes, valores, memórias de todos, mas daqueles coletivos que se autodecretam senhores-símbolos da Nação. Os outros foram e continuam decretados à margem, marginais a essa concepção de Nação, síntese do Nós vencedores e os Outros vencidos. Do Nós com direito à vida e os Outros à margem da Nação, na persistente condenação a vidas ameaçadas.

Como docentes-educadores das escolas dos vencidos, dos decretados à margem da Nação percebem, vivenciam a irracionalidade violenta dessa Nação acima de tudo. Vivenciam que em nome da preservação dessa racionalidade-irracional os jovens, adolescentes, crianças – os Outros – são decretados criminosos por resistir a essa irracional-racionalidade com que foram e continuam segregados. Um conflito político de racionalidades dos colonizadores-vencedores e dos colonizados-vencidos que acompanha nossa história e que contaminou a pedagogia: em que racionalidade, de que coletivos educar os povos originários, os negros escravizados e libertos, os trabalhadores das periferias, dos campos, das florestas, das águas? Uma tensão de que racionalidades e que acompanha nossa história política e pedagógica. Tensão reposta no presente no reafirmar a racionalidade irracional dos vencedores e criminalizar a racionalidade dos vencidos, do passado e do presente. Tensões de racionalidades, de verdades e de valores a interrogar a docência.

Corrigir a irracionalidade-imoralidade dos criminalizados?

Das propostas educativas do passado e do presente se espera que pela integração cultural superem a racionalidade dos vencidos decretada irracionalidade, imoralidade e os integrem na racionalidade única, hegemônica dos vencedores. Do seu ideal de Nação. Como essa história tem sido persistente, reafirmar a racionalidade, moralidade, humanidade única, hegemônica dos vencedores e tendo essa racionalidade, moralidade, humanidade hegemônica, como única, universal decretar como irracionais, imorais, in-humanos os Outros, os vencidos, os decretados à margem da Nação.

Tensões que perpassam a história social, política, cultural, pedagógica repostas com ênfase criminalizadora no presente. Os currículos de formação, a história da educação avançam no entender essas tensões de racionalidades persistentes na educação e radicalizadas no presente. Um presente que não apenas reafirma a Nação e sua racionalidade acima de tudo, mas reafirma o Deus acima de todos, a mesma racionalidade, moralidade e humanidade religiosa que decretando os povos originários, os negros escravizados como irracionais, imorais, in-humanos, legitimando em nome de Deus a conquista, os culturicídios e genocídios. A empreitada educativo-catequética já explicitou as contradições entre racionalidades, moralidades, humanidades dos colonizadores e colonizados.

O humanismo pedagógico colonizador já anunciava essas tensões entre a racionalidade, moralidade, humanidade dos colonizadores e dos colonizados. Os indígenas resistiam à imposição de um paradigma único de racionalidade, moralidade, humanidade. Esse paradigma único se defrontava com a outra racionalidade, moralidade, humanidade dos povos originários e escravizados, quilombolas. Esses povos se rebelavam contra a sua integração cultural, moral, humana no padrão único, hegemônico imposto. Uma tensão reposta no Império, na República e nas tentativas de democracia. Uma tensão radicalizada nos tempos de um Estado que criminaliza e decreta vidas ameaçadas de extermináveis, porque in-humanizáveis, in-educáveis. Que decreta inúteis as tentativas de integração cultural, de moralização, de humanização dos Outros pela educação. Decreta inúteis as escolas, universidades, as ciências humanas e seus profissionais. Reposta como constante na história da educação.

Tempos de entender que sempre que se decretam os vencidos como in-humanos, in-humanizáveis se decreta in-educáveis, logo se decreta inútil qualquer sonho pedagógico de integração cultural, moral, humana pela educação. Mas por que essas tensões políticas e pedagógicas? Porque os Outros se mostravam com outra racionalidade, moralidade, humanidade, resistindo até a ser incluídos no padrão único, hegemônico de racionalidade, moralidade, humanidade. Conflitos repostos de paradigmas de humano/in-humano persistentes na história política de dominação, de inclusão, integração cultural, moral, humana dos dominados, decretados excluídos, sem cultura, sem valores. Sem humanidade. Condenados a vidas ameaçadas. Olhares antiéticos persistentes na cultura política e até pedagógica. Como superá-los?

Quanto mais os Outros resistem e se afirmam em racionalidades, moralidades, humanidades diferentes, os humanismos pedagógicos, políticos são obrigados ou a reconhecer outros paradigmas de racionalidade, moralidade, humanidade ou a reprimir com brutalidade essas pretensões. A história de impor um paradigma único, hegemônico de racionalidade, moralidade, humanidade reforçado pela educação revela o medo a reconhecer os Outros afirmando-se sujeitos de outra racionalidade, moralidade, humanidade. A educação colonial se radicaliza para além das tentativas de integração cultural e se traduz em culturicídios e em genocídios (estima-se 40 milhões de indígenas mortos na colonização das Américas). Lembrando Walter Benjamin – todo documento de cultura foi acompanhado de documentos de barbárie. A barbárie tem sido inerente a uma história de tentar impor uma cultura, racionalidade, moralidade, humanidade como única, hegemônica. As tensões no humanismo pedagógico são inerentes a denunciar, resistir ou reforçar essa imposição de uma racionalidade, moralidade, humanidade únicas ou reconhecer que os Outros se mostram com outros parâmetros de racionalidade, moralidade, humanidade.

Estamos em tempos de condenar as escolas, a educação, os docentes-educadores por terem tomado o partido de não condenar os Outros, adultos, jovens, adolescentes, crianças, militantes em lutas por direitos como bárbaros, criminosos, mas reconhecê-los humanos. As escolas, a EJA, as universidades são atacadas pela coragem de reconhecer humanidade, moralidade nos Outros, na educação do campo, indígena, quilombola, nas ações afirmativas, nas universidades, nas ciências humanas, reconhecendo-os humanos. Atacados porque tomaram o partido de sua responsabilidade diante da in-humanidade a que os educandos são submetidos. Como vidas ameaçadas de viver. Tomaram o partido da vida dos decretados sem direito à vida justa. Humana. Por ter tomado esses partidos são condenadas. Sempre que se condenam os jovens, adolescentes, crianças, porque resistentes, a pedagogia, os docentes-educadores são condenados. A resposta: resistir e insistir em reconhecer os Outros educandos como humanos. Reconhecê-los sujeitos de racionalidades, moralidades, humanidades resistentes será uma exigência-resposta ética, política.

9
TEMPOS DE UM ANTI-HUMANISMO POLÍTICO, ÉTICO, PEDAGÓGICO?

Diante da cultura do medo até de crianças, adolescentes nas cidades, nas ruas, nas escolas, diante da cultura política do extermínio de vidas humanas porque nem reconhecidos como humanas-humanizáveis, nem educáveis, diante das justificativas repetidas na mídia, dos órgãos de segurança, do Estado, da necessidade de eliminar do convívio social os violentos por ameaçarem a paz, o convívio humano, somos obrigados a perguntar-nos se o velho anti-humanismo político, ético, pedagógico está sendo reposto em nome de salvar os reconhecidos humanos, salvar a ordem social, civilizada. Uma pergunta que vem com toda urgência ao pensamento político, pedagógico, ético: estaríamos em tempos de um anti-humanismo até nos países, culturas-berço dos velhos humanismos políticos, pedagógicos, éticos?

Os paradigmas pedagógicos, humanistas em crise?

Os ataques à educação, às ciências humanas nos obrigam a perguntar-nos se não revelam estarmos em tempo de crise dos paradigmas hegemônicos, pedagógicos. Quando se legitima ameaçar, exterminar vidas humanas é um alerta de estarmos em crise do humanismo? A crise atual tão acentuada dos humanismos políticos, éticos coloca em crise o paradigma humanista pedagógico. Coloca em crise as teorias pedagógicas, a própria pedagogia e seus centros de formação. Coloca em crise a cultura escolar, docente e sua função, pretensão humanizante.

Difícil à pedagogia e à docência ficarem imunes a essa crise de humanismo, a essas pressões que vêm da cultura política in-humana, condenatória dos Outros como dignos não de vida, mas de morte porque decretados in-humanos, ameaçadores dos valores, das instituições humanas. Ameaçadores até das vidas e da civilização humanista. O clima de medo nas ruas, nas periferias, as intervenções por paz nas periferias, nas cidades vem sendo a cultura política legitimadora de intervenções, extermínios de jovens-adolescentes pobres, negros, sobretudo, porque decretados violentos. In-humanos.

Uma questão merece destaque: as proclamações por paz nas escolas não se alimentam da mesma cultura política do medo à juventude, à adolescência, à infância pobre, negra pensadas violentas que põem em perigo a paz pedagógica? A militarização das escolas, a prática cada vez mais frequente de entregar sua direção e controle aos órgãos de segurança e não a educadores não se justifica nessa condenação dos educandos populares e do povo como violentos? In-humanos? Há coletivos de profissionais nas escolas que reagem a essa cultura do medo, da repressão nas escolas, nas ruas, nas periferias e não defendem eliminar os segregados como violentos para recuperar a paz nas escolas, nas cidades, mas se perguntam por que artes, que pedagogias para recuperar humanidades roubadas dos violentados pela sociedade, pelas forças do Estado. Não paz nas escolas eliminando os violentos, mas reconhecer que às escolas públicas, sobretudo, chegam infâncias, adolescências *violentadas pela sociedade*. Roubadas em seus valores, identidades, humanidades. Como recuperar humanidades destruídas? Suas supostas violências não são resistências às violências que sofrem da sociedade? Não exigem uma vida de humanos? Não se afirmam humanos e repõem Outro humanismo?

Questões de extrema radicalidade pedagógica, ética, política já postas nos coletivos de educadoras, educadores com a chegada massiva de infâncias-adolescências e jovens tão violentados em sua condição humana. Esses coletivos de educadores sentem a urgência de outro pensamento pedagógico, docente, diante da crise do humano ou da desumanização que chega sofrida por esses Outros educandos. A pergunta urgente para os centros de formação, para as políticas, diretrizes curriculares e, sobretudo, para o pensar pedagógico: como repensar-se diante dessa crise do humano que carrega tamanhas interrogações às ciências humanas e pedagógicas? Que carrega tamanhas interrogações aos profissionais de formação humana de infâncias-adolescências reprimidas como sub-humanos pela ordem social, política e cultural?

O humano em crise? As ciências humanas e pedagógicas em crise?

Das diversas ciências humanas vem a reação a esse anti-humanismo político, social, mediático, antiético. Aumentam análises sobre como o humanismo em crise leva a um ataque às ciências humanas e à educação. A pedagogia se afirma na afirmação política, intelectual, ética da diversidade de humanismos. Quando o humano entra em crise, a pedagogia, o pensamento pedagógico humanista entram em crise. Outro pensamento pedagógico a ser afirmado? Uma questão urgente: qual o futuro do humanismo, do pensamento acadêmico, humanista das ciências humanas e pedagógicas que construíram suas identidades em um intrínseco antropocentrismo humanista? Criminalizar, ameaçar vidas humanas põe o humanismo em crise e atinge no cerne o humanismo das ciências humanas e pedagógicas. A insistência refinada da cultura política, mediática atual de extinções sumárias dos coletivos sociais, raciais porque decretados violentos contra os valores e a cultura humana traz efeitos trágicos para as ciências que têm como função social defender, afirmar, pesquisar, teorizar sobre o humano, sobre os processos históricos, sociológicos, antropológicos, éticos de avanço do humanismo.

Até nas políticas educativas, nos currículos da educação básica, média, da juventude e da adolescência os estudos humanísticos são ameaçados, desclassificados como saberes descartáveis. Estudos humanos, culturais deixados à livre-escolha dos educandos ou relegados ao segundo plano. As ciências humanas e pedagógicas em risco de desaparecer do currículo não apenas de educação básica, mas também de educação superior. A profissão docente marginalizada, sintoma da crise do humano. A queda da responsabilidade intelectual, cultural, cívica da docência acompanha a crise do humanismo pedagógico, da cultura social, política, anti-humana que avança na sociedade. A responsabilidade ética, política, cultural do pedagogo, do docente-educador acompanha essa mesma crise do humano.

As políticas oficiais, as diretrizes curriculares, a BNC, as avaliações e até o Ideb optaram por abandonar a histórica função do pedagogo-educador, pensador e agente dos processos de formação-desenvolvimento humano e destacam Outro papel: dominar o que e como ensinar, acompanhar processos de aprendizagem de competências a serem avaliadas. O Ideb reduzido a índice de desenvolvimento não do *E* Educação, mas do *E* Ensino. Outras identidades profissionais que põem em crise as clássicas identidades educadoras, humanizadoras e põem em crise as identidades dos cursos de formação em ciências humanas, pedagogia, licenciatura.

Uma exigência para esses cursos: aprofundar nas raízes dessa crise que os invade, entender essa causa mais radical: a crise do humanismo em que construíram suas identidades históricas como ciências humanas e pedagogia de humanização. Pesquisar, teorizar mais sobre os saberes, valores intelectuais, profissionais que na história afirmaram a centralidade política, intelectual, ética da produção nas ciências humanas e pedagógicas. Aprofundar e defender os saberes, valores que afirmaram a docência, a educação e seus profissionais como pensadores das ciências humanas e como educadores de processos de humanização.

Para a pedagogia crítica, os currículos críticos vêm como apelo levar a crítica a essa crise do humano, por um compromisso crítico, político, ético das formas tão brutais de segregar, exterminar como sub-humanos os grupos sociais, étnicos, raciais e seus filhos e filhas que pressionam por direitos humanos e pelo direito à educação como formação humana. Recuperar o humanismo das ciências humanas nos currículos que garantam o direito de educandos e educadores de formação humana, ao desenvolvimento humano pleno afirmado na Constituição e na LDB, exigido pelos movimentos sociais em lutas por vida humana.

Dos currículos de educação básica e de pedagogia e licenciatura se exige reafirmar saberes que garantam aos educandos saber-se segregados, roubados em suas humanidades. Recuperar a função das ciências humanas e pedagógicas como espaços de criação de saberes sobre justiça social, respeito à dignidade humana, reconhecimento da diversidade cultural, humana, antirracismo e defesa do direito às diferenças e crítica a todo universalismo segregador, até crítica ao paradigma universal, único de humano em nome do qual os Outros foram e continuam subalternizados como in-humanos. Ideais que alicerçaram a construção do pensamento social e pedagógico crítico e que os movimentos sociais reafirmam em suas pedagogias de oprimidos.

Aos currículos de formação de educadoras e educadores nesses ideais cabe explicitar a complexidade do presente e as culturas políticas, econômicas, sociais que rejeitam esses princípios humanistas.

Os movimentos sociais afirmam outro paradigma de humano

Diante dessa crise dos valores humanistas e até dos humanismos acadêmicos e pedagógicos, diante da crise do paradigma hegemônico, único de humano a opção política será reconhecer que os movimentos sociais se afirmam humanos, afirmando Outro paradigma de humano. Reconhecer que estamos em tempos de crítica a essas culturas, estruturas, políticas que põem em crise o humanismo, mas também de criatividade, denúncia-anúncio de Outras pedagogias carregadas de Outros humanismos que vêm dos movimentos sociais, vítimas, mas reagindo à negação de sua condição humana ao longo de nossa história. Reconhecer os movimentos sociais como pedagogos educadores de seus coletivos, de suas infâncias-adolescências, como educadores do próprio pensamento humano, da própria pedagogia. Reconhecer nesses coletivos comunidades educadoras, produtoras e socializadoras de saberes, valores, culturas, identidades humanas ignoradas e subalternizadas como irracionalidades, inculturas, in-humanidades pelo pensamento e as políticas e pelos valores hegemônicos conservadores.

Um caminho para as ciências humanas e pedagógicas se reencontrarem com o humanismo que as conforma será aproximar-se dessas comunidades educadoras, produtoras de saberes, valores, culturas humanas. Aproximar--se mais dos oprimidos e de seus movimentos de resistências, de libertação, emancipação onde recuperam e afirmam os saberes, valores intelectuais, culturais com que as ciências humanas e pedagógicas afirmaram suas identidades históricas. Que os cursos de humanas, de pedagogia, de licenciatura, que a universidade e a educação básica se aproximem de sua função intelectual humanista, aproximando-se mais, dialogando mais com os movimentos sociais sujeitos políticos, culturais, pedagógicos dos saberes humanistas em crise, perdidos pelo anti-humanismo segregador e exterminador de vidas humanas.

As educadoras e os educadores nas escolas, na EJA são os primeiros a perceber os limites humanos – demasiado in-humanos – com que se debatem os milhões de crianças na pobreza extrema, os milhares de jovens-adolescentes que sobrevivem em uma vida por um fio, que se debatem entre vida e morte. Mestres e educandos vitimados por contravalores sociais, políticos e mediáticos, forçados a reinventar Outras pedagogias, outros saberes éticos para recuperar humanidades roubadas. Os currículos de pedagogia, de licenciatura, as políticas têm muito a aprender com os docentes-educadores e suas tentativas de reinventar outros saberes, outras artes, outros valores, outras pedagogias. Outro paradigma de humano que educadoras e educadores, coletivos em movimentos vêm descobrindo e praticando em suas lutas por formação humana. Que processos, pedagogias críticas e criativas incorporar nas ciências humanas e pedagógicas?

Ameaçar vidas repõe o antiético paradigma de Nós humanos e os Outros in-humanos

As interpelações éticas com que gestores, docentes-educadores se defrontam diante de vidas ameaçadas, de vivências de extermínios de irmãos, colegas, amigos trazem consequências nos convívios, no estudo, nos processos de ensino, aprendizagem, nos resultados das avaliações e do Ideb. Mas as interpelações éticas vão além: impõem limites aos processos de formação humana. Lembrávamos que saber-se ameaçados do direito à vida, porque pobres, favelados, negros, destrói as autoimagens pessoais e coletivas. Rouba humanidades. Coloca em tensão política, ética a relação política mais radical: a relação entre humanização-desumanização. Que exigências éticas vêm dessas tensões? Entender as interpelações éticas que chegam de vidas ameaçadas de direito à vida ameaçado nessa relação constituinte da pedagogia – a relação humanização-desumanização – radicaliza as interpelações éticas. Ameaçar uma vida, exterminá-la por não reconhecê-la vida humana é o antivalor, antiético mais radical. Na história da pedagogia as interpelações éticas mais radicais têm vindo de reconhecer/não reconhecer os humanos como humanos. As tensões éticas mais radicais nos humanismos pedagógicos têm vindo do antiético paradigma que decreta o Nós como humanos, síntese do humano único, universal e decreta os *Outros* como o Não Humano de humano único. O que legitima o ameaçar, exterminar vidas é decretá-las vidas dos não humanos, que ameaçam as vidas humanas dos coletivos sociais, raciais, de classe que se autodefinem humanos direitos, merecedores de viver. Uma história reposta que vem de longe. Uma cultura antiética que legitimou o extermínio de milhões de indígenas por resistir a expropriá-los de suas terras, por decretá-los ameaçadores das vidas dos colonizadores. A mesma cultura antiética que legitimou a escravidão e o extermínio de quilombolas em lutas por direito a territórios, culturas, valores, crenças. Zumbi, Palmares exterminados. A mesma cultura política de extermínio de militantes em lutas por terra, territórios.

As famílias, as mães pobres, negras, indígenas, ribeirinhos, quilombolas, das florestas, camponeses, das periferias têm consciências de pertencer a coletivos sociais ameaçados de não viver, exterminados desde o grito Terra à Vista porque decretados deficientes em humanidade para legitimar expropriá-los de suas terras, territórios, culturas, valores, identidades. O direito não direito à terra, teto, saúde, renda, vida em nossa história tem sido inseparável do direito não direito a serem reconhecidos humanos. Com direito à vida humana, vivível. Ser ou não reconhecidos humanos determina ser ou não reconhecidos sujeitos do direito à educação-humanização. À vida humana.

As mortes nas chacinas das prisões ou nos morros são legitimadas como limpezas étnicas, raciais de criminosos, bandidos. Não humanos no dizer de um governador: exterminados porque não santos. Não humanos. Não merecedores de luto, nem de pranto. Das vidas ameaçadas porque decretadas in-humanas vem uma indagação teórica, ética: não será necessário aprofundar mais sobre a relação entre vida, vidas negadas, desumanizadas, criminalizadas e o paradigma histórico do humanismo pedagógico? Reconhecer a história do paradigma político, antiético de humano/in-humano que atravessa nossa história? Reconhecer que esse paradigma antiético está sendo reposto. Imposto.

Decretar os Outros com deficiência originária de humanidade acompanha nosso paradigma político, pedagógico e tem marcado os processos de formação humana, de desenvolvimento humano, até de aprendizagens. Tem marcado a história de nossa educação. Da negação da educação dos Outros e de condená-los como in-humanizáveis, in-educáveis. Tem sido mais fácil ignorar essas relações e condenar jovens, adolescentes, crianças como responsáveis, ocultando as condições de viver não viver como humanos a que em nossa história foram e continuam condenados. Tempos de exigir do pensamento pedagógico um repensar o próprio paradigma de humano/in-humano como norma em nossa história política, social e pedagógica.

Tempos de análises críticas radicais do próprio paradigma humanismo-anti-humanismo que vem marcando a história da educação e que está sendo assumido como política de Estado. Entender que esse segregador paradigma do Nós humanos e os *Outros* in-humanos não tem transpassado apenas as teorias pedagógicas, a história de nossa educação, mas tem sido estruturante do padrão de poder, de apropriação da terra, da destruição das culturas. Do legitimar culturicídios, homicídios. Ameaçar, exterminar, criminalizar vidas decretadas como deficientes em humanidade.

Decretar vidas ameaçadas porque não reconhecidas vidas humanas é antiético

Os tempos político-pedagógicos não são apenas de decretar o Nós como humanos "direitos" e os Outros como in-humanos, mas vão além: repõem a negação política da ética que os decretou e decreta in-humanos para legitimar ameaçar suas vidas de extermínios. O paradigma de humano/in-humano revela a radicalidade antiética em nossa história ao decretar os Outros com deficiência de humanidade para legitimar seu extermínio. Essas dimensões antiéticas inerentes ao decretar os Outros como in-humanos estão a exigir dar maior centralidade à relação entre ética e educação, ética e a construção dos humanismos pedagógicos, ética, pedagogia e docência. Estão a exigir aprofundar mais nas dimensões antiéticas de decretar seres humanos como in-humanos. E ir além: aprofundar nas dimensões antiéticas de decretar vidas humanas ameaçadas. Extermináveis.

Na história e com destaque na nossa história o paradigma de humano/in-humano legitimou os padrões antiéticos da violência, do negar, ameaçar, exterminar vidas. Reafirmar uma ética do reconhecimento dos Outros como humanos carrega uma dimensão política: reafirmar a ética da não violência, não ameaçar vidas. Não exterminá-las. Radicalidades políticas e desafios éticos repostos no drama ético, social, político de justiça, Estado criminalizadores. Drama ético que entra de cheio nas escolas, na EJA, nas universidades. A ética docente, gestora, educadora é obrigada a ir além de garantir o direito ao desenvolvimento humano até dos decretados in-humanos. É obrigada a garantir a não violência, não ameaçar vidas de jovens, adolescentes, militantes.

Obrigada a ética de garantir vidas que chegam às escolas, universidades, à EJA sob ameaças de não serem vividas.

Como gestores, docentes, educadores obrigados não apenas a reconhecer como humanos, educáveis, humanizáveis os Outros que na nossa história foram e continuam decretados não humanos, não educáveis, não humanizáveis. A obrigação ética, política, pedagógica vai além: não reproduzir as violências históricas na própria gestão, cultura escolar. Ética e não violência no pensar e tratar vidas, corpos ameaçados passam a ser exigências em tempos de reafirmar no Estado a histórica relação entre violência como política antiética. Se estamos em tempos de radicalizar a negação política da ética no Estado, na justiça, a pedagogia, as escolas, os gestores, docentes, educadores obrigados a responder com práticas de afirmação política, pedagógica da ética. Como aprender essas dimensões ético-políticas nos currículos de formação inicial? Aprender a ética política dos movimentos sociais e a ética que as mulheres--mães afirmam ao levar seus filhos às escolas: educadores, gestores não apenas não condenem nossos filhos como o Estado e a justiça os condenam, mas vão além: salvem suas vidas das violências da sociedade e até do próprio Estado.

Se a função histórica, política, ética dos humanismos pedagógicos, da educação e da docência tem sido humanizar desde a infância, uma questão se torna central: com que olhar ético-pedagógico ver, pensar, representar os educandos, entender como se autorrepresentam e como resistem a ser representados como in-humanos. Como se veem, se representam em vidas ameaçadas. As famílias, mães educam seus filhos desde crianças para saber-se como são representados como pobres, negros, favelados, sem teto, terra, renda, vida. Apreendem que essas formas de representá-los são negativas. Antiéticas. Desde crianças chegam às escolas sabendo-se no mundo, no espaço, na cidade, na divisão-segregação de classe, etnia, raça gênero. Chegam sabendo que essas segregações são antiéticas, injustas. Aprendem com seus coletivos sociais, raciais a resistir a essas representações negativas segregadoras como não humanas, considerados menos que humanos. À margem. Nas vivências e resistências a essas formas políticas, classistas, racistas, sexistas de segregação, opressão formam sua consciência ética.

Quando as mães pobres, trabalhadoras levam seus filhos às escolas têm medo de que até nas escolas sejam pensados e tratados com essas representações tão negativas. Tão antiéticas, mas esperam que ao menos as educadoras vejam em seus filhos rostos humanos, o que será uma precondição para a sua educação, humanização. Para um trato ético. Quando o Estado, a justiça não veem rostos, vidas humanas, a pedagogia é mais obrigada a ver nos educandos rostos humanos.

Volta a questão ético-política radical para o Estado, a justiça, as políticas, a gestão escolar, a docência: com que representação ver, pensar, classificar os rostos, corpos, vidas dos educandos Outros nas cidades, nas ruas, nos campos, nas escolas, na EJA? Ao longo da história têm sido representados como in--humanos, extermináveis se resistirem e tentarem se afirmar humanos sujeitos de direito a suas terras, suas culturas, seus valores, suas identidades coletivas. Sujeitos de direito a suas vidas. Essas tensões políticas, éticas não estão a exigir um reconstruir a história política e a história da educação, a história dos humanismos pedagógicos como uma história tensa de negação-afirmação política da ética, dos valores mais radicais: ser ou não ser reconhecidos como humanos desde a infância?

Quando as relações de poder repõem essas tensões éticas-políticas de ameaçar vidas não reconhecidas como humanas, somos obrigados a reconhecer que essas tensões acompanham nossa história no decretar os Outros com deficiência originária de humanidade... Não é um acidente, uma exceção histórica que o Estado, a justiça os decretem em vidas ameaçadas. Extermináveis. Repõem a histórica negação política da ética, obrigando a pedagogia, a docência a reafirmarem a ética, no reconhecê-los como humanos, educáveis. Humanizáveis.

O pensamento pedagógico tem o dever de denunciar essa negação política da ética. Tem o dever de denunciar como antiético negar a humanidade de jovens, adolescentes, crianças, militantes e decretá-los in-humanos em vidas ameaçadas de extermináveis. As universidades, as escolas, a EJA e seus profissionais têm o dever de garantir o direito dos educandos a saber-se condenados a vidas ameaçadas, o direito a saber quem os condena e ameaça de não viver. Se as universidades, as escolas, a EJA não conseguem salvar essas vidas ameaçadas ao menos poderão fortalecer as resistências dos coletivos que lutam por vida. Com que saberes, valores, pedagogias fortalecer essas resistências por emancipação?

As vidas ameaçadas repõem as históricas tensões no paradigma de humano/in-humano

A hipótese que nos acompanha é que às escolas, à EJA chegam vidas ameaçadas de um injusto sobreviver, até ameaçadas de não viver. Aumenta a consciência dos docentes, educadores, gestores de que têm de entender essas vidas ameaçadas e reforçar seu direito à vida. Mas como entender essas ameaças? Uma indagação a merecer tempos de estudo-formação: São os padrões de trabalho, renda, moradia, saúde que condenam suas famílias a esse viver precarizado. É o sexismo, racismo desses padrões que os condenam a um injusto sobreviver. É o Estado, a justiça que os condenam, ameaçam suas vidas e os decretam criminosos. A educação, a docência, a gestão, os currículos de formação são pressionados a entender os processos, estruturas econômicas, sociais, raciais, políticas que mantêm os outros desde a infância à vida adulta, desde a Educação Infantil à EJA em estado de vidas ameaçadas. O pensamento pedagógico tem incorporado essas análises dos processos estruturantes que produzem as opressões, segregações de classe, etnia, raça, gênero. A formação docente-educadora tem acentuado essas análises.

Reconheçamos que não tem sido familiar ao pensamento pedagógico, às políticas, aos currículos de formação na pedagogia e nas licenciaturas dar a centralidade que teve e tem esse condenar desde a infância a vidas ameaçadas. As promessas de felicidade, de progresso da Nação, onde incluir cada cidadão pela educação, têm ocupado mais lugar do que as ameaças ao viver, os sofrimentos históricos que os educandos levam às escolas. A chegada massiva de vidas ameaçadas de sobreviver, não viver, os sofrimentos de mais de 18 milhões na pobreza extrema nas escolas, o sofrimento dos milhões de desempregados e mais milhões de famílias à margem de um humano viver... pressionam as escolas aonde chegam a entender que o sofrimento existe e é uma matriz de desumanização a exigir centralidade nos paradigmas pedagógicos de desenvolvimento humano. De desumanização.

A pedagogia é obrigada a repensar e superar a imagem de infância flor, feliz a cantar, a brincar, a sonhar, a sorrir. Lembro-me da educadora de crianças: "a imagem que eu tinha da infância era vidro e se quebrou". Outra educadora completou: "quando as imagens de infância se quebram, nossas autoimagens de educadoras se quebram". Uma provocação para o livro *Imagens quebradas* (ARROYO, 2004). Hoje essas imagens de infância se radicalizaram. São *vidas ameaçadas* de sobreviver. Não viver.

Aumenta a consciência de educadoras, educadores da urgência de serem outros, de estarem sendo desafiados a reinventar a docência, a educação diante dessas imagens quebradas e mais ainda diante de vidas ameaçadas. Nos tempos de formação inicial e continuada buscam um novo saber sobre si mesmos e sobre os educandos. Uma questão está sendo central: como os educandos desde a infância à vida adulta abordam o sofrimento e o saberem-se condenados pela sociedade a vidas ameaçadas? Não colocam essa questão como central ao pensamento pedagógico, à formação dos educadores e dos próprios educandos? Exigências e respostas éticas, políticas que dos sofrimentos, das ameaças que chegam às escolas com as vidas precarizadas dos educandos. Como reconstruir a nossa história social, política, educacional trazendo as memórias humanas e in-humanas de vidas ameaçadas? Trazer o sofrimento ao centro da história da formação-deformação, humanização-desumanização nos levaria a outra história da educação, outras teorias do desenvolvimento humano. Outro paradigma pedagógico. Um tema a pesquisar nos cursos de formação: O sofrimento é central na cultura popular? Nas narrativas religiosas, nas narrativas das artes populares, do artesanato, do samba: "tristeza não tem fim, felicidade sim". *Morte e vida severina...*

No paradigma de humano universal, racional único não cabe o sofrimento porque pensado irracional, produzido e sofrido pelos coletivos irracionais sem valores de Ordem, de Progresso. No paradigma pedagógico colado a essa racionalidade hegemônica segregadora não tem tido lugar o sofrimento decretado estrangeiro, anomalia na matriz racional de formação humana. Nessa tradição do humano racional a formar não houve lugar para o sofrimento, para as vidas ameaçadas, exterminadas, porque decretadas histórias de irracionalidades. De deficientes em humanidade. Como continua segregador o paradigma de in-humanos que vem da empreitada colonizadora!

Volta a pergunta: dos Outros não vem Outro paradigma de humano? A irracionalidade dos sofrimentos a que são submetidos como norma não tem levado a resistências formadoras, humanizadoras? As vítimas das irracionalidades da razão foram obrigadas a resistir por se libertar de tantas irracionalidades, de tantas ameaças e sofrimentos. Resistências por libertação-emancipação que Paulo Freire reconhece como as Pedagogias dos Oprimidos. Outro paradigma pedagógico? (ARROYO, 2019).

As políticas educativas, a lógica escolar dão destaque a prometer o futuro de prosperidade, de não sofrimentos se fizerem percursos regulares de aprendizagem, esquecendo o direito dos educandos a conhecer o porquê de seus percursos históricos de sofrimentos, que persistem nas suas vidas ameaçadas de não viver. Em tempos de ameaças de Estado, da justiça criminalizadora, essas vítimas não têm direito a saber quem os criminaliza e ameaça de não viver? Os saberes escolares não têm a obrigação de garantir o direito dos vitimados a saber-se? A entender que Estado, que justiça os criminaliza e condena a um sobreviver sob ameaça? "O direito a saber-se". In: *Currículo, território em disputa* (ARROYO, 2011). A exigência ética: desconstruir esse paradigma de Nós Humanos e os Outros in-humanos persistente em nossa história política, social, cultural e pedagógica. Um paradigma segregador que acompanha nossa história política, social, cultural e pedagógica. Um paradigma antiético.

Que exigências éticas para a educação vêm do não reconhecimento da humanidade dos Outros?

Acompanha-nos a hipótese de que os docentes-educadores de educandos em vidas ameaçadas reconhecem que desse não reconhecimento dos Outros com direito a vidas humanas vêm exigências e respostas éticas, políticas, pedagógicas. Sempre que os educandos são decretados não humanos, não humanizáveis, o humanismo pedagógico, a educação, a docência perdem suas referências éticas. Em tempos em que a negação da condição de humanidade é assumida como política de Estado, vêm as exigências éticas, políticas mais radicais à pedagogia que nasce, se afirma com a função social, política, ética de re-conhecer desde a infância seres humanos.

A gravidade do momento político é que a educação, os docentes-educadores são condenados por ter tomado partido por reconhecer essas infâncias, adolescências, jovens-adultos como humanos, por ter olhado e reconhecido nos educandos resistências humanas, por ter escutado os gritos, lamentos das mães pedindo que tratem seus filhos como humanos, que minorem seus sofrimentos, que protejam suas vidas ameaçadas. Tempos de condenar as escolas, seus profissionais por superar velhas e históricas representações dos Outros como in-humanos e de reconhecer nos Outros desde crianças processos de resistências, pedagogias por afirmar-se humanos a merecer viver vidas mais justas, mais humanas.

Que exigências e respostas éticas, políticas vêm para a educação, a docência diante de um Estado que condena a educação, as escolas, universidades públicas, as ciências humanas por tomar partido pelo reconhecimento e fortalecimento dos Outros como humanos? Uma das exigências é reagir, denunciar os meios de comunicação que vêm condenando as escolas como antros de educandos violentos e de professores, gestores coniventes. Dedicar tempos na formação inicial e continuada, nas reuniões de docentes e famílias para denunciar as tentativas de legitimar as violências do Estado no reprimir guerras de facções do tráfico que estaria ocupando até as escolas públicas, as periferias, exigindo a militarização das escolas, da imposição da ordem, da ocupação militarizada das favelas pelas UPPs. Dedicar dias de estudo para entender os significados políticos das violências e extermínios de jovens, adolescentes, negros como estratégias políticas legitimadas, violências como norma de condenação de umas vidas ameaçadoras que não merecem ser vividas para salvar vidas que merecem ser vividas. Entender que, quando os educandos são violentados, as escolas e seus profissionais são violentados.

Nesse estado de guerra legitimado como ético, até as vidas das infâncias, adolescências nas escolas sabem-se ameaçadas. As escolas públicas e seus profissionais sabem-se ameaçados se ousarem proteger as vidas ameaçadas dos educandos. Lembro-me de um fato que não é isolado: Um professor organizando a chegada dos adolescentes em uma escola pública. Chega a polícia tentando prender dois adolescentes, o professor, em um gesto político, ético, reage, os abraça e protege. Os adolescentes e o professor foram presos. Vidas ameaçadas de educandos e de educadores. Que exigências e respostas éticas vêm para as políticas educativas, para os docentes-educadores, para sua formação? Quanto mais ameaçada a humanidade dos educandos mais radicais as respostas éticas da educação, da docência, da gestão.

Os resistentes interrogam o paradigma pedagógico de humano/in-humano

A criminalização dos Outros jovens, adolescentes, militantes, educandos e educadores tenta ser legitimada em que são ameaçadores dos valores de ordem, ameaçadores da propriedade privada e das vidas dos humanos "direitos". Volta o velho paradigma de humanos "direitos" merecedores dos direitos humanos e da proteção do Estado e de in-humanos, sem direito a ter direitos. Sem direito até à vida. Sem direito à proteção do Estado e da justiça. Criminalizados.

Na história quando uns são reconhecidos humanos "direitos" e os Outros in-humanos, o paradigma humanista pedagógico entra em crise. A pedagogia, a docência, a função humanizadora das escolas entram em crise. São interrogadas com radicalidade pedagógica porque os decretados in-humanos vinham lutando por direito à educação. Chegam às escolas, à EJA como vidas ameaçadas, criminalizadas, repondo o velho paradigma de Nós humanos e os outros in-humanos. Uma radical interrogação que chega ao pensamento pedagógico, às políticas, à educação e à docência dessas vidas ameaçadoras, criminalizadas. O paradigma de Nós humanos e os Outros in-humanos não é antiético, antipedagógico, abissal, sacrificial?

A diversidade de coletivos em movimentos vinha associando o direito à educação ao direito aos direitos humanos, a uma vida humana justa. Vinha reforçando a pedagogia em sua função histórica de reconhecer o humano desde a infância, acompanhar o humano desde a infância, acompanhar e fortalecer o formar-nos como humanos. Os decretados em nossa história com deficiência de humanidade ao afirmarem-se humanos, ao afirmarem suas Pedagogias de Oprimidos vinham fortalecendo esse paradigma de humano a formar que a pedagogia assumiu como tarefa social e política desde a Paideia. Ao resistir a ser decretados deficientes em humanidade desconstroem o paradigma de

Nós humanos direitos e os Outros in-humanos. Os movimentos sociais, reafirmando sua condição de humanos, vinham cumprindo o papel de fortalecer a Pedagogia em sua função histórica: afirmar os humanos como humanizáveis-educáveis (ARROYO, 2015c).

Estamos em tempos em que esses avanços na afirmação dos Outros como humanos são destruídos, até criminalizados. Volta o histórico paradigma do Nós humanos direitos, sujeitos de direitos humanos e os Outros in-humanos, sem direito a ter direitos humanos. Sem direito ao primeiro direito – a vida. Tempos de vidas ameaçadas. O decretar jovens, adolescentes, militantes, mulheres, indígenas, quilombolas ameaçadores por lutarem por direitos humanos traz uma radical indagação para a educação e a docência: não repor, mas desconstruir o histórico paradigma de in-humano afirmado com radicalismo político desde a colonização. Não repor, mas desconstruir o paradigma único, hegemônico do Nós humanos e os outros – o outro de humano único, segregador.

O paradigma pedagógico de humano que deveria garantir o reconhecimento de todos na condição de humanos é negado no decertar e manter os outros fora desse paradigma universal, único, hegemônico. A política, o Estado, a pedagogia que deveriam garantir a humanidade de todos porque humanos repõe o reconhecimento de humanos "direitos" para o Nós e o não reconhecimento de humanos, logo sem direito a ter direitos, dos Outros. Os movimentos sociais vinham em ações afirmativas como humanos a exigir direitos humanos plenos. O poder, a política respondem decretando-os não humanos, criminosos por ousar afirmarem-se humanos. Ameaçar vidas porque não merecedoras de serem reconhecidas vidas humanas obriga a pedagogia, a docência, as escolas, a EJA, aonde chegam essas vidas ameaçadas, criminalizadas, descartáveis, a uma crítica radical, política, ética, pedagógica a esse repor o velho paradigma de Nós humanos direitos e os Outros, in-humanos, sem direito até à vida.

Lembrávamos que sempre que os humanos a acompanhar são decretados in-humanos, in-humanizáveis a pedagogia entra em crise. É ameaçada por defender os decretados in-humanos. Em tempos do Estado, da justiça ameaçar vidas humanas, de criminalizar os outros, que significa a ideia de humanidade diante da legitimação política, antiética de decretar vidas ameaçadas, descartáveis? A pedagogia, os currículos de formação, de licenciaturas são obrigados a retomar esse descartar vidas ameaçadas, descartáveis como uma ameaça à própria pedagogia, porque ameaça a própria história da ideia de humanidade, constituinte do pensar, fazer pedagógico e docente.

A história-memória da pedagogia, da educação, da docência é inseparável dessa história de reconhecer todos como humanos, humanizáveis. Tempos dessa história negada de entender que, quando as vidas dos educandos são ameaçadas porque decretadas de não serem vidas humanas, a merecerem ser humanizáveis e educáveis, a pedagogia, a educação, a docência são ameaçadas no que as legitimou ao longo da história: reconhecer todas as infâncias como humanos, humanizáveis educáveis. Quando o próprio Estado quebra esse paradigma universal de humano, a pedagogia, a docência são ameaçadas em sua função histórica. Que exigências, respostas éticas? Resistir a decretar os Outros como in-humanizáveis, in-educáveis. Reconhecer as infâncias, adolescências, os jovens, militantes decretados em vidas ameaçadas, reconhecer seu direito à vida justa. Vidas humanas de humanos plenos a acompanhar.

Dos vencidos vem outro paradigma de humano. De direito à vida

O paradigma de humano único, universal, tendo como referente a autoproclamação do Nós vencedores como o protótipo de humano único, teve o respaldo político do poder, das diversas formas de Estado. Teve o respaldo da empreitada político-religiosa educadora. O paradigma colonial que define como humano os colonizadores e como in-humanos os povos originários sintetiza essa politização. Um poder político que marginalizou os povos originários como deficientes em humanidade, reforçado e legitimado pelo poder religioso para a apropriação das Terras à Vista. O humanismo pedagógico colonial sintetiza esse paradigma de Nós síntese do humano único. Um paradigma educador antiético que marcou e marca o recontar a nossa história política, social, cultural, humanizadora dos in-humanos pela educação.

A história da educação tem sido contada como a imposição pedagógica desse poder político-religioso, como a educação dos vencedores. As memórias-histórias dos vencidos ou têm sido ignoradas como história de afirmação--formação como humanas ou têm sido proibidas para reafirmar o Nós vencedores como a síntese do humano único. Uma pergunta a exigir outro narrar essa história. A história da educação não deveria reconhecer, pesquisar, mostrar, narrar essas outras memórias de humanização de que têm sido sujeitos os coletivos decretados in-humanos? Ignorar essa outra história é uma forma de reforçar o paradigma político-religioso que decretou os outros com deficiência originária de humanidade. Uma história reafirmada nos tempos políticos atuais que decretam os Outros não merecedores de vida humana. Falta destacar a negação política da ética que acompanha o cultuar a história do Nós humanos vencedores e ignorar a história de humanizações dos vencidos.

A pergunta obrigatória: os colonizadores não encontraram humanidade nos povos originários e nos africanos negros escravizados? No presente os Outros são ameaçados criminosos, porque não revelam humanidade. Que outro paradigma de humano, de racionalidade, moralidade, cultura os vencidos já possuíam e afirmavam em suas culturas, valores, memórias e afirmaram em suas resistências? A experiência histórica dos vencidos como sujeitos de saberes, valores, culturas não exige ser reconhecida como outro paradigma de humano? Não exige ser contada na história da nossa educação? Reconhecer esses conflitos de paradigmas de humano não enriquece a nossa história da educação, humanização? A desumanização também faz parte da história da educação. Desumanizar tem sido mais persistente do que humanizar na história.

Reconheçamos que a história da educação dos vencedores para os vencidos é extremamente pobre. Reconstruir a história dos próprios vencidos na manutenção de suas crenças, memórias, saberes, valores, culturas, identidades coletivas exige ser uma história muito mais rica. Com outros valores. Mais ética. Por que ignorar essa riqueza e lamentar tanto a pobreza da educação que os vencedores lhes ofertavam em migalhas? As ciências humanas nos currículos não teriam essa função de destacar essa história de desumanização dos vencedores e destacar a história de resistências de educação, humanização dos vencidos? A chegada dos vencidos à educação básica e até à superior por cotas vem trazendo essa outra história, mostrando como os coletivos sociais, étnicos, raciais, de gênero, classe têm sido educadores em suas ações coletivas de resistências e em seus movimentos sociais educadores. *O Movimento Negro Educador* (GOMES, 2017), *Pedagogias em movimento* (ARROYO, 2003), Paulo Freire como referente desse reconhecer os oprimidos como educadores – *Pedagogia do oprimido* (1987).

Essas tensões de paradigmas de humano e de história-memória da educação persistem na educação republicana e democrática. O protótipo de humano a formar continua sendo o Nós racional, moral, culto, ordeiro, empreendedor. Protótipo que serve como medida das avaliações políticas, sociais, culturais e pedagógicas de que coletivos, desde a infância, merecem ser reconhecidos humanos direitos, cidadãos de bens e de bem. Protótipo, medida de segregação, inferiorização de não reconhecer os Outros como humanos. Protótipo, medida de reprovar os outros como in-humanos, sem razão, sem valores, sem conhecimentos, ameaçadores na sociedade e até nas escolas. Um protótipo, medida de humano/in-humano a legitimar as estruturas, padrões de classe, raça, gênero, poder.

Os ataques políticos contra os vencidos são repostos reafirmando o paradigma de humano, racional, moral do Nós para legitimar no presente como no passado o decretar os vencidos segregados, inferiores, extermináveis pelas forças da ordem. Como resistir no campo da pedagogia e das ciências humanas? Reconhecendo os vencidos como Sujeitos de Outras Pedagogias (ARROYO, 2012d), sujeitos de humanização, de outro paradigma de humano a contestar o paradigma que se autoafirmou único. A afirmar outra história de outra educação, que exige ser reconhecida, não ocultada. Narrada. Coletivos de docentes-educadores em convívios com os Outros vão desconstruindo esse protótipo, medida que os decreta como deficientes em humanidade. Como profissionais com um olhar ético, político, pedagógico reconhecem que dos Outros, os vencidos, vem outro paradigma de humano. Reconhecem que à EJA e às escolas públicas chegam educandos socializados no reconhecimento dos valores, crenças, saberes, culturas e identidades de seus coletivos. Carregam outras histórias de educação, de formação humana.

A função das ciências humanas nos currículos seria garantir seu direito a conhecer essa história de se produzir como humanos? Que ao menos os conhecimentos científicos dos currículos e das humanidades não reforcem e legitimem teoricamente o ser segregados no paradigma único, hegemônico de humano, do Nós racionais, morais, cultos, com que na história – até das ciências humanas – foram decretados deficientes em humanidade, racionalidade, moralidade. O olhar ético-docente-educador vê humanos a merecer o direito a tratos, a vidas humanas.

10
REAFIRMAR IDENTIDADES AFIRMATIVAS DA EDUCAÇÃO, DOS EDUCANDOS--EDUCADORES

Estamos em tempos políticos de condenar a educação, as escolas, as universidades, os seus educadores e educandos. Identidades negativas a exigir ser desconstruídas, afirmando identidades positivas da educação, dos educandos e educadores. Quanto maiores as pressões do Estado condenar educandos e educadores, escolas e universidades, maiores as resistências éticas, políticas, pedagógicas. Maiores as exigências éticas, políticas de formação para resistir. Como formar docentes-educadores, gestores para entender e trabalhar educandos que da infância à vida adulta vêm lutando por desconstrução das históricas identidades negativas de in-humanos, subcidadãos e vinham pressionando por serem reconhecidos com identidades coletivas positivas de gênero, raça, etnia, classe...?

Reafirmar as identidades positivas dos diferentes

Diante dessas pressões dos diferentes por reconhecer suas identidades positivas, que exigências e respostas éticas? Os docentes-educadores vinham tentando entender e trabalhar essas novas identidades afirmativas dos diferentes. Tomaram partido por fortalecer essas identidades. Por quê? Primeiro, por conviver com esses Outros educandos em lutas por afirmar outras identidades positivas; por conviver com as famílias, mães, sobretudo, mas também porque os trabalhadores na educação vêm de movimentos de lutas por reconhecimentos como sujeitos de direitos humanos, direitos de trabalho. Vindos do movimento docente e ainda participando em movimentos sociais como mulheres, negros, negras, indígenas, quilombolas, sem terra, sem teto, agricultores atingidos pelas barragens.

Essa diversidade de movimentos e ações dos coletivos decretados sem direito a ter direitos tem sido um dos processos formadores, educativos mais radicais de identidades positivas de educandos e de educadores: *Pedagogias em movimento* (ARROYO, 2003), *O Movimento Negro Educador* (GOMES, 2017). Processos formadores, educadores de outras pedagogias, de outras demandas de escolas, currículos, de outras verdades e valores. O Estado de Direitos vinha fortalecendo essas lutas por direitos. Estamos em tempos de reação, repressão, criminalização desses avanços políticos, éticos, pedagógicos na política e nas instituições educativas. Tempos políticos de tentar suspender, condenar esses avanços na autoafirmação de identidades positivas dos decretados em nossa história com carências de humanidade. Sub-humanos. Vidas de jovens, militantes ameaçados por lutar por justiça. A própria radicalidade dessas ações afirmativas provoca nas estruturas do poder reações violentas, repressivas, criminalizadoras. Ameaçadoras de vidas. Ameaçadoras da própria educação e dos seus profissionais por terem tomado partido pela afirmação das identidades positivas afirmativas dos Outros. Criminalizando seus jovens, adolescentes até crianças, militantes por ousarem afirmar identidades positivas e destruir, se libertar das identidades históricas negativas.

Radicais exigências e respostas éticas, políticas, pedagógicas vividas nas escolas, na formação de docentes-educadores e de educandos. Que ao menos nas escolas, na EJA não sejam reforçadas as identidades negativas com que as estruturas de poder, a mídia os inferiorizam, mestres e educandos. Que nos convívios nas escolas, educadores e educandos reconheçam suas ousadias por afirmar identidades positivas e por resistir por se libertar de históricas representações negativas.

Nos tempos de formação inicial e continuada, docentes-educadores tentam entender essas tensões políticas, éticas, pedagógicas que desse estado de medo, de saber-se em vidas ameaçadas educandos e educadores levam às escolas, à EJA, à Pedagogia e às Licenciaturas. Novas questões radicais para os tempos de formação e para a prática educadora. Como entender e trabalhar jovens, adolescentes, crianças, educandos em crise do sentido da vida? Obrigados a duvidar de suas autoimagens coletivas positivas? Será que não se perguntam: Nós pobres, negros, das periferias, dos campos, trabalhadores, nossas mães, pais, famílias somos como a mídia, o Estado, a justiça nos pensam: ameaçadores, criminalizáveis? Como entender essas identidades destruídas? Como trabalhar essa crise de identidades pessoais, coletivas? Reconhecer que essa crise de identidades afeta os percursos de formação, tanto de educandos como de mestres-educadores.

Ter de redescobrir quem sou e para onde vou marca os processos de aprendizagem, de formação não só dos próprios educandos, mas dos seus docentes-educadores. Marca o projeto político, ético, pedagógico das escolas, da EJA e das universidades. Essa destruição de suas identidades coletivas positivas e esse impor do próprio Estado velhas identidades negativas tem uma dimensão política e ética radical. Vinham de movimentos sociais, de ações afirmativas de construção de identidades coletivas positivas, processos políticos não apenas destruídos, mas processos condenados como ameaçadores da ordem, dos valores políticos de Nação e até ameaçadores de valores religiosos, de Deus. Ser criminalizados como ameaçadores dos valores da Nação e de Deus destrói identidades.

Reafirmar identidades humanas resistentes

Como docentes-educadores vivem tensões éticas de desconstruir as identidades negativas que pesam em nossa história sobre os Outros, os diferentes, mas vão além, reconhecendo e refirmando suas identidades humanas positivas resistentes. Todo Estado de medo, de Justiça criminalizadora criminalizam as ousadias dos Outros de se atreverem a resistir a ser decretados in-humanos, sem direito a ter direitos, não reconhecidos sujeitos humanos de humanos direitos. O decretar esses coletivos ameaçadores decreta suas ações coletivas por libertação ameaçadoras, criminalizáveis. Uma negação radical política de ética mais elementar: condenados por atrever-se a afirmar-se humanos de direitos, cidadãos de direitos. Uma negação política da ética mais elementar: decretados não reconhecíveis como humanos.

Questões éticas para os tempos de formação e de ação pedagógica: que interrogações tão prematuras provocam essas vivências em um ser humano que já na infância lhe é dito: não pretenda ser reconhecido como gente, como humano, mas assuma ser o Outro do humano único. Aceite ser desde a infância condenado como ameaçável na sociedade, no lugar de moradia, na rua, membro de família pobre, desempregado, sem terra, sem teto, sem renda. Até nas escolas. É inevitável que os profissionais educadores dessas infâncias, adolescências e até jovens-adultos se perguntem se o fato de ser ameaçados em suas vidas, porque decretados ameaçadores, não marca, destrói suas autoidentidades. Não rouba suas humanidades.

Volta a pergunta para tempos de estudo-formação inicial e continuada: que identidades destroem? Que humanidades rouba esse estado de medo que os decreta ameaçadores desde a infância? Decreta-os vidas sem valor? Aprofundar sobre como essas ameaças destroem o sentido, o valor de suas vidas. Deve-se perguntar: ameaçados de não viver porque nossas vidas não têm valor? Familiares, colegas, vizinhos mortos nas vilas, favelas, prisões porque não merecem viver? Aprendem demasiado cedo que há vidas protegidas que merecem ser vividas, mas suas vidas são ameaçadas porque não merecem ser vividas.

Como educadores uma pergunta a merecer tempos de estudo-formação: que percursos de humanização são possíveis, sabendo-se em vidas ameaçadas porque suas vidas não merecem ser vividas? As teorias do desenvolvimento e da formação humana aprendidas nos currículos de formação dão conta de entender, acompanhar humanos condenados a vidas ameaçadas? As teorias de aprendizagem, de avaliação reconhecem os limites desses educandos em fazer percursos "normais" de aprendizagem, marcados por destruições de suas identidades? Serão responsabilizados, culpabilizados, reprovados nas escolas como na sociedade, no Estado, na justiça?

Diante desses impasses éticos na afirmação de identidades positivas, as identidades docentes-educadoras são obrigadas a optar por éticas não de segregação, condenação dos educandos, mas de valorização de suas resistências éticas, políticas, em defesa de suas identidades positivas. Obrigados a reconhecer e reafirmar os processos de resistências como pedagogias de afirmação de identidades humanas positivas, resistentes. Com que Artes, com que éticas reconhecer essas resistências?

Os tempos de Pacotes criminalizadores dos Outros porque decretados deficientes em humanidade exigem recontar a própria história dos vencedores na persistente barbárie de se autodefinir como a síntese do humano único e decretar os Outros como O Outro desse humano único, in-humanos. A negação ética mais radical é não reconhecer um ser humano como humano. Negação antiética radical que transpassa a história das políticas educativas: tirar os decretados in-humanos da deficiência de humanidade.

Uma história da educação, inclusão, moralização dos in-humanos a exigir ser olhada em sua radicalidade antiética que a legitima: não reconhecer os Outros como humanos. Os tempos atuais não repõem essa radicalidade antiética política, pedagógica nos Pacotes Criminalizadores? Ir além e priorizar como resposta ver os educandos e educadores em ações afirmativas de humanidades, identidades positivas resistentes.

As identidades positivas dos educandos reafirmam identidades positivas dos docentes-educadores

Diante desse repor processos de educação acompanhados de destruição de identidades positivas dos educandos que exigências políticas, éticas, pedagógicas? Exigências antiéticas de reforçar, inferiorizar, criminalizar os educandos? Reconhecer suas lutas por direitos? O lutar por escola dos coletivos marginalizados decretados carentes de humanidade revela que se pensam, sabem-se sujeitos humanos com direito à formação humana. As escolas públicas e seus profissionais vinham adquirindo um estatuto de centros de garantia desses direitos de reconhecer desde a infância na escola, a juventude, vida adulta na EJA ou na universidade as condições de sujeitos humanos-cidadãos de direitos. Os avanços dos Outros pressionando por ser reconhecidos sujeitos humanos, de direito à formação humana elevou a educação desses coletivos a um outro patamar diante das antigas escolas das primeiras letras e de noções elementares de ciências e de moralização.

A pressão por autoidentidades positivas dos Outros vinha pressionando por outras funções políticas, éticas, pedagógicas das escolas e dos seus profissionais. A suspensão pelo Estado dessas demandas de reconhecimento de identidades positivas dos Outros suspende esses avanços na afirmação de novas identidades das suas escolas e de seus docentes-educadores. Uma violência contra esses coletivos, seus filhos e contra a função das escolas, da EJA e contra as novas identidades docentes-educadoras. Decretar as identidades dos Outros desde a infância criminalizáveis decreta criminalizar as escolas, seus profissionais nessas tentativas de afirmar identidades positivas nas lutas por diversidade de raça, etnia, gênero, orientação sexual...

O Estado, a justiça e até o MEC decretam que essas novas funções das escolas e dos seus profissionais de afirmar novas identidades afirmativas de classe, raça, gênero... são condenadas como tomando partido por ideologias de gênero, de classe, de raça. Um tema de estudo-formação: como essas tensões de identidades positivas afirmativas e essas violências por destruir-criminalizar essas identidades termina tensionando as funções da educação, das escolas, das identidades docentes-educadoras?

Não é por acaso que no Estado, no MEC, a educação pública da básica à superior tem sido criminalizada porque os coletivos que vinham pressionando por educação são decretados em Estado de Exceção, de criminalização por ousarem transgredir as identidades de subcidadãos, sub-humanos com que decretados em nossa história. A educação está em um momento crítico não apenas pelos cortes nos orçamentos, mas pelos cortes na função social, política, ética, pedagógica de afirmar as identidades positivas, afirmativas que os Outros vinham afirmando, exigindo ser reconhecidos pelo Estado de Direitos, pelas escolas públicas, espaços de direitos a Outras identidades positivas, sociais, políticas, humanas.

Dos Outros vêm disputas de imagens sociais positivas

A pedagogia crítico-social dos conteúdos tem chamado a atenção para a urgência de uma análise crítica dos conhecimentos ensinados. Uma análise a merecer atenção: os conhecimentos sintetizados no material didático, nas disciplinas, na Base Nacional Curricular mostram ou ocultam os sofrimentos de nossa história, os coletivos vitimados, injustiçados. Seus herdeiros que chegam crianças, adolescentes às escolas, jovens, adultos à EJA, chegam herdeiros de históricas segregações e sofrimentos, não têm direito a saber-se nessa história? Não têm direito ainda a saber-se resistentes a essas representações tão negativas, resistindo por libertação e afirmação de outras imagens mais verdadeiras?

Interrogações para tempos de estudo-formação: contra que imagens negativas resistem? Que imagens negativas denunciam? Que autoimagens positivas afirmam? Das artes populares, da cultura popular vêm exigências de imagens mais verdadeiras, imagens que revelem, transmitam as verdades dos horrores sofridos na nossa história. Vêm exigências de imagens, saberes, conhecimentos que reconheçam os sofrimentos históricos com que foram e continuam vitimados.

A mídia, os noticiários persistem em transmitir imagens de horror, de violências atribuídas aos outros pobres, negros, jovens, adolescentes, até crianças nas ruas, nas periferias, imagens de violências contra a propriedade da terra, do solo pelos militantes em movimentos. Os conteúdos escolares reproduzem, ou criticam, denunciam essas imagens negativas? Incorporam imagens positivas em que superar essas representações tão negativas? Lembremos que a produção-reprodução dessas imagens tão negativas dos Outros vem de longe em nossa história. Estamos em tempos de repor nas intenções políticas essas segregações e violências históricas antiéticas, injustas.

Da postura crítica, política, ética das escolas se exige não apenas trocar imagens negativas por positivas; exige-se mais: criticar, denunciar, mostrar as vítimas dessas imagens negativas que chegam às escolas, à EJA e às universidades como cotistas; mostrar as intenções de segregá-las, de decretá-las e mantê-las como inferiores em humanidade para legitimar sua subalternização na divisão – padrões de etnia, raça, gênero, classe. Da ética docente se exige criticar a realidade política, social, econômica que produz e reproduz essas imagens negativas. Das análises críticas dos conteúdos a ensinar-aprender se exige maior radicalidade: criticar os processos históricos de subalternização, segregação dos outros que vão chegando às escolas, decretados como inferiores em humanidade, logo sem direito a viver vidas humanas.

Um tema de estudo-formação: por que essa produção, imposição de imagens sociais, étnicas, raciais tão negativas dos Outros persistem em nossa história política, cultural, ética, pedagógica? Para o Nós no poder, na apropriação da terra, da renda do trabalho, legitimar expropriá-los da terra, da renda, do poder. A produção-reprodução-perpetuação dessas imagens negativas dos Outros, desde as infâncias-adolescências nas vilas, nas ruas, nas escolas tem provocado a produção-reprodução histórica de resistências por libertação dessas imagens negativas e por afirmação de identidades positivas. Todos os movimentos sociais de ações afirmativas carregam resistências políticas por afirmação de identidades coletivas positivas. Resistências reprimidas ameaçando as vidas que ousaram resistir e afirmar identidades positivas. Com essas resistências afirmativas de autoimagens coletivas positivas chegam às escolas, exigindo olhares mais positivos de suas identidades.

Tanto as ciências como as Artes, como os humanismos pedagógicos têm produzido e legitimado uns rostos, uns coletivos como humanos e Outros como in-humanos. Umas vidas como merecedoras de serem vividas e Outras não merecedoras, ameaçadas; umas merecedoras de pranto e outras do medo, do espanto. A história da educação enquanto humanização esteve sempre marcada por essas tensões das ciências, das artes sobre que humanos reconhecer ou não como humanos, humanizáveis-educáveis. O paradigma da pedagogia, da educação é inseparável dessa tensa afirmação do paradigma do Nós humanos e os Outros in-humanos.

Imagens, representações tensas que o poder, o Estado, a política, a cultura, a mídia produzem, reproduzem e impõem à própria pedagogia. Estamos em tempos em que o Estado, a justiça criminalizadora operam como agentes de imposição de uma cultura de violência atribuída aos Outros, jovens, adolescentes, militantes decretados in-humanos, extermináveis. Decretados in-humanos fora do protótipo único de humano, logo não humanizáveis nem pela educação nem pelas artes de moralizar, controlar das escolas e de seus mestres.

Espera-se que as escolas-famílias e, sobretudo, as escolas militarizadas sejam mais eficientes no moralizar para a ordem. Uma educação não para que se atrevam a pensar conforme o humanismo ilustrado, nem para formar os cidadãos da Pólis ou da nossa República, mas para domesticar, controlar, moralizar os decretados violentos desde a infância. Até as infâncias Outras decretadas fora do marco do humano. Rostos de crianças, adolescentes decretados deformados como humanos, decretados desde crianças com deficiência de humanidade, logo não sujeitos da pedagogia nem da Paideia, nem cristã, nem renascentista, nem ilustrada. Mas objetos de pedagogias militarizadas ou criminalizáveis, ameaçáveis, extermináveis.

Um tema de estudo-formação inicial e continuada: como desocultar esses rostos-corpos condenados a vidas ameaçadas? Como desconstruir representações tão negativas que pesam sobre eles, que o Estado, a justiça, a mídia reproduzem? Coletivos docentes-educadores inventam explorar as Artes, fotografias que mostram outras imagens positivas: Portinari, Sebastião Salgado.

O direito à construção de identidades positivas como uma exigência ética, política, pedagógica

Às escolas chegam jovens-adultos, adolescentes, crianças populares carregando representações negativas deles e dos seus coletivos. Carregando representações negativas como humanos. Formas de representação de extrema violência. Uma interrogação para estudo-formação: como esses jovens-adultos na EJA e essas crianças-adolescentes nas escolas, nas ruas, são representados? Como se sabem representados como membros de suas famílias, sua raça, seus lugares de trabalho-sem-trabalho, de pobreza, de moradia? As formas como são e como se sabem representados, que possibilidade, que limites impõem para a construção de identidades positivas pessoais e coletivas? Carregam para as ruas, para as escolas, para a EJA e até para as universidades como cotistas sociais, raciais identidades sociais positivas ou negativas? Resistem às representações sociais, raciais negativas? Conseguem delas se libertar e construir identidades positivas emancipatórias? Questões postas nos coletivos de gestores, docentes-educadoras-educadores das escolas públicas aonde essas tensões de representações, de identidades se fazem presentes. Que dimensões tocam em cheio a ética docente-educadora?

• *Pensar na relação entre representação e humanização/des-humanização.* Todo processo social que toca nos processos de humanização-desumanização toca em cheio na função social da pedagogia e da docência. No campo da produção das representações sociais, raciais, de gênero estão em jogo processos de humanização-desumanização. Como dar centralidade no pensamento pedagógico e nos currículos de formação a entender essas relações? Sobretudo, a entender que representações de humanos são possíveis sabendo-se pensados, segregados como in-humanos?

• *Pensar na construção-manutenção das autorrepresentações.* Representação positiva como símbolo do Nós humanos direitos. Há um culto à autorrepresentação positiva como expressão da autodeclaração de ser a síntese do humano único e representação negativa dos Outros como imagens do Outro do Humano único, de deficiência de humanidade. As representações dos colonizadores de si mesmos como civilizados, racionais, morais, humanos e as representações dos Outros – povos originários, negros escravizados – sintetizam esse jogo de representações abissais de humanos, in-humanos. O Nós humanos e os Outros menos do que humanos, à margem da representação única de humano. Uma história de representações que marcou a educação colonizadora e persiste em nossa história. Uma construção de representações de humano/in-humano configurante da nossa história da educação. Por que essa história é ocultada? As vítimas não têm direito a saber-se nessa história? A Base Nacional lhes revelará essa história?

• *Não representar os Outros como humanos determinantes de sua educação.* A pergunta obrigatória: como esse decretar os Outros como in-humanos, menos humanos tem sido determinante da história das políticas para sua educação? O representá-los como não humanos coloca a empreitada educadora: serão passíveis de humanização pela educação? Que educação? Uma interrogação que perpassa toda nossa história política, cultural, educacional. A interrogação – se são humanizáveis – pressupõe a representação política de não ser humanos, pressuposto para se colocar a questão: serão passíveis de humanização pela educação?

• *Que educação tornará humanos os in-humanos?* Questão nuclear na educação colonizadora, imperial, republicana e até democrática: é possível incluir os in-humanos na humanidade pela educação, escolarização inclusiva e de qualidade? Uma questão tão persistente na educação quão persistente o representar os Outros como o Outro do Humano único. Não humanos. Os tempos atuais repõem o passado: vidas ameaçadas, extermináveis, não humanizáveis nem educáveis. Os extermínios de 40 milhões de indígenas na Colonização das Américas, os extermínios de escravos e de quilombolas em lutas por seus quilombos, os extermínios de militantes em lutas por terra ou no presente as mortes nos fins de semana ou nas prisões relevam que as opções políticas não têm sido humanizá-los pela educação.

• *As representações de Nós humanos e os Outros in-humanos repõem os padrões de poder, de etnia, raça, gênero, classe.* Repõem as estruturas de apropriação-expropriação das terras, do trabalho, da renda, do poder. Da vida. O padrão de humanização pela educação tem reproduzido esses padrões políticos, sociais, raciais, de poder, de apropriação-expropriação. A negação do direito à educação, inseparável da negação dos direitos humanos mais básicos: terra, teto, trabalho, renda, saúde, vida. Decretar os outros sem direito a ter direitos humanos tem sido inseparável da negação do reconhecimento como humanos.

• *Reconstruir a história da educação-humanização dos Outros, inseparável dessas representações* tão estruturantes de nossa história social, política, econômica. A própria história de desvalorização da escola pública e do trabalho docente-educador é inseparável dessas representações tão estruturantes dos educandos como in-humanos. Quando se ignoram, ocultam essas históricas relações entre educação, história da nossa educação e as representações de humanos/in-humanos e se reduz a história da educação a direito de aprender, de alfabetizar, se bloqueiam as possibilidades de entender a nossa história da educação nas tensões entre representações do Nós humanos e os Outros in-humanos.

• *O direito dos educadores a entender a produção histórica dessas representações*. Trazer para a formação inicial e continuada os processos de produção-manutenção dessas representações positivas do Nós e negativas dos Outros. Reconhecer a política como campo dessas representações e a mídia reforçando, sobretudo, as representações negativas dos Outros, dos jovens, adolescentes militantes populares nos noticiários, nas imagens de violentos, ameaçadores da ordem social e até escolar, ameaçadores do direito sagrado da propriedade da terra, do solo, das florestas, das águas. Para legitimar extermínios, ameaças de vidas se exaltam nos noticiários, no pacote anticrime as representações negativas históricas de violentos, irracionais, imorais. In-humanos. Como os meios de comunicação representam os rostos-corpos dos Outros? Seria formador colocar essa pergunta como objeto de pesquisa de educandos e educadores. Coletar rostos, corpos segregados, ameaçados, exterminados nos noticiários, na TV. Os rostos-corpos de jovens, adolescentes, mulheres, Marielle, militantes tão parecidos com seus rostos-corpos. Imagens, noticiários. Retratos a serviço da legitimidade de criminalizá-los. Exterminá-los.

• *A afirmação do Nós humanos denuncia a própria desumanização*. Analisar nos tempos de formação inicial e continuada como os processos históricos de afirmação do Nós como a síntese de humano único, hegemônico revela a própria desumanização ao decretar, segregar os Outros como não humanos. Legitimar exterminar milhões de indígenas, negros, quilombolas, militantes ou jovens, adolescentes nos fins de semana ou nas chacinas nas prisões revela o in-humano do Nós que se proclama a síntese do humano. Exige desconstruir a autoproclamação do Nós humanos. Exige desconstruir a história dos vencedores como história de humanização. Exige um outro olhar sobre a história civilizatória educativa: Quem tem sido os in-humanos em nossa história? Como pensar, exaltar suas políticas civilizatórias, educativas como humanizadoras se acompanhadas e legitimadas em ameaçar vidas e exterminá-las? Uma interrogação a repensar, recontar a história política, social, cultural, educacional como uma história do Nós síntese do humano.

• *A história política, uma história humanizadora*? Recontar essa história, partindo da hipótese de que a afirmação do Nós síntese do humano denuncia a própria desumanização. O recontar a história da educação tem optado por uma visão humanizadora de nossas elites, do Estado. A visão da história contada pela política não teve, nem tem uma visão tão democrática e humanizadora das elites no poder, na apropriação da terra, do solo, da renda. Como repensar o narrar a história política, social, econômica, cultural, educativa partindo da hipótese de que o Nós humanos tem revelado sua própria desumanização no decretar os Outros em vidas ameaçadas, extermináveis, não humanizáveis nem pela educação?

• *Os diferentes modos de representar os humanos*. A mídia revela os diferentes modos de representar os humanos, o Nós representado como a síntese do humano único a merecer todos os direitos humanos e os Outros representados, segregados como o não humano. O poder, as elites, os cidadãos de bens e de bem representados com imagens positivas: os heróis da Pátria, da Nação, de Deus acima de tudo e de todos. A relação entre imagens, representações e etnias, raças, gêneros, classes merece ser pesquisada, denunciada nos livros didáticos, nos currículos. Analisar como essas imagens reafirmam reconhecimentos do Nós coletivos humanos e revelam que Outros coletivos são decretados in-humanos, subcidadãos. As históricas diferenças de etnia, raça, gênero, classe têm sido representadas uns o Nós como humanos e os Outros como in-humanos. Toda imagem triunfalista pressupõe outra imagem de submissão.

11
VIDA PRECÁRIA, VIDA PASSÍVEL DE LUTO

Encontrei esse título no livro de Judith Butler: *Quadros de guerra: quando a vida é passível de luto?* Judith nos lembra de que há um enquadramento seletivo e diferenciado da violência. Que vidas tão precarizadas, ameaçadas? Que interrogações, exigências éticas, políticas das políticas, da pedagogia, da docência? Lembrávamos que quem cala morre contigo – quem grita vive contigo. Exigências éticas, políticas que vêm das vidas precarizadas, ameaçadas, exterminadas.

Vidas que importam, que merecem pranto

Com quem aprender essas exigências éticas? Com as mães. A mídia nos mostra mães pobres, negras chorando por seus filhos mortos nos massacres das prisões. Para quem mais importa a vida de um filho é para a mãe. Quanto maior o valor dado à vida se é ameaçada, precarizada, exterminada maior a dor. Maior o pranto, o luto. A possibilidade de choro pressupõe que as vidas importam. As atitudes de calar, não chorar, não lamentar pressupõem que essas vidas nada importam. Atitudes antiéticas de autoridades e até da mídia que legitimam essas mortes porque nenhum dos mortos era um santo. São mortes de criminosos a não merecer choro.

Quando a vida é desejada se celebra a vida, quando a vida é ameaçada, exterminada quem deu à luz essa vida chora a perda. Quem chora tua morte vive contigo. Continua a viver com quem perdeu a vida. Para as mães a vida ameaçada sempre será passível de luto. O choro, o luto não apenas lamentam a vida perdida, mas se indignam. Uma indignação ética, política denunciante das barbáries de que os filhos, as mães, seus coletivos têm sido e continuam sendo vítimas históricas. Para as mães, o fato das vidas exterminadas de seus filhos serem passíveis de luto, a exigir serem chorados é uma denúncia política-ética de indignação em defesa da manutenção da vida, denúncia indignada das barbáries do Estado, que vulgariza a criminalização, o extermínio de vidas.

As notícias de cada dia nos mostram o choro, luto de mães, não apenas diante da morte nos massacres, mas diante de vidas precarizadas pela pobreza extrema, pela falta de políticas de saúde, pela mortandade infantil. Tantas formas de saber os filhos condenados a vidas ameaçadas passíveis de luto, de choros. O chorar nos portões das prisões os filhos exterminados vem de longe nessas mães pobres, negras. É uma herança do passado, reposta em cada presente com indignação materna.

Sabem-se ser mães que não herdaram as fortunas para um justo viver, mas herdaram os infortúnios de um precário e injusto sobreviver. Repõem as lutas, os choros das suas mães, avós como uma herança de denunciar que são humanos, com direito a uma vida plena, justa, humana. Essas mulheres mães são as primeiras a chegar às portas das prisões a chorar pelos filhos mortos; põem em ação responsabilidades adquiridas, herdadas de cuidar de vidas e de chorá-las quando as injustiças sociais, políticas da sociedade, do Estado as ameaçam e exterminam. Com seus choros, lutas exigem responsabilidades éticas, políticas do Estado, da justiça, dos Poderes, obrigados a cuidar dessas vidas que mereciam ser vividas.

Como são diferentes as formas do Estado, das forças da ordem, até da mídia de noticiar esses massacres de 55 mortos e mais 57 em 27/05/2019, de 56 dois anos atrás, ou as formas de noticiar as mortes de jovens-adolescentes, em sua maioria negros, em cada fim de semana. Sem luto, sem choro, responsabilizando-os porque criminosos não merecedores de viver. Os termos com que são nomeados os mortos: bárbaros, criminosos, bombas-relógio prontas a explodir e pôr em risco vidas que merecem ser vividas. Facções criminosas que de tão embrutecidas executam outros criminosos da outra facção. In-humanos a não merecer para as elites continuar a viver vidas humanas.

Aprender com as mães outros olhares. Elas se sabem pobres, negras, oprimidas, marginalizadas e sabem que os mortos, ameaçados de extermínio, têm sua cor, sua raça, sua pobreza, sua história de oprimidos. Com que olhar fica o olhar da pedagogia, da docência, das escolas? Com o olhar condenatório das elites, do Estado, da justiça criminalizadora? Com os noticiários condenatórios da mídia? Fica com o olhar das mães? A cor da maioria que chega às escolas públicas é a mesma dos negros, 64% dos encarcerados, dois de cada 3 dos mortos de cada fim de semana nas periferias. Lembrando a música *Menino* – quem cala sobre esses corpos consente e desejam essas mortes como limpeza étnica, racial, dos decretados criminosos – "Nenhum dos mortos era um santo" – no julgamento da autoridade.

Quando vidas ameaçadas, exterminadas são ainda condenadas não há possibilidade de choro nem de luta. Em realidade, para os exterminadores do passado e do presente esses jovens, adolescentes não são vidas a merecer serem vividas. Como os 40 milhões de indígenas exterminados por resistirem à Colonização das Américas. Nem são ameaçadas, mas extintas porque ameaçadores de vidas que têm direito a ser vividas. Vidas de humanos "direitos". Para os exterminadores essas vidas não merecem ser choradas porque não mereciam ser vividas. Dispensam o luto da Nação, de Deus, das elites. Dispensam até o choro das mulheres mães pobres. Um tema de estudo de mestres, mães, educandos: *Maria, Maria*, de Milton Nascimento. Mas merecem o choro das Maria, Marias, mulheres que nem merecem amar, chorar como outra qualquer do planeta. Maria, Maria, uma gente que ri quando deve chorar – e não vive, mas aguenta quem traz no corpo a marca, mistura a dor e a alegria... passa a estranha mania de ter fé na vida... (*Maria, Maria* – Milton Nascimento e Fernando Brant).

Quando a vida é proibida de ser enlutada, chorada é porque não foi reconhecida como vida a ser vivida. As mães com seus lutos, choros denunciam que seus filhos tinham direito à vida. Lições das mães carregadas de exigências éticas para a política, para as políticas sociais de vida, para as políticas educativas. Exigências radicais éticas para a pedagogia e a docência.

Lições das mães que vêm de longe. Essas mães levaram esses seus filhos às escolas na esperança de salvar suas vidas ameaçadas até de extermínio pelas forças da ordem. Ficaram nas filas esperando suas saídas. Esperavam tanto das escolas – salvem as vidas ameaçadas de nossos filhos – conscientes das ameaças que pesam como herança sobre eles. Continuarão levando seus filhos mais novos às escolas, na certeza de que educadoras cuidem de suas vidas na infância, até na adolescência. Mas sabem que pertencem aos oprimidos, pobres, negros, ameaçados a um injusto, indigno, in-humano sobreviver. Sabem que sua sorte-destino talvez seja um dia chorar as vidas dos filhos exterminados, os mesmos que teimam em levar crianças, adolescentes às escolas.

Como educadoras dessas crianças, adolescentes, jovens convivendo com vidas ameaçadas vão aprendendo com as mães a cuidar vidas até a chorar por irmãos, colegas ameaçados, exterminados. Cada vez mais frequentes os educandos ausentes nas escolas e na EJA porque exterminados nos fins de semana. Nas escolas também há choro, luto entre educadoras, educadores, colegas de educandos ameaçados, exterminados. O drama ético-antiético na sociedade, no Estado chega às escolas com as vidas de educandos que merecem choro, luto, merecem denúncias políticas, éticas, pedagógicas.

Um tema de estudo obrigatório de formação inicial e continuada: como esse conviver com esse drama ético-político desde crianças marca suas vidas, seus medos, suas identidades, seus valores? Seu desenvolvimento humano e até suas aprendizagens? Lembro-me do relato de uma educadora de crianças de 6-7-8 anos. Um menino de 7 alegre, convivendo, se desenvolvendo, aprendendo. Falta à escola, quando chega fica chorando. Que aconteceu? A educadora chama a mãe que, chorando, narra: "o menino adorava o irmão de 15 anos, foi morto pela polícia. Não se conforma, eu fico chorando e o irmãozinho fica chorando. Professora me ajude, ajude meu filho". O impasse da educadora: como? Eu não fui preparada para esses dramas que chegam às escolas.

Vidas ameaçadas que interrogam a ética, as Artes de cuidar de vidas quebradas de filhos e das mães. Que centralidade dar à compreensão desses dramas éticos que chegam às escolas, que exigem outros valores, outras identidades docentes, educadoras? Com que pedagogias de indignação?

Quando as políticas de vida-morte se aproximam. Que indignações éticas para a educação e a docência?

Os jovens, adolescentes, até crianças, militantes, sabem-se ameaçados por resistir por viver. Sabem-se na tensão extrema de viver-morrer. Levam os medos de irmãos, amigos mortos, escutam as notícias de massacres nos fins de semana nos lugares de moradia, nas prisões. O drama ético na sociedade vivido pelos oprimidos de vida, morte, exigindo radicalidades éticas chega às escolas, à EJA.

A pedagogia e a docência têm como função social, ética acompanhar vidas desde a infância nos tensos processos de viver, de ser humanos. Como entender e acompanhar essas vidas, sobretudo quando são ameaçadas de viver? As políticas de vidas protegidas ou ameaçadas e as análises nas ciências humanas, nas ciências da vida cresceram diante dessa política de ameaçar umas vidas para proteger outras. Radicalizaram as questões éticas, políticas sobre o direito à vida e sobre como entender, acompanhar percursos de humanização e de aprendizagens de vidas ameaçadas.

As políticas de vida e morte se aproximaram deixando mais explícito que coletivos sociais, éticos, raciais merecem a morte para garantir a vida dos outros coletivos que merecem a vida. Quando na política, no Estado, na justiça se define quem merece a vida protegida e quem merece a vida ameaçada, o direito à vida como questão moral se repolitiza no Estado, na justiça e até na educação. Se politiza, sobretudo, nos centros educativos aonde chegam os decretados em vidas ameaçadas, porque pensados ameaçadores.

Uma questão passa a ser nuclear: como entender essas tensões políticas, éticas, sociais, raciais postas na sociedade, no Estado, nas escolas? As diretrizes curriculares e de formação docente têm ignorado ou reconhecido e destacado essas tensões pelo direito à vida como irresponsabilidade ética e política? O direito à educação como todos os direitos humanos pressupõe a defesa e garantia ética, política do direito à vida e à vida humana. Quando coletivos sociais, raciais são decretados sem direito à vida se está negando a ética, se está decretando sua não condição humana, logo se está decretando não serem sujeitos de direitos humanos. De direito à educação.

Quando o Estado, a justiça decretam que uns coletivos sociais, raciais merecem vidas protegidas e decretam que outros coletivos não merecem essa proteção estão definindo que coletivos merecem ser reconhecidos humanos "direitos" e que outros não. Quando se decretam que os Outros não são reconhecidos humanos direitos, nem de direito à vida, estamos em tempos de negação mais radical política da ética. Decretar vidas ameaçadas de morte é antiético. A vida sintetiza uma concepção moral, política de que vidas são merecedoras ou não de serem reconhecidas vidas humanas ou pré-humanas. Decretar vidas como in-humanas, não merecedoras de viver, nem de luto, nem de pranto é a síntese da negação política da ética. Questões políticas, éticas de extrema radicalidade que exigem centralidade na formação inicial e continuada de profissionais que terão que ser educadores de vidas ameaçadas de não viver, de um in-humano sobreviver. Exigências e respostas éticas a merecer tempos de análise, de formação.

Que exigências e respostas éticas a merecer formação? Destacamos algumas respostas, temas de estudo-formação que já estão postos nos tempos de formação inicial e continuada. A chegada às escolas, à EJA de vidas ameaçadas, as vivências de educandos mortos pelas forças da ordem, o conviver com o medo porque pobres, favelados, negros... vem levando docentes-gestores-educadores a tentar entender essas tensões éticas da sociedade que chegam às escolas. Como educadoras, educadores se deixam interrogar: que exigências, respostas éticas a merecer estudo-formação?

• *Como não compactuar com a negação política da ética* de um Estado e de uma Justiça que criminalizam vidas e as decretam ameaçadoras extermináveis. Analisar de maneira crítica se as políticas educativas, sobretudo de avaliação não reproduzem e reforçam esse decretar-segregar vidas de jovens, adolescentes, crianças como ameaçadores da ordem escolar, social. Fazer uma crítica à luz da ética sobre essas práticas segregadoras de vidas, de educandos como ameaçadores na sociedade e nas escolas. Que visões antiéticas os decretam ameaçadores?

• *Aprofundar nas dimensões antiéticas na visão das escolas públicas*: São segregadas como centros de violências aonde chegam os jovens, adolescentes, crianças populares, pobres, negros decretados ameaçadores, violentos. Propor a gestão policial, militar das escolas públicas como centros de vidas ameaçadoras a serem controladas pela gestão e disciplina militar, não mais pela gestão pedagógica. Que gestão e que visões antiéticas são postas em ação? Com que ética gestora, pedagógica responder e se contrapor? É ético apoiar essa gestão militar e a visão das escolas públicas como centros de infâncias, adolescências violentas?

• *Denunciar como antiético o responsabilizar os Outros como violentos*: Responsabilizar os oprimidos até suas infâncias, adolescentes como violentos, como sem moralidade, sem racionalidade, desresponsabilizando a sociedade, o Estado de negar a esses coletivos condições de um justo, humano viver exige ser responsabilizado como in-moral. Negar condições e possibilidades de uma vida vivível é antiético. Uma exigência para a ética docente-gestora-educadora: saber mais sobre que condições são negadas aos educandos para uma vida justa, humana. Nenhuma vida será humana sem condições humanas de um justo viver.

• *Avançar nas análises críticas sobre as condições de vida, convivência, trabalho nas escolas.* Antes de condenar as escolas públicas como centros de vidas ameaçadoras fazer análises críticas sobre as condições de infraestrutura, de trabalho que persistem ou dificultam um viver, conviver digno, justo, ético nas escolas, na EJA. Tantas escolas públicas que viraram escolas pobres porque dos pobres, não só porque mais de 18 milhões de educandos chegam da pobreza extrema, mas porque as condições de trabalho são de extrema precariedade. Fazer estudos críticos denunciantes do Estado, dos governos que condenam as escolas públicas a essas condições injustas. Antiéticas. Nenhuma escola será humana sem condições humanas de conviver, trabalhar. Exigências éticas a exigir centralidade nas pesquisas, na formação inicial e continuada, nas análises de políticas e na gestão da educação.

12
TOMAR PARTIDO EM DEFESA DO DIREITO A VIDAS HUMANAS

As resistências mais radicais que vêm dos Outros são a de serem decretados sem direito a viver vidas humanas, porque não reconhecidos humanos. Essa a imagem que se usa para decretar vidas ameaçadas: vidas que não merecem ser vividas como humanas. Da crítica pedagógica se exige mais do que criticar os conteúdos dos conhecimentos ensinados, se exige o que é função da pedagogia: como essas imagens negativas inferiorizam, eliminam o humano, decretam os Outros, desde crianças, com carências, deficiências originárias de humanidade. O decretar vidas ameaçadas como não merecedoras de ser vividas revela a eliminação da condição de humanos, logo sem direito a viver uma vida humana.

A condição dos Outros como deficientes em humanidade reposta

Para a pedagogia e a docência vêm exigências éticas de tornar inteligível às vítimas que padrões de poder, de ser, de saber os decretaram desde a empreitada colonizadora na condição de deficientes em humanidade. Tornar inteligível como esses padrões se perpetuam com requintes de barbárie em todo Estado e justiça criminalizadores de vidas. Uma exigência ética para o pensamento pedagógico, para a formação de docentes-educadores: entender, denunciar os esquemas políticos, culturais que em nossa história estabeleceram e continuam estabelecendo que coletivos merecem ou não ser reconhecidos humanos com direito a viver vidas humanas, ou sem direito, logo decretados em vidas ameaçadas de não merecer ser vividas, de condenadas à morte. Ninguém melhor do que os oprimidos, condenados a vidas ameaçadas, não viváveis, para ter consciência histórica desses padrões de poder. A esses padrões resistem e esperam dos conhecimentos das escolas saber-se para fortalecer-se em suas resistências por afirmarem-se humanos.

Os humanismos pedagógicos sempre foram desafiados a que humanos reconhecer, acompanhar nos percursos de humanização. Desafiados a compactuar ou denunciar os esquemas-paradigmas de que coletivos merecem ou não ser reconhecidos como humanos. Quando o próprio Estado define que humanos não merecem vidas humanas desoculta e legitima os padrões de que coletivos para o poder, para a justiça criminalizadora não merecem ser reconhecidos em vidas humanas vivíveis. O humanismo pedagógico entra em crise e é obrigado ou a condenar os Outros, até suas infâncias, adolescências como in-humanos não merecedores de um justo, humano viver ou é obrigado a reagir com ética, reconhecendo esses Outros educandos desde a infância à vida adulta como humanos, humanizáveis, educáveis. Uma exigência ética reposta: reafirmar o paradigma de humano que reconheça como humanos os jovens, adolescentes, crianças que o Estado condena, criminaliza como in-humanos.

Exigências ético-políticas radicais em tempos de um poder criminalizador que legitima essas criminalizações, apelando à reprodução na mídia de que essas crianças, adolescentes, jovens não são criminalizados pelo Estado, pela justiça, mas são eles mesmos e seus coletivos que revelam as carências de humanidade já expostas desde o decretar os povos originários e os negros escravizados sem alma humana, deficientes de humanidade. Tempos do próprio Estado, a justiça reporem esse histórico banimento da condição de humanos. Tempos políticos a nos lembrar como o poder segrega os Outros: nunca houve humano nos Outros, nunca houve uma vida humana a ser reconhecida vivível. Sempre suas vidas foram ameaçadas de sobreviver, não viver, porque não reconhecidas vidas humanas vivíveis. Logo, quando nas prisões ou nos fins de semana, nas ocupações dos morros, das favelas vidas são ameaçadas, extintas não houve um assassinato de vidas humanas, mas de criminosos violentos. Não humanos. Não merecedores de um justo, humano viver.

Que exigências, respostas políticas, éticas, pedagógicas? Tomar partido em defesa do reconhecimento dos Outros não como incluíveis na condição de humanos se educáveis. Até aí chegam as políticas inclusivas na condição de humanos pela escolarização, moralização. Quando são segregados como não humanos da pedagogia, da docência, das políticas se exige reconhecê-los humanos sem condições. Exigem-se radicalidades éticas, políticas, pedagógicas: tomar partido por reconhecer os Outros educandos como humanos para tomar partido em defesa de seu direito a vidas humanas.

Vivências totais, saberes totais de vidas ameaçadas?

Lembro-me de uma professora de escola pública de tantas periferias pobres: "Essas infâncias chegam com vidas totais e com saberes totais". Quando os educandos são outros se exige vê-los com outros olhares. Como vê-los? Essas infâncias em vidas totais vivem e veem a vida por inteiro. Sabem-se parados na pobreza, mas seu olhar vai longe e fundo. Veem o mundo desde seu saber-se no mundo. Sabem por que são pobres; querem libertar-se da pobreza que os oprime. Sabem-se por inteiro porque a pobreza os invade por inteiro: seu barraco é pobre, sua comida é pobre, sua família é pobre. Sabem-se pobres por inteiro. Nas escolas dos pobres se veem nos colegas como eles se veem no olhar dos seus mestres. Saber-se olhados pobres multiplica seu saber-se. Sua consciência. Sabem-se segregados, criminalizados porque negros, aprendem um saber de resistências totais.

O conviver na vila, na favela, nas escolas com colegas também pobres, negros leva a perguntar-se se haverá alguma porta de saída ou será um viver para sempre. Pelas memórias que sua mãe, sua avó lhe contavam, passaram a duvidar de que um dia deixariam de ser pobres. Até estudando. Sua pobreza vem de longe e persistirá no futuro como a de seus familiares e coletivos de etnia, raça, classe? Com essas perguntas, dúvidas de experiências feitas vêm às escolas, à EJA. Das memórias de família aprenderam a duvidar que houvesse saída, mas com as memórias dos antepassados aprenderam também a resistir, a tentar libertar-se da condição de pobre e da segregação racial. Aprenderam com as memórias de família a viver em uma mistura de descrédito e de vontade de sair da pobreza, de duvidar, mas também esperar que indo todo dia à escola sairiam da pobreza, chegando até à universidade por cotas sociais, raciais, seriam reconhecidos humanos iguais, cidadãos iguais.

A mãe ao levá-lo desde pequeno à escolinha já lhe dizia: estude para sair dessa desgraça de vida, mas se lembrava dos primos, irmãos que estudaram e continuaram na favela, sem trabalho. Leva para a escola essa mistura de esperança e desconfiança. O passado de sua família e o presente de seus parentes, irmãos no mesmo lugar de pobres aponta seu futuro? Leva essas incertezas para a escola. Chegando lá lhe repetiam que se estudasse seu futuro seria outro, que seus antepassados, sua família eram pobres porque iletrados.

Seria verdade? Pobres porque iletrados ou sem escola porque pobres, negros, trabalhadores? Até seu avô lhe contou que não estudou porque desde cedo, criança, adolescente, tinha que trabalhar. Sua mãe lhe contou que estudou só uns anos, um dia sim outro não, porque tinha que cuidar dos irmãos, trabalhar, ajudando a mãe. Porque pobres, negros. Dessas vivências totais, de vidas totais, de saberes totais, fazem parte de suas vivências, saberes de vidas ameaçadas não só pela pobreza, a fome, sem renda, sem lugar, mas vivências, saberes de tantos amigos, vizinhos ameaçados, criminalizados porque pobres, negros. Exterminados nas prisões, nos fins de semana. Colegas de escola que não responderão mais a chamada por vítimas de mortes seletivas racistas.

Essas vivências totais, esse saber-se ameaçados por essa realidade política chegam às escolas. Nas reuniões, tempos de gestão, de formação continuada essas vivências totais de educandos e até de educadores em vidas ameaçadas são explicitadas. Como entender esses educandos em vidas totais, saberes de si nessas ameaças políticas? Cada professor tentará entender esses alunos como aprendizes, interessados ou não com seus conhecimentos. Como profissionais de aprendizes-educandos em vidas totais, exigindo saberes totais se torna urgente superar essa divisão de quintais da docência e se avança a que currículos, que conhecimentos, que verdades, que valores para garantir a esses educandos saberes totais para fortalecer seu saber-se nessa condição de vivências totais de vidas ameaçadas no que há de mais totalidade – viver/não viver. Os conhecimentos da Base Nacional Comum garantirão aos mestres e educandos esse saber-se em vivências tão totais de vidas ameaçadas?

Um caminho ensaiado em tantas escolas e na EJA: abrir espaços para que educandos, famílias, comunidades em vidas ameaçadas narrem suas vivências e saberes totais, suas memórias de viver/mal-viver, ameaçado viver. Mas também narrar suas resistências, saberes de experiências feitos por libertar-se desse in-humano sobreviver.

Vidas ameaçadas a exigir uma ética da indignação

A Pedagogia da Indignação de Paulo Freire ganha atualidade como exigência ética para a pedagogia e a docência. Com essa ética da indignação e da resistência, Paulo Freire (2000) nos lembra: A Pedagogia da Indignação é uma pedagogia crítica radical libertadora. Uma das suas tarefas é "trabalhar a legitimidade do sonho ético-político da superação da realidade injusta..." (p. 43). "Como explicar a luta política, como fazê-la em nome de quê? Para mim, em nome da ética, obviamente, não da ética do mercado, mas da ética universal do ser humano, em nome da necessária transformação da sociedade, da superação das injustiças desumanizantes" (p. 57).

Tentemos sintetizar as exigências e as respostas éticas que fomos destacando nas análises de vidas ameaçadas.

• *Confrontar desde um olhar ético os valores de um Estado Democrático de Direitos* e os contravalores de um Estado autoritário. Os movimentos sociais e o próprio movimento docente vinham pressionando pelos valores de um Estado de Direitos na política, na sociedade, nos campos, nas políticas socioeducativas. Nas escolas e universidades. Valores de igualdade, equidade, de acesso, de direito ao conhecimento, à cultura, políticas de quotas sociais, raciais para minorar os históricos contravalores de nossa política segregadora. Os coletivos em movimentos e ações de resistências por direitos vinham educando o Estado, as políticas para ser democráticos.

Confrontar esses avanços de valores democráticos com os contravalores impostos pelo Estado: contravalores de medo, de repressão, de condenação dos coletivos sociais, étnicos, raciais, de gênero, classe por lutarem por direitos. Decretá-los terroristas. Decretar os jovens-adolescentes pobres, negros, sobretudo, como extermináveis, em vidas ameaçadas. Às escolas, à EJA chegam educandos que vinham lutando por valores democráticos de igualdade de direitos humanos a teto, moradia, terra, renda, trabalho, saúde, educação. Vida. Que valores apreenderam com seus coletivos? Valorizar esses valores, essa formação ética com valores das escolas, da docência, da gestão.

Que exigências, respostas políticas, éticas, pedagógicas de indignação em tempos de contravalores, de condenação até do direito a viver, de viver vidas ameaçadas, de conviver com repressões, extermínios, ameaças de precarizar seus direitos, de banalizar a vida como exterminável? Com esses contravalores convivem educandos e educadores nas periferias, nos campos. Com que olhar docente, educador ético entender esses educandos nesses conflitos de contravalores? Que formação ética reinventar? Compactuar nas escolas com esses contravalores? Se indignar com esses contravalores? Denunciar esses contravalores que os condenam a vidas ameaçadas? Com que Artes educar em valores educandos submetidos aos contravalores do próprio Estado? Interrogações éticas radicais para a educação e a docência. Aprender uma ética da indignação com as resistências indignadas dos educandos, das mães, dos coletivos sociais. Que respostas éticas de indignação que vêm ocupando os tempos de formação inicial e continuada?

• *Confrontar o valor da Justiça com o contravalor da criminalização justiceira.* Os educandos vivenciam desde crianças o valor da vida como o primeiro valor devido por justiça. As mães, sobretudo, sintetizam para todos os filhos o cuidado, a proteção da vida. O valor da vida é o mais marcante aprendido da família, da mãe. Com esse valor chegam. Mas chegam também com contravalores vividos de vidas de irmãos, amigos, moradores do seu lugar, criminalizados, até exterminados pela justiça justiceira.

Que tensões éticas vivenciam diante dessas injustiças? Como tentar entender e trabalhar essas tensões entre o valor da vida aprendido das famílias, das mães e o contravalor de ameaçados em vidas criminalizadas, exterminadas pelos órgãos de justiça? Como trabalhar em crianças, adolescentes, jovens--adultos nas escolas, na EJA essas tensões éticas do valor, não valor da vida? Que temas de estudo priorizar, que Artes de educar nos valores de justiça, de direito ao valor primeiro do direito a um justo, humano viver? Tempos de ir além de políticas de inclusão, de igualdade e articular educação e injustiças e lutas por justiça.

• *Por uma escola, educação-docência de humanização não de militarização.* A gestão da educação, dos convívios, hierarquias, de avaliações sintetiza valores ou contravalores de vida, de humanidade, de gestão com justiça social ou injustiça social, racial, de gênero e de classe. A gestão das escolas, do MEC, do Estado pode ser justa ou injusta, ética ou antiética. Como administrar as instituições públicas, escolas com justiça em tempos de um Estado não público, mas privatizado, de uma justiça não justa, mas justiceira? Que educação humanizadora é possível na educação militarizada?

Tensões éticas a exigir tratos éticos no administrar a educação, no administrar, sobretudo, educandos vítimas de injustas vidas ameaçadas. Ao menos nas escolas não sofreram avaliações ameaçadoras antiéticas? Terão vivências escolares de serem protegidas em suas vidas? Com que ética administrar escolas protetoras de vidas ameaçadas? Com uma ética de humanização ou de militarização? Exigências éticas radicais para a educação, a docência, a gestão.

• *Com que ética docente-educadora entender e minorar o sofrimento de educandos em vidas ameaçadas?* Lembrávamos que desde crianças aprenderam com seus coletivos, com suas mães o sofrimento como seu destino. O choro de uma criança sofrendo é uma denúncia, um grito denunciante do contravalor do sofrimento humano. Lembrávamos de educadoras: esses rostos, esses olhares me interpelam. Interpelações éticas que vêm de rostos de crianças, adolescentes, educandos às escolas e até jovens-adultos à EJA, rostos de seres humanos que sofrem.

Os sofrimentos dos educandos chegam às escolas como contravalores – *Imagens quebradas* (ARROYO, 2004), como vidas ameaçadas. Que contravalores vivenciam desde a infância e levam às escolas, à EJA? Como entender, denunciar os contravalores dos sofrimentos que padecem? Como captar os sofrimentos nos seus rostos, nos seus corpos precarizados que interrogam nossa ética profissional? (ARROYO, 2012a). Ao menos não ocultar os contravalores desses sofrimentos prometendo um futuro de felicidade pela escolarização.

Esses sofrimentos que chegam às escolas nos obrigam a superar promessas antiéticas de transformar seu presente por um futuro promissor. Exigências de rever as promessas antiéticas ainda tão presentes na educação: estrada de fazer o sofrimento desaparecer e a felicidade acontecer.

• *Entender, denunciar com indignação o antiético de decretar jovens-adolescentes, crianças como desumanos.* Docentes-educadores se defrontam com uma exigência ética radical: reconhecer, não reconhecer nos educandos rostos humanos ou in-humanos. Lembrávamos que estamos em tempos de repor, reafirmar o Nós como humanos "direitos" e os Outros até crianças, adolescentes como in-humanos. Tempos do próprio Estado de justiça criminalizadora repor o velho, histórico decretar o Nós colonizadores como a síntese do humano e decretar os Outros como o Outro do humano único, deficientes em humanidade. A maioria dos educandos nas escolas públicas e na EJA não pertence ao Nós autodecretados humanos, pertence a coletivos étnicos, raciais, sociais decretados carentes de humanidade. Essa negação política da ética perpassa nossa história, é retomada como política de Estado e chega às escolas. Que exigências e respostas éticas para a educação e a docência?

Começar pelo desafio, exigência de entender essa história de negação política da ética que acompanha nossa história, decretando o Nós como síntese do humano único e os Outros com deficiência de humanidade. Avançar e pesquisar se as políticas educativas, as diretrizes curriculares, as políticas de gestão, avaliação, reprovação não reproduzem essa negação política da ética no próprio sistema escolar, nas escolas públicas, sobretudo. Pesquisar e denunciar se as próprias políticas de inclusão, compensação de deficiências de aprendizagem não pressupõem superar deficiências de humanidade, se as propostas de políticas de inclusão não pressupõem políticas antiéticas de decretar os incluíveis como excluídos por carências de humanidade, carências de valores, de cabeças para as letras, deficiências de racionalidade, moralidade humanas.

Na formação inicial e continuada, aprofundar como as ditas políticas éticas de inclusão pressupõem políticas antiéticas de exclusão como carentes de humanidade. Toda política de promessas de inclusão pressupõe estruturas sociais, raciais de segregação, subalternização. Exigências éticas radicais para as políticas, a gestão, a docência, a educação. Que ao menos nas escolas, na EJA vivenciem uma experiência de serem reconhecidos humanos, merecedores de um justo, humano viver.

• *O direito à formação humana, ética é negado quando o direito à vida é negado.* Uma vida não pode ser reconhecida educável, humanizável quando não é reconhecida vivível. Quando tantas infâncias, adolescências, jovens ou adultos não são reconhecidos como vidas a merecer ser vividas, como reconhecê-los e tratá-los como educáveis, humanizáveis? Estamos em tempos em que do Estado, da justiça criminalizadora se nos diz: desistam de educar, humanizar vidas que não são humanizáveis, mas ameaçáveis, criminalizáveis.

Uma interrogação radical para a pedagogia, as escolas, aonde chegam essas vidas ameaçadas: que novas exigências políticas, éticas para seus profissionais? Aderir, reagir a essas formas de decretar esses educandos como in-educáveis, porque in-humanizáveis? Defender ou reagir a rebaixar a idade penal e entregar essas adolescências, juventudes à justiça, à escolarização militarizada? Ao extermínio? Quando as vidas são assim ameaçadas até as escolas têm de ser fechadas como atestam notícias tão frequentes: "escolas não abrem, fechadas pelos tiroteios nos morros, nas periferias". Ou as imagens frequentes de educadores e educandos deitados no chão das aulas para não serem atingidos pelos tiroteios. Ou as notícias de crianças feridas dentro das escolas expostas a essas operações policiais nas periferias.

Uma exigência ética aprofundar nos tempos de formação. Que marcas deixam nas identidades dos educandos e educadores viverem essas experiências de ameaças e até extinção de vidas? Como formar educadoras-educadores capazes de entender essas marcas? Que valor, não valor da vida aprendem desde crianças, até nas escolas? O drama ético, antiético da sociedade, da justiça criminalizadora entra em cheio nas escolas. Que exigências e respostas políticas, éticas, pedagógicas são inventadas por docentes, educadores, gestores? Respostas éticas até de indignação a exigir reconhecimentos da formulação de políticas e dos currículos de formação: Há respostas éticas de indignação nas escolas que exigem reconhecimento e fortalecimento. Reconhecer que diante das vidas ameaçadas a ética docente é interrogada. É outra. É uma pedagogia de indignação crítica, radical, liberadora.

Para Paulo Freire (2000), a Pedagogia da Indignação se concretiza na Pedagogia da resistência: "No fundo, as resistências – a orgânica e/ou a cultural – são manhas necessárias à sobrevivência física e cultural dos oprimidos" (p. 81). "Meu direito à raiva pressupõe que, na experiência histórica da qual participo, o amanhã não é algo dado, mas um desafio, um problema. A minha raiva, minha justa ira, se funda na minha revolta em face da negação do direito a 'ser mais'" (p. 79). Que análises, que discursos em tempos de vidas ameaçadas na sociedade que chegam às escolas? Aprender com Paulo Freire o discurso da indignação: "O discurso do elogio à adaptação... é um discurso negador da humanização de cuja responsabilidade não podemos nos eximir" (p. 79).

É nessa recusa da negação do sonho e da esperança que a Pedagogia da Indignação se encontra com a Pedagogia da Resistência. "São as únicas pedagogias possíveis de ser desenvolvidas para superar os momentos de retrocessos, de perplexidade, de espanto diante de sérios riscos da democracia que construímos. Temos de nos dar o direito à raiva. Raiva contra a dominação, contra o golpe, contra a opressão, o capitalismo, o racismo, o sexismo, a LGBTfobia, a xenofobia. Raiva que nos ajude a não cair no desalento... Lutar por uma Pedagogia da Indignação e da Resistência" (GOMES, 2017).

13
POR QUE EXIGÊNCIAS-RESPOSTAS ÉTICAS DA EDUCAÇÃO, DA DOCÊNCIA?

Os docentes, educadores, gestores das escolas públicas, da EJA e até das universidades têm consciência de que chegam de crianças a adultos em vidas precarizadas. Quase 20 milhões na pobreza extrema, mais de 10 milhões na pobreza ainda que não extrema. Sabem dos trabalhos e espaços precários de onde os educandos chegam e para onde voltam. Nos tempos de formação continuada tentam inventar como conhecer essas vidas precárias. Abrir espaços de diálogo com as famílias, mães, educandos, educadoras, educadores para que narrem suas vivências do seu precário sobreviver. Inventam repensar os currículos para garantir aos educandos o direito a saberem-se em vidas precárias, para saberem que estruturas econômicas, sociais, políticas os condenam a esse precário sobreviver.

Vimos que há um dado a merecer atenção: as diversas ciências humanas e as diversas Artes têm se deixado interrogar pelo precário, inumano sobreviver a que milhões de seres humanos, até crianças são condenados e ainda no presente aumenta. O pensamento pedagógico vem se abrindo a entender essa realidade que chega às escolas. Que interrogações à educação e à docência e que respostas éticas? Nos coletivos docentes-educadores uma interrogação: como esse precário viver, sobreviver afeta sua formação humana. Os tempos de formação inicial e continuada se voltam à procura de entender esse precário sobreviver que rouba as humanidades e precariza a vida dos educandos. Nas últimas décadas análises das ciências humanas nos trazem elementos para entender esse precário viver. Nos currículos, tempos de formação trazem essas análises que podem, devem ser centrais no entender as vidas ameaçadas que chegam às escolas e interrogam a ética profissional. Que constantes nessas análises das diversas ciências sobre a vida precária?

• *Trazem indagações éticas, políticas radicais para a moral social, política e pedagógica.* Quando a vida é tratada com tantas imoralidades, a política, o poder revelam suas imoralidades. Enxergar com atenção a precarização da vida, até de infâncias-adolescências nos obriga a enxergar melhor as imoralidades, a negação política da ética no poder, nas políticas, nas relações sociais. Um olhar político, ético do condenar a vidas precarizadas. Um aprendizado para o pensamento pedagógico: aprofundar nesse olhar político e ético das vidas precarizadas e responder a pergunta: que exigências-responsabilidades éticas para a educação, a docência?

• *O precário viver dos educandos exige respostas éticas*. Avançar com as ciências humanas e as Artes no olhar ético, político sobre vidas ameaçadas obriga a educação a fazer escolhas éticas que retomem com a centralidade requerida a afirmação política da ética ao menos na educação. Diante da irresponsabilidade moral com que o Estado oprime o viver/não viver dos educandos populares, as escolas públicas e seus profissionais tentam responder com escolhas morais, éticas, políticas radicais. Assumir a centralidade da ética na formação e na prática docente-educadora de vidas tratadas com tantas injustiças e imoralidades. Diante de uma negação política da ética, precarizando vidas, somos obrigados a fazer escolhas morais na política e na educação que sempre teve como função social, política acompanhar, proteger, formar vidas humanas.

• *O injusto sobreviver exige novas respostas pedagógicas radicais*. Quando cada dia, cada noite milhões de educandos chegam às escolas públicas, à EJA até às universidades em vidas ameaçadas pelas injustiças sociais, antiéticas, somos apelados, desafiados a propostas éticas radicais. As responsabilidades dos docentes-educadores são solicitadas a ir além da ética do ensinar-aprender-avaliar. A responsabilidade ética pela formação humana exige proteger vidas ameaçadas. Exigências de políticas que vão muito além da inclusão, da gestão participativa, da qualidade e até da igualdade de percursos de aprendizagem.

• *Priorizar o direito à vida justa*. Quando os percursos de viver, não viver se radicalizam as respostas educativas são obrigadas a priorizar o direito a viver vida justa, humana. Do direito humano primeiro à vida vêm as exigências éticas primeiras: garantir o direito à vida. Somos seres morais; acompanhar seres humanos, função da Pedagogia que desde a Paideia foi pensada como uma função moral. Em tempos em que vidas chegam ameaçadas da imoralidade política econômica, social, a Pedagogia é pressionada a proteger essas vidas como um dilema moral, político, ético, pedagógico. Diante de milhões de educandos em vidas ameaçadas a responsabilidade moral, profissional, primordial passa a ser proteger vidas.

• *Dilema moral: que limites profissionais no proteger vidas ameaçadas*? Em tempos de ameaça do Estado à educação e a seus profissionais, que possibilidades e que limites de proteger vidas ameaçadas? Aumenta a consciência nas escolas e na EJA dessa responsabilidade moral primordial, como aumenta o dilema moral dos limites das escolas, da educação pública ameaçada de tomar partido por proteger vidas ameaçadas. Que condições profissionais de prometer aos educandos proteger suas vidas em tempos políticos de pacotes criminalizadores? As identidades docentes--educadoras, gestoras em estado de ambivalência, de que escolhas éticas possíveis em tempos de educação ameaçada por proteger vidas ameaçadas. As exigências éticas radicalizadas, mas as respostas éticas limitadas pelos ataques, limites, cortes à educação.

• *Os coletivos educadores no impasse entre urgências e limites*. Que limites a exigir responsabilidades éticas no proteger vidas diante das irresponsabilidades do Estado, da justiça de proteger essas vidas e até de criminalizá-las. Como apelar ao Estado, à justiça por proteção de vidas quando o próprio Estado, a própria justiça as criminalizam e defendem até a militarização das escolas e sua gestão? Diante de um Estado não de direitos, não de proteção aos sem direito e que vêm lutando por direito à escola e vida, a responsabilidade ética da educação pública e de seus profissionais é chamada responsabilidades morais mais radicais. Dilemas éticos vivenciados nos profissionais, nas escolas, na EJA, universidades públicas, que vêm provocando respostas, escolhas éticas, políticas novas.

Tempos de negação política da ética no Estado, na justiça a nos dizer que a vida moral está ameaçada, exigindo resposta de afirmação política da ética. De inventar estradas. Inventar respostas éticas de proteção de vidas é mais complexo e tenso do que reinventar didáticas e avaliações de resultados de aprendizagem. Como aliviar o medo, a dor de viver entre vida-morte desde crianças é a exigência mais radical para a pedagogia e a docência.

Que respostas éticas quando os Outros são decretados incapazes de opções éticas?

Volta a pergunta: que respostas éticas quando o Estado, a justiça não decretam os Outros como excluídos e nem promete inclusão-redenção pela educação? Quando se radicaliza o decretar os Outros com deficiência de humanidade e são decretados ameaçadores da ordem e segurança pública, ameaçadores dos coletivos de bem? Quando se decreta os Outros como criminosos, terroristas, logo nem redenção pela educação, mas decretados em estado de não viver, de vidas ameaçadas, extermináveis? Não educáveis, não humanizáveis? Até a tradicional promessa de humanização, redenção pela educação é descartada. O que resta à educação e de sua histórica função de humanização se os Outros são decretados in-humanizáveis? O que resta da educação como inclusão se a opção política antiética é criminalizá-los?

Os ataques à educação, às ciências humanas não são apenas de cortes de orçamento, são ataques a sua função histórica – humanizar, até ataques a sua tímida função democrática de minorar a dor, a exclusão, com promessas de inclusão, redenção. A todo humanismo pedagógico lhe foi encomendado educar para atrevendo-se a pensar fazer escolhas éticas no convívio social, o que supunha o reconhecimento de que todo humano é sujeito ético, de escolhas éticas. Os tempos são Outros. Os pacotes anticrime, ao criminalizar os Outros, não os reconhecem como sujeitos capazes de fazer escolhas morais, nem de seguir as regras éticas do convívio social e até escolar.

A imagem que o Estado, a justiça, a mídia projetam do povo e de seus jovens, adolescentes, crianças é de que com certeza sua inclinação é por fazer escolhas ameaçadoras da ordem social e escolar porque deficientes de humanidade e de cidadania. Aos decretados in-humanos, criminosos não são reconhecidos nem capazes de fazer escolhas éticas. Decretados só capazes de respostas erradas, contra a ordem social e escolar. Logo, não educáveis, não humanizáveis, não sujeitos éticos porque nem capazes de escolhas éticas. Se todas suas escolhas serão imorais para que gastar tempo, recursos públicos com sua educação? Rebaixemos a idade penal, entreguemos esses jovens, adolescentes desde a infância à justiça penal, nem aos centros de socialização de adolescentes infratores. Entreguemos as escolas públicas à gestão militar e policial. Decretamo-los em estado de vidas ameaçadas, criminalizáveis.

A educação para a formação humana, para a cidadania, para aprender a fazer escolhas morais perde sentido político no decretar jovens, adolescentes e até crianças populares in-humanizáveis, in-educáveis. Passou o tempo de políticas socioeducativas de promessas de inclusão, redenção pela educação para que aprendam a pensar e aprendam as artes de fazer escolhas morais. Os tempos são de cortes na educação, de condenar as ciências humanas que continuam teimando em formar humanos capazes de atrever-se a pensar para ser capazes de fazer escolhas morais.

Só tem sentido a educação se se reconhecem os humanos desde a infância atores morais; quando o próprio Estado e sua justiça os condenam como incapazes de serem atores morais a educação perde sua função política. Não tem sentido gasto público com a educação de atores imorais, incapazes de escolhas morais. Logo não sua educação, mas sua criminalização, reduzidos a vidas ameaçadas.

Que respostas éticas de educadores dos decretados incapazes de fazer escolhas éticas?

Voltamos aos velhos padrões coloniais de decretar os Outros incapazes de serem atores morais, de fazerem escolhas éticas porque decretados deficientes em humanidade. Tempos da pedagogia se perguntar se esse decretar os Outros como incapazes de fazer escolhas éticas, porque com deficiência originária de humanidade não tem sido em nossa história política, cultural e até pedagógica uma norma. Diante desse repor essas radicalidades políticas antiéticas a exigência ética passa a ser perguntar-nos qual a responsabilidade da educação, da docência, do pensamento pedagógico, das políticas educativas nesse persistente decretar os Outros como incapazes de fazer escolhas éticas, de serem educados como atores morais?

À pedagogia foi encomendada a tarefa de educar para a responsabilidade moral, desde a infância, de atores supostamente reconhecidos morais. Quando o Poder decreta os Outros como não atores morais, como incapazes de respostas éticas, como predispostos por sua in-humanidade à desordem, à violência, à criminalidade, a educação perde sua função, sua tarefa de educação para a responsabilidade do não reconhecermos os jovens, adolescentes, infâncias populares capazes de serem atores éticos, de escolhas éticas, a sentença de morte ou do sem-sentido da educação está ditado.

Essa a motivação política radical dos ataques à educação. Só tem sentido os gastos públicos com educação quando os sujeitos são reconhecidos capazes de escolhas éticas, quando pacotes anticrime os criminalizam como não sujeitos capazes de escolhas, mas predispostos às violências; tentar educá-los perde sentido político. Tempos de retomar o decretar colonial de que os Outros não podem ser reconhecidos sujeitos, atores morais, capazes de escolhas éticas porque em estado de natureza, de irracionalidade, imoralidade. Logo criminalizáveis, não educáveis.

Santos (2010) lembra-nos que "a exclusão torna-se simultaneamente radical e inexistente, uma vez que seres sub-humanos não são considerados sequer candidatos à inclusão social. A humanidade moderna não se concebe sem uma sub-humanidade moderna. A negação de uma parte da humanidade é sacrificial na medida em que constitui a condição para a outra parte da humanidade se afirmar enquanto universal. O meu argumento é que esta realidade é tão verdadeira hoje como era no período colonial. O pensamento moderno ocidental continua a operar mediante linhas abissais que dividem o mundo humano do sub-humano, de tal forma que princípios de humanidade não são postos em causa por práticas desumanas. As colônias representam um modelo de exclusão radical que permanece atualmente no pensamento e práticas modernas tal como aconteceu no ciclo colonial" (p. 39).

As políticas de inclusão supõem incorporação, cooptação, assimilação pela educação, enquanto os pacotes criminalizadores, as violências de Estado e da justiça implicam destruição cultural, humana pela forma mais radical: destruição física, extermínios, ameaças de vidas. A discriminação intelectual, moral, cultural acompanha nossa história desde a Colonização; a educação tentou incluir na cultura única, nacional sem uma crítica radical a essa discriminação, inferiorização cultural, intelectual, moral. Sobretudo, não foi destacado que essa discriminação cultural, os culturicídios foram acompanhados como política de homicídios, de violências físicas, de extermínios. Essa opção política foi mais radical do que a incorporação cultural pela educação.

Estamos em tempos em que se repõem as violências físicas, a criminalização, as vidas ameaçadas como política, desprezando a inclusão, incorporação, cooptação, assimilação pela educação. Tempos de retomar como política de Estado a persistente negação radical, a ausência de humanidade, a sub-humanidade dos Outros. A radicalização da exclusão ou a negação da relação exclusão-inclusão ao decretar os Outros não incluíveis porque nem reconhecidos humanos exige respostas éticas, políticas, pedagógicas de extrema radicalidade: reconhecer os oprimidos que chegam às escolas, à EJA atores morais, sujeitos capazes de fazer escolhas éticas na sociedade e nas escolas.

Preservar as memórias de tantas respostas éticas

Persiste a pergunta: Que exigências-respostas éticas quando o Estado, a justiça ameaçam, criminalizam vidas? A responsabilidade ética primeira passa por uma postura crítica aos limites das análises e respostas que as políticas sociais, educativas têm priorizado até em tempos de Estado democrático. As políticas socioeducativas se legitimaram em superar as condições antiéticas da desigualdade social, da segregação e exclusão social, política, econômica pela educação inclusiva, igualitária, de qualidade. Como inspiração ética, política: superar as desigualdades, educar para uma sociedade mais igualitária, mais inclusiva pela educação. Não faltaram análises críticas das estruturas sociais, políticas, econômicas produtoras dessas desigualdades. Até análises críticas a responsabilizar a precariedade da educação pelas injustas desigualdades antiéticas e responsabilizar os coletivos populares pelas desigualdades sociais e educacionais.

Quando o Estado de Direitos é destruído, uma forma de resistência será não deixar perder as memórias de tantas respostas éticas por minorar pela educação as históricas segregações que vitimam os Outros que lutam por direito à educação, à escola, à EJA, à universidade. Reconhecer, manter os valores morais que inspiraram essas políticas e ações profissionais. Mas será necessária uma postura crítica das visões, representações, inferiorizações dos Outros a serem incluídos pela educação. Representações sociais, políticas, culturais e pedagógicas antiéticas que persistiram até nas propostas da história da nossa educação. Visões repostas no presente segregador.

Um dilema moral que acompanha os padrões de poder, de ver, pensar, subalternizar os Outros, que projeta sobre as infâncias, adolescentes, jovens, adultos populares as imagens de serem os herdeiros dos pensados em nossa história com deficiência originária de humanidade, racionalidade, moralidade, excluídos ou autoexcluídos da cidadania, da humanidade, da condição de humanos direitos. Logo, políticas sociais, educativas de minorar essas deficiências originárias de humanidade pela educação inclusiva, igualitária, de qualidade. Uma concepção nada laica, mas religiosa de promessas de redenção com exigências de arrependimento de sua culpa de deficiência originária de humanidade, de cidadania: educação *para* o desenvolvimento humano, dos não reconhecidos humanos, educação *para* a cidadania dos decretados subcidadãos.

Houve críticas políticas a essa imposta função moral da educação: minorar o fardo de uma herança de in-humanos, subcidadãos que vem da Colonização e até da República. Houve críticas radicais a jogar sobre as próprias vítimas a responsabilidade por sair da exclusão, da deficiência de humanidade e de cidadania, pensada como uma escolha dos próprios segregados, marginalizados. Ao Estado até democrático só cabe fazer promessas de redenção pela educação, não promessas de justiça social, de um Estado de direito à terra, renda, teto, trabalho, saúde. Vida justa, humana. A pedagogia se debate com essas ambivalências morais até em tempos de Estado democrático: decretar os Outros excluídos e prometer-lhes a inclusão pela educação. Políticas inclusivas de minorar a dor da segregação com promessas de redenção pela educação.

Resistências por se libertar de um precário sobreviver

A chegada de educandos em vidas ameaçadas às escolas, à EJA traz novas exigências de respostas éticas da educação, da docência, da gestão. No convívio com essas infâncias-adolescências, jovens, adultos que se sabem com medo, vitimados por tantas ameaças, os seus docentes-educadores aprendem que vêm resistindo, inventando estratégias de sobreviver, de um menos injusto sobreviver. As famílias, as mães resistem. O gesto de levar cada dia os filhos às escolas, esperando proteção das educadoras, é um gesto de resistência. Os coletivos sociais, étnicos, raciais, de gênero, classe conscientes desse ser condenados a um precário sobreviver vinham resistindo, se organizando em ações coletivas por libertação dessas vidas precarizadas, pressionaram por um Estado de direitos, ao primeiro direito: direito à vida, lutaremos pela vida e pelo que nos é de direito para um viver justo, humano.

As perguntas obrigatórias: que possibilidades, que limites de lutar por superar esse precário sobreviver quando o Estado de Direitos é destruído? Quando se impõe um Estado do privado, não do público, um Estado de privilégios, não de direitos? Que limites a superar o viver precário quando o discurso nacionalista e religioso se assume como política: A Nação, Deus acima de tudo e de todos. Quando os pacotes anticrime criminalizam os que resistem a um precário sobreviver, quando os direitos constitucionais são para os humanos "direitos"? Nesse estado de não direitos haverá lugar para defender princípios de igualdade, de justiça que legitimaram tantas lutas dos oprimidos por direito à vida justa, humana? Haverá lugar para projetos pedagógicos, políticos, sociais, educativos por superação de um precário sobreviver de milhões de oprimidos?

Os tempos políticos de resistências são Outros, não de políticas de superar as vulnerabilidades de vidas precarizadas pela educação inclusiva, igualitária nem de qualidade. Tempos de políticas, pacotes de criminalização, extinção, de ameaça de vidas decretadas descartáveis. Uma mudança ética, política radical na opressão dos Outros, nos padrões de poder, de saber, de ser que condenaram em nossa história as Outras vidas precarizadas, ameaçadas. Os tempos políticos radicalizam, ao extremo, esses históricos padrões: não vê-los em vidas precárias a exigir espaços políticos, gastos públicos para incluir essas vidas ao menos viváveis em um precário sobreviver. Vê-los, decretá-los criminosos, extermináveis. Vidas de precárias para vidas ameaçadas. As possibilidades de resistências mais estreitas. Tempos de reprimir, condenar por resistir.

Mudanças radicais no decretar, segregar, oprimir os Outros no primeiro direito humano, à vida. Que exigências, respostas éticas diante dessa mudança tão radical no padrão de poder, de ver, exterminar vidas? A educação vinha tomando partido, fortalecendo essas resistências dos oprimidos. Que papel para a educação quando se leva ao extremo uma política de vidas ameaçadas como política de vida? O que a política nos diz: escolas, universidades, gestores, docentes, educadores desistam de políticas, pedagogias de inclusão, igualdade, preservação de vidas precarizadas.

Os tempos são mais radicais: vê-los como vidas a não merecer nem serem lamentadas como vulneráveis, precárias, excluídas a educar, incluir, igualar, tirar da precariedade. Os custos dessas políticas inclusivas não merecem gastos de recursos públicos escassos. Tempos de opções políticas, econômicas do aplicar a renda pública onde rende, em vidas viváveis, não em vidas precárias e ainda ameaçadoras.

Voltamos aos padrões políticos mais segregadores no ver, pensar, decretar os Outros como não humanos, não merecedores de vidas humanas nem precárias, não merecedores de políticas sociais, educacionais de superar esse precário sobreviver. A opção política é decretar vidas ameaçadas, extermináveis como opção política do Estado, da própria justiça, dos órgãos de segurança pública. Em tempos de Estado de Direitos poderíamos exigir políticas sociais, educativas de direito à vida, à superação de um viver, sobreviver precarizado até pela educação inclusiva, igualitária, de qualidade. Mas em tempos de vidas ameaçadas de nem direito a viver, mas decretados extermináveis, resta algum papel para a educação, para a docência, para as escolas, a EJA?

As famílias-mães aprendem que nestes tempos poderão ou não seus filhos voltar vivos em casa. Até docentes-educadores são obrigados a aprender que os educandos em vidas ameaçadas poderão ou não voltar vivos às escolas ou ao fazer a chamada – Antônio! – o colega responderá: "Professora, Antônio ausente, não voltará mais à escola, foi morto no fim de semana pela polícia". Quando a vida dos filhos, dos educandos depende da política-pacote de criminalização, a função das escolas, da educação, da docência, das políticas socioeducativas é obrigada a se redefinir.

Quando se legitima um estado de medo a não viver na sociedade, na mídia, no Estado, esse estado de medo chegará inevitavelmente às famílias, às mães, aos jovens, adolescentes, crianças, educandos. Chegará – já chegou – às escolas e a seus gestores-educadores. Que exigências-respostas da educação, da docência? Entender, reconhecer que os tempos políticos são outros na garantia, não garantia do primeiro direito à vida.

14
VIDAS AMEAÇADAS QUE EXIGEM JUSTIÇA E ÉTICA

Para Paulo Freire (2000), a Pedagogia da Indignação se legitima "no sonho político da superação da *realidade injusta*... Em nome da ética... da necessária transformação da sociedade, da superação das injustiças desumanizantes" (p. 57). Freire nos aponta para destacar a relação entre ética, educação, justiça. Uma exigência em tempos de vidas ameaçadas: radicalizar a relação entre educação e justiça. Radicalidades que chegam às escolas, à EJA de crianças, adolescentes, jovens, adultos que se sabem vitimados pelas injustiças da sociedade, do Estado, da própria justiça.

A quem apelar por justiça quando a Justiça os condena?

É a interrogação posta nos coletivos populares, na sociedade e nas escolas. Sabem-se injustiçados pela própria Justiça. Uma interrogação para a educação e a docência: Ameaçar vidas, função de que Justiça? É sintomático que a própria justiça tenha assumido a função de criminalizar os Outros, de legitimar condená-los a vidas ameaçadas. Sabendo-se ameaçados, criminalizados pela Justiça, aprendem que sua longa história de oprimidos é uma história de injustiçados pela própria justiça do Estado de quem esperavam justiça. Que desafios éticos para a educação, a docência, as análises de políticas para o pensamento pedagógico? Radicalizar a relação educação, ética, justiça.

Um desafio ético: reconhecer os educandos que lutando por escola lutam por justiça, que sejam vistos vítimas das injustiças, injustiçados pelo próprio Estado de quem esperavam justiça. As políticas sociais, educativas preferem vê-los como desiguais excluídos e prometem igualdade, inclusão pela educação, pelo igualitário acesso à escolarização. Políticas benevolentes de um olhá-los benevolente. Os tempos de Estado, de justiça justiceira, criminalizadora, ameaçadora de vidas nos lembram de que esse olhar benevolente que legitimou políticas socioeducativas de inclusão, de igualdade, de justiça distributiva dos bens da educação não coincide com o olhar histórico com que a Coroa os pensa desde a Colonização como in-humanos. Nem como a República os decretou como subcidadãos. Decretá-los pela própria justiça do Estado, criminalizáveis porque in-humanos, subcidadãos foi em nossa história mais radicalmente injusto do que tratá-los como desiguais, como excluídos, até responsáveis por ser excluídos, por ser desiguais. Tempos de nomear os Outros como sempre decretados: injustiçados. Tempos de radicalizar as políticas socioeducativas como políticas de Justiça com os injustiçados.

Que às escolas, à EJA cheguem milhões de vidas condenadas a um precaríssimo, injusto, in-humano sobreviver, que chegam até ameaçadas de não viver é um dado que as escolas e seus gestores-educadores percebem. Que desafios éticos, pedagógicos vêm dessas vidas ameaçadas? Lembremos a consciência que avança: "Quando as infâncias são Outras, como educadores somos obrigados a ser outros". Outros no olhar com que os vemos, outros valores, outra ética. Das vidas ameaçadas vêm desafios éticos radicais. Exigências de ir além de ilustrar suas mentes para que a razão ilustrada os oriente no agir ético, no respeitar a ordem social, o convívio tolerante. Ir além de formar nos educandos, nos valores de autonomia e liberdade. Reconhecer nos educandos da infância, da juventude e vida adulta vidas ameaçadas de viver, vivendo o sofrimento de um precário, injusto, in-humano sobreviver e até de medo a não viver exige outra ética mais radical. Exige articular ética às injustiças que, como vítimas, têm sofrido na história e sofrem no presente.

Desde a colonização o pensamento político e educativo pensou e continua pensando os Outros, indígenas, negros, quilombolas, das florestas, ribeirinhos, trabalhadores, camponeses como sem valores, atolados em contravalores de preguiça, indisciplina, desordem, arredios aos valores de trabalho, de estudo. Injustiças históricas persistentes nos padrões político, cultural, pedagógico. A essa visão respondem afirmando-se resistentes, sujeitos de valores. O povo, os oprimidos sabem-se injustiçados, condenados a um injusto, in-humano sobreviver. Passam esse saber-se injustiçados aos filhos que chegam às escolas com esses saberes de vítimas de históricas injustiças. Nessas histórias se formam sujeitos de valores e tomam consciência ética das injustiças dos contravalores da sociedade. Na ética familiar, aprendem que a pobreza, a fome, o desemprego são injustos, que morar nas favelas é injusto. Têm consciência das injustiças que sofrem.

Afirmam-se sujeitos éticos. Sua formação ética vem das injustiças padecidas das vivências dos contravalores que os oprimem. Mas sua formação ética vem, sobretudo, das resistências que aprendem de seus coletivos – das mães, sobretudo – dos valores que põem em ação para sobreviver e se libertar das injustiças de um injusto sobreviver e in-humano ser ameaçados de não viver. A mídia, o poder não os reconhecerão como sujeitos de valores, os criminalizarão como ameaçadores dos valores da ordem social. Levam à escola uma indagação: ao menos seus educadores os reconhecerão sujeitos éticos de valores. Os reconhecerão como vítimas dos contravalores da sociedade.

Tempos de repor a injustiça mais injusta: negar o direito à vida humana

A relação entre educação e justiça tem privilegiado a justiça distributiva ou a igual distribuição do direito à educação, escolarização, igualdade de acesso, de qualidade, de direito ao conhecimento. O sistema escolar tem sido criticado como injusto por ser tão desigual no garantir a igualdade do direito à educação para todo cidadão. Que a educação como bem social seja igualmente distribuída, com justiça distributiva. Vínhamos avançando nessas relações entre igualdade na distribuição da educação e justiça social. Até com medidas compensatórias de cotas. O pensamento pedagógico, as políticas até de formação têm priorizado essa relação entre educação e justiça distributiva dos bens da própria educação, secundarizando a relação política mais radical entre a educação e as injustiças sociais, políticas, humanas com que em nossa história os Outros foram e continuam injustiçados.

Quando do próprio Estado, da justiça vêm brutais processos de ameaçar vidas, criminalizar as relações entre justiça-educação-docência, gestão são radicalizadas para além da educação com justiça igualitária, distributiva e compensatória. Ameaçar vidas, decretá-las extermináveis põe em ação os contravalores mais básicos, ameaça o valor primeiro do direito à vida. Nega a ética mais humana. Repõe a injustiça mais in-humana: negar o direito à vida justa, humana. Tempos de um drama ético, social, político produzido pelas estruturas sociais de que os oprimidos são vítimas, não autores.

O drama ético, social, político, econômico que os vitima na sociedade, levam às escolas, à EJA, até às universidades. Levam as injustiças, in-humanidades antiéticas a exigir das escolas, dos seus educadores assumir a responsabilidade de entender esse drama ético, social, político que os vitima com tantos contravalores. As políticas, o pensamento pedagógico, a formação inicial de docentes-educadores são pressionados a dar toda centralidade a entender esse drama ético, social, político, que condena os próprios educandos e seus coletivos a injustiças tão antiéticas. Estamos em tempos em que no próprio Estado e na justiça criminalizadora de jovens, adolescentes, crianças populares se radicaliza a negação política da ética. As vítimas dessa negação política da ética chegam às escolas, à EJA, exigindo entender esse drama ético para entender a radicalidade antiética de decretar vidas ameaçadas. Os docentes-educadores também sabem-se vítimas das injustiças; nos movimentos docentes resistem e aprendem valores de resistências.

Os educadores dessas infâncias a adultos em vidas ameaçadas são pressionados ainda a reconhecer nos educandos e nos seus coletivos sujeitos éticos de valores, de resistências feitos. Reconhecê-los como vítimas dos contravalores das injustiças sociais é uma exigência por justiça para suas vidas sob históricas ameaças. Mas da educação e da docência se exige ir além: reconhecer os valores, saberes, a ética, afirmados no resistir por libertação, emancipação, reação às injustiças sofridas. Resistindo às injustiças afirmam a relação resistências, justiça, educação, humanização. Uma pergunta obrigatória: com que olhar ético e antiético têm sido pensados, decretados segregados os Outros em nossa história política, cultural e até pedagógica? Desde a empreitada educativa colonizadora tem prevalecido o olhar antiético, antipedagógico, injusto que os decretou imorais, sem valores, violentos, ameaçadores, logo extermináveis. Estima-se 40 milhões de indígenas exterminados na colonização das Américas. Um olhar persistente injusto posto e reposto no Império, na República e até nas instáveis democracias.

Injustiças repostas com requinte em tempos políticos de decretar jovens, adolescentes, crianças, militantes como ameaçadores à ordem, aos valores da Pátria e de Deus acima de tudo e de todos. O decretar jovens, adolescentes, crianças ameaçadores se legitima em decretá-los sem valores, sem ética, ameaçadores dos valores de ética social, política, econômica, religiosa. Julgamentos antiéticos injustos que perpassam nossa história social, política, pedagógica. Uma interrogação obrigatória: A história da educação dos Outros se contrapôs ou reforçou essa visão antiética dos Outros? As escolas não reprovaram, até expulsaram como violentos, indisciplinados, sem valores de ordem, de trabalho e disciplina os mesmos que a sociedade segrega e ameaça em suas vidas ameaçadas porque decretados violentos, ameaçadores dos valores de ordem social e até escolar?

Uma longa história de negação política da ética no olhar, segregar os outros na sociedade e até nas escolas. Uma história que tem provocado resistências de escolas, gestores, docentes-educadores avançando em condenar esses julgamentos negativos e reconhecendo os outros, os educandos sujeitos de valores. De justiça. Os avanços em reconhecer os educandos como injustiçados trazem exigências éticas de maior articulação entre educação, ética, docência e justiça. Entre políticas educativas, gestão da educação, identidades docentes-educadoras, ética e justiça social, étnica, racial, de gênero, orientação sexual.

Injusto Negro Drama – "Parem de nos matar porque somos negros"

As lutas por justiça social se radicalizam somadas às lutas por justiça racial, étnica. Porque as injustiças raciais condensam em nossa história as injustiças sociais. O grito: Parem de nos matar porque somos negros é a síntese.

Por que parem de nos matar? Porque se sabem as vítimas privilegiadas de decretá-los em vidas ameaçadas. Ao longo de nossa história a criminalização, as vidas ameaçadas têm destinatários certos. Os dados revelam que um jovem-adolescente negro tem 147% mais chances de ser assassinado do que um branco. Tempos em que o racismo institucional de Estado é reposto sem escrúpulos, deixando evidente não sermos uma democracia racial. Tempos de radicalizar o racismo indo além do preconceito até os extermínios de jovens-adolescentes.

De quem exigem parem de nos matar? A gravidade política está em quem mata esses jovens-adolescentes negros: são os agentes de segurança pública de quem se esperaria proteção. As análises nos repetem que a polícia brasileira é a que mais mata no mundo. Violências de Estado contra a população negra? As mortes tão frequentes nos presídios são em sua maioria de jovens-adultos negros. De 2017 para 2019, mais de 400 mortos nos presídios de detentos sob custódia do Estado. Os noticiários e as autoridades repõem a visão de que eles se exterminam, repondo a visão histórica de deficiência de moralidade, de racionalidade, de humanidade. In-humanos a provar não serem merecedores de viver em sociedade, reclusos, exterminando-se entre si. Logo, o seu extermínio nas ruas, nas periferias legitimado.

Que interrogações para as escolas públicas aonde chegam educandos, adolescentes negros, crianças negras ou jovens-adultos em sua maioria negros na EJA? Chegam às universidades em cotas sociais, raciais. Tornou-se "normal" por ser frequente nas escolas públicas das periferias e na EJA ao fazer a chamada um aluno responder pelo colega ausente: "Professora, professor, esse não voltará mais, foi morto no fim de semana". De cada três mortos em fins de semana, dois negros. Interrogações radicais cada vez mais presentes: Como entender essas vidas ameaçadas de jovens-adolescentes negros? Que respostas estão sendo tentadas na educação e na docência? Ignorar que as escolas públicas são em sua maioria de negros? Cultuar o sonho da democracia racial: os adolescentes-jovens negros, exigindo parem de nos matar, revelam saber-se vítimas de históricas injustiças. De sua consciência vêm exigências que obrigam a repensar programas que avançaram para políticas de respeito, reconhecimento das diferenças de etnia, gênero, raça. Obrigam-nos a radicalizar os avanços por inclusão racial, por cotas raciais, por ações afirmativas. O racismo institucional se revela mais radical diante de que um jovem, adolescente negro tenha 147% maiores chances de extermínio do que um branco.

Se as escolas, a EJA, as universidades não têm condições de fazer parar esses extermínios racistas, ao menos poderão fortalecer as forças de resistência, de denúncia com que os próprios jovens-adolescentes vêm resistindo e denunciando: Estado, forças da ordem, justiça parem de criminalizar esses jovens, adolescentes. Denúncias vindas das universidades, escolas, EJA podem somar, reforçar as resistências dos jovens-adolescentes por direito à vida, por justiça. A EJA, escolas, universidades são ameaçadas porque vinham reconhecendo a urgência de ir além de políticas de inclusão, de igualdade social para políticas de proteção, direito à vida. Quando a segurança-insegurança pública do Estado criminaliza, extermina das escolas, da EJA, das universidades, essas vidas inseguras de viver esperam segurança. Esperam justiça. Ao menos nas escolas não reforçar ser condenados como violentos merecedores da punição social e até escolar.

A educação pública é condenada, as ciências humanas atacadas por ter tomado partido. Por não ficar calados e denunciar vidas ameaçadas, humanidades roubadas dos educandos nas escolas, até crianças. Por denunciar e proteger vidas ameaçadas de morte. Pensávamos que Paulo Freire falava de jovens-adultos distantes, roubados em suas humanidades. Hoje e antes tão presentes nas escolas públicas, obrigando-nos a ir muito além de políticas inclusivas, reparadoras, igualitárias apenas de aprendizagem em percursos regulares de escolarização. Tempos de lembrarmos com Paulo Freire que a função da pedagogia é recuperar humanidades roubadas de educandos. Em tempos de criminalização e de vidas ameaçadas de viver não viver como humanos. Pessimismo pedagógico? Realismo pedagógico trágico. As exigências éticas da educação e da docência se radicalizam: salvar, proteger vidas dos adolescentes-jovens que se sabem criminalizados e gritam: "Parem de nos matar porque somos negros".

Fortalecer as lutas por Justiça Social

A educação vem fortalecendo as lutas por igualdade, inclusão, equidade, valores sociais, políticos. Ideais de valores que legitimam as políticas, a universalização do acesso, da permanência, da melhoria do Ideb, dos PNE, da Base Nacional Comum... Diante da persistência de repetir Planos, Metas, Estratégias, Parâmetros e Bases Nacionais, vamos tomando consciência de que esperar esses valores de igualdade, equidade, inclusão pela educação, escolarização exige olhar para as estruturas sociais, raciais, de classe, trabalho, poder que produzem as desigualdades até na educação. Exige ir além de políticas de justiça distributiva para a igualdade e inclusão. Exige dar centralidade a entender, superar as injustiças estruturantes que vitimam os Outros.

Estamos em tempos de o Estado assumir como política reforçar essas estruturas injustas produtoras das desigualdades. Diante dessa permanente reposição, reafirmação das estruturas de dominação, de opressão como política de Estado, que papel resta para a educação? Que possibilidades e limites para a inclusão, igualdade pela educação? Tempos políticos de duvidar, de superar as ilusões de que pela democratização do acesso à escolarização, até de qualidade, laica ou de que pela alfabetização na idade certa da infância ou na idade incerta da EJA chegaríamos à igualdade social, racial, de gênero, classe, terra, renda, trabalho. O acesso quase generalizado à educação fundamental e de alguns por cotas sociais, raciais às universidades não tem significado a diminuição da pobreza, nem das injustiças, desigualdades raciais, sociais. Nem sequer a igualdade, inclusão, equidade cognitiva. Qual a força libertadora desses valores? Conseguirão desconstruir os injustos contravalores estruturantes das desigualdades de classe, raça, etnia, gênero?

Uma lição a aprender: retomar a função da educação desde a Paideia: é possível educar em valores? Educar em que valores? Os oprimidos sabem-se injustiçados e lutam por valores de justiça. A consciência das desigualdades e injustiças estruturantes vinha aumentando como vinham aumentando as lutas por justiça nas vítimas das injustiças raciais, sociais, de gênero, classe. Poderíamos reconhecer avanços na consciência de valores movendo as lutas por justiça? Não seria essa a função da educação fortalecer, legitimar essas lutas por valores de justiça social? É significativo que as universidades, as ciências humanas, as escolas e seus profissionais não sejam condenados pelos letramentos, conhecimentos que ensinam, mas por tomar partido por valores de justiça nas relações de classe, gênero, raça, por valores de direitos tão radicais como terra, teto, renda, trabalho, vida. Por questionar os velhos contravalores e estruturas injustas que tentaram e tentam legitimar as estruturas de dominação de classe, gênero, raça: o patriarcalismo, a propriedade da terra como valor sagrado, a inferioridade humana dos indígenas, negros, mulheres.

É significativo que as reações, criminalizações a essas lutas por justiça venham da própria justiça, dos órgãos e autoridades da justiça. Dos injustiçados vinham ações coletivas por justiça, do Estado vêm respostas criminalizadoras da justiça. Tempos de repolitização da justiça. Que exigências, respostas da educação, da docência, do pensamento pedagógico? Radicalizar a relação justiça-vida-educação. Fortalecer as lutas por justiça social. Como?

Dedicar tempos de estudo-formação-pesquisa, análises a aprofundar as desigualdades a serem superadas pela educação são estruturantes dos padrões das injustiças sociais, raciais, de gênero, classe. Entender que esses padrões injustos legitimados nos contravalores como o racismo, sexismo, a exploração do trabalho, da classe passam a ser defendidos pelo Estado e sua justiça que criminaliza os mesmos coletivos criminalizados em nossa história por resistir a esses injustos contravalores de dominação-subalternização. A educação é atacada por não educar nesses contravalores e ousar afirmar, fortalecer outros valores de justiça, resistência, de libertação, emancipação. Seria essa a função da educação tão temida a ser reforçada? Educar, fortalecer essa consciência de valores? Educar fortalecendo valores de justiça?

Estamos em tempos políticos que nos obrigam a tentar articular a educação com as lutas mais radicais por justiça social, econômica, política, cognitiva. As famílias, os coletivos populares avançaram na consciência de que sua segregação de etnia, raça, gênero, classe persiste porque as estruturas injustas de apropriação da terra, do solo, do teto, da renda, da saúde, da educação, da vida persistem como contravalores que os oprimem. Como desconstruir, resistir a essas históricas e injustas estruturas? Os movimentos sociais, as ações coletivas por libertação mostram que os oprimidos têm consciência das fronteiras de luta onde resistir. A educação, escolarização, cotas sociais, raciais mais articuladas às lutas mais radicais contra as estruturas injustas que os oprimem vêm sendo uma dessas fronteiras. Lutas por educação articuladas às lutas por justiça social. Por vida justa.

Os militantes por terra, teto, territórios poderão ter escolarização em percursos regulares, de qualidade, mas suas vidas serão ameaçadas e eles decretados terroristas, extermináveis. O Estado de criminalização dessas vidas deixa explícito que os conflitos são mais radicais nos padrões de poder, de apropriação da terra, da renda, do espaço. Os conflitos são na apropriação do Estado e da própria justiça. A educação é atacada por ter optado por fortalecer lutas por justiça. Tempos de radicalizar a função da educação, da docência fortalecendo as lutas por valores de justiça social e por se libertar das estruturas injustas que os oprimem. Que nos tempos de escola, seus mestres-educadores lhes garantam o direito a saber-se injustiçados, a conhecimentos sobre as injustas estruturas, contravalores que os oprimem. Que os tempos de escola fortaleçam suas lutas por Justiça Social.

O direito à vida humana, justa – dever de justiça

Lembrávamos que vidas são ameaçadas porque não rentáveis, porque não capazes de contribuir na produção da riqueza, da terra, até incapazes de participar na produção intelectual porque irracionais, na produção cultural porque incultos, nem na produção moral porque imorais. Nessa política do mercado de bens materiais, intelectuais, culturais, morais essas vidas são dispensáveis por nada ter a aportar. Logo não só invisibilizados para a lógica do mercado, mas criminalizados por ousarem resistir e exigir participar dos bens do mercado e dos bens culturais. Em tempos de Estado de Direitos, de políticas públicas lhes prometiam inclusão, compaixão, desde que instruídos, educados, capacitados não só para a cidadania, a ordem e o progresso, capacitados para o trabalho produtivo e rentável. Educação para a cidadania e para o trabalho e serão reconhecidos cidadãos e produtores pelos valores de trabalho.

Vincular educação e justiça, educação ao direito à vida justa não tem sido tão familiar quanto vincular educação, igualdade, inclusão. Os movimentos sociais sabem-se não tanto excluídos, mas injustiçados pelas relações injustas de classe, etnia, raça, gênero. Exigem o direito à vida humana, justa como dever de justiça. Radicalizam o saber-se em vidas ameaçadas e radicalizam as políticas, propostas de boa vontade de incluí-los, reduzindo as desigualdades. O direito à vida humana justa não é uma tarefa de campanhas políticas de boa vontade, mas de justiça. É significativo que o Estado desqualifique a educação até como justiça igualitária, distributiva para todos dos bens da educação e qualifique pacotes anticrime da Justiça. A Justiça politizada. Aos Outros não lhes é prometido igualdade pela justiça distributiva dos bens da educação, lhes é prometido uma justiça justiceira, criminalizadora, ameaçadora de vidas. A função do Estado e de sua justiça de não garantir nem o direito à vida humana, justa como dever de justiça. As relações justiça, ética, vida mudaram ou são repostas onde estiveram em nossa história para os outros.

Como reagir? Vinculando justiça, vida, ética, educação. Vincular direito à vida e justiça, uma tarefa política de desconstruir as injustas estruturas sociais, econômicas, políticas que lhes negam o direito político à vida humana, justa. Políticas de direitos-deveres de Justiça do Estado. Essa radicalidade colocando o direito à vida humana, justa como dever de justiça vem levando a própria Justiça a criminalizar esses coletivos que ousam defender vida humana justa como direito, logo a defender um Estado, uma Justiça, uma educação que os reconheça no direito à vida justa, como dever do Estado e da própria Justiça. Tensões históricas entre justiça, vida, ética, educação repostas nas vidas ameaçadas. Os coletivos em lutas por direitos à terra, território, teto, trabalho, renda, saúde, educação radicalizaram esses direitos como direitos de justiça, de Estado. Nas recentes ações coletivas dos Povos Indígenas por territórios a palavra mais destacada: JUSTIÇA.

Uma exigência política tão radical que a própria Justiça reage criminalizando, ameaçando as vidas desses coletivos sociais, que se atrevem a se afirmar sujeitos de direito à vida humana justa e até a exigir o dever do Estado, da própria Justiça a garantir esse direito. Esse o significado político radical da criminalização dos coletivos que ousaram se afirmar com direito à vida justa, como dever do Estado. Que exigências e respostas da educação e da docência? Aprender com os injustiçados, condenados a vidas ameaçadas, resistindo e radicalizando o vincular o direito à vida justa como dever do Estado. Da Justiça. Priorizar ética, educação e justiça.

A radicalidade de vincular Justiça Social e Educação

Reconhecer e não perder essas memórias de ter ido além de lutas por educação democrática, laica, igualitária, inclusiva e ter avançado por atrelar o direito à educação aos direitos mais radicais: terra, território, teto, trabalho, renda, culturas, identidades, justiça, vida justa. Sabíamos que teríamos de pagar um pouco por atrelar o direito à educação às lutas dos coletivos por direitos tão radicais. Teríamos de pagar um preço por vincular direito à educação com justiça social, étnica, racial. A resposta não demorou, vinda de quem deveria garantir esses direitos de justiça: vidas ameaçadas dos militantes, jovens, adolescentes, mulheres como Marielle que ousaram lutar por esses direitos. Escolas, universidades, seus mestres, as ciências humanas criminalizadas por ousarem vincular o direito à educação, ao conhecimento, às verdades e valores a essas lutas por direitos tão radicais. Por justiça. Lutar contra as estruturas injustas é criminalizado pela própria Justiça porque revela que as lutas por justiça são mais ameaçadoras das estruturas injustas do que lutar por igualdade, por inclusão pela educação. Uma exigência ética para a educação e suas políticas: optar pela radicalidade de vincular justiça social, racial, étnica, de gênero, classe e educação.

Dos movimentos por justiça social, justiça cognitiva, racial, de gênero aprendemos a vincular justiça e educação, uma relação ausente, pouco destacada nas políticas educativas e nos currículos de formação. Aprendemos que apenas prometer justiça distributiva dos bens da educação é pouco: igualdade de acesso à escola de qualidade não ameaça nem supera as injustiças estruturantes. Aprendemos dos movimentos em lutas por justiça que as injustiças sociais mais radicais se dão na negação do direito à vida, à terra, renda, trabalho moradia, comida. Aprendemos que essas lutas por justiça movem as famílias, as mães, os coletivos sociais, raciais por educação como um direito ao menos a minorar as injustiças de que são vítimas, desde que o direito à educação seja articulado à justiça por direito à terra, teto, renda, trabalho, saúde, diferença de gênero, raça, etnia.

Prometemos a igualdade, inclusão pela educação de qualidade, mas os movimentos sociais, raciais, dos campos, das águas nos advertiram que as injustiças sociais mais radicais estiveram sempre em nossa história nas estruturas de apropriação da terra, teto, renda, vida, que a educação somaria na superação das injustiças estruturais se se articulasse com as lutas dos coletivos contra essas injustiças estruturantes. O custo dessas articulações entre educação e lutas dos coletivos por justiça social não demorou e veio do próprio Ministério da Justiça: criminalizar as vítimas das injustiças estruturais históricas pela ousadia de lutar por Justiça e criminalizar a educação por fortalecer essas lutas radicais por justiça.

As crianças, os adolescentes que chegam às escolas em vidas ameaçadas, os jovens-adultos à EJA, às universidades criminalizados pela própria Justiça exigem justiça. Exigem da educação, da docência a radical vinculação entre justiça social, racial, ética, educação.

REFERÊNCIAS

AIRES, S. Corpos marcados para morrer. *Revista Cult*, n. 240, 2018, p. 29-32.

ALEXANDER, M. *El color de la justicia*: la nueva segregación racial en Estados Unidos. Madri: Capitán Swing, 2014.

ARROYO, M. Paulo Freire: outro paradigma pedagógico? *Educação em Revista*, vol. 35, 2019. Belo Horizonte.

_____. Reafirmação das lutas pela educação em uma sociedade desigual? *Educação & Sociedade*, vol. 39, n. 145, 2018, p. 1.098-1.117. Campinas.

_____. *Passageiros da noite: do trabalho para a EJA* – Itinerários pelo direito a uma vida justa. Petrópolis: Vozes, 2017.

ARROYO, M.; VIELLA, M.A.L. & SILVA, M.R. (orgs.). *Trabalho-infância: exercícios tensos de ser criança* – Haverá espaço na Agenda Pedagógica? Petrópolis: Vozes, 2015a.

ARROYO, M. O direito à educação e a nova segregação social e racial – Tempos insatisfatórios? *Educação em Revista*, vol. 31, 2015b, p. 15-47.

_____. O humano é viável? É educável? *Revista Pedagógica*, vol. 17, 2015c, p. 21-40.

_____. Corpos precarizados que interrogam nossa ética profissional. In: ARROYO, M. & SILVA, M.R. (orgs.). *Corpo-infância: exercícios tensos de ser crianças* – Por outras pedagogias dos corpos. Petrópolis: Vozes, 2012a, p. 23-54.

ARROYO, M. & SILVA, M.R. (orgs.). *Corpo-infância*: *exercícios tensos de ser crianças* – Por outras pedagogias dos corpos. Petrópolis: Vozes, 2012b.

ARROYO, M. O direito a tempos-espaços de um justo e digno viver. In: MOLL, J. (org.). *Caminhos da educação integral no Brasil*: direito a outros tempos e espaços educativos. Porto Alegre: Artmed, 2012c.

_____. *Outros sujeitos, outras pedagogias*. Petrópolis: Vozes, 2012d.

_____. *Currículo, território em disputa.* Petrópolis: Vozes, 2011.

_____. Educação do campo: movimentos sociais e formação docente. In: SOARES, L. et al. (orgs.). *Convergências e tensões no campo da formação e do trabalho docente.* Belo Horizonte: Autêntica, 2010.

_____. *Imagens quebradas*: trajetórias e tempos de alunos e mestres. Petrópolis: Vozes, 2004.

_____. Pedagogias em movimento: o que temos a aprender dos movimentos sociais? *Currículo sem Fronteiras*, vol. 3, 2003, p. 28-49.

_____. *Ofício de mestre*: imagens e autoimagens. Petrópolis: Vozes, 2000.

BAUMAN, Z. *Vida em fragmentos*: sobre ética pós-moderna. Rio de Janeiro: Zahar, 2011.

_____. *Vidas desperdiçadas*. Rio de Janeiro: Zahar, 2005.

BENJAMIN, W. *Magia e técnica, arte e política*: ensaios sobre literatura e história da cultura. São Paulo: Brasiliense, 1994.

BUTLER, J. *Corpos em aliança e a política das ruas* – Notas sobre uma teoria performativa de assembleia. Rio de Janeiro: Civilização Brasileira, 2018a.

_____. Pode-se levar uma vida boa em uma vida ruim? *Cadernos de Ética e Filosofia Política*, n. 33, 2018b, p. 213-229. São Paulo [Trad. Aléxia Cruz Bretas].

_____. *Vida precaria*: el poder del duelo y la violencia. Buenos Aires: Paidós, 2006.

CALDART, R.S. Educação do campo. In: CALDART, R.S. et al. (orgs.). *Dicionário da Educação do Campo*. Rio de Janeiro/São Paulo: Escola Politécnica de Saúde Joaquim Venâncio/Expressão Popular, 2012.

CALDART, R.S. et al. (orgs.). *Dicionário da Educação do Campo*. Rio de Janeiro/São Paulo: Escola Politécnica de Saúde Joaquim Venâncio/Expressão Popular, 2012.

CASTRO, J. *Geografia da fome* – A fome no Brasil. Rio de Janeiro: O Cruzeiro, 1946.

DAVIS, M. *Planeta Favela*. São Paulo: Boitempo, 2006.

DIAS, M.S.A. *Para estes meninos e meninas, qual docência?* Belo Horizonte: Faculdade de Educação/UFMG, 2018 [Tese de doutorado].

FREIRE, P. *Pedagogia da indignação*: cartas pedagógicas e outros escritos. São Paulo: Unesp, 2000.

_____. *Pedagogia do oprimido*. 17. ed. Rio de Janeiro: Paz e Terra, 1987.

GENTILI, P. & FRIGOTTO, G. (orgs.). *A cidadania negada* – Políticas de exclusão na educação e no trabalho. 4. ed. São Paulo/Buenos Aires: Cortez/ Clacso, 2008.

GOMES, N.L. *O Movimento Negro Educador*. Petrópolis: Vozes, 2017.

LÉVINAS, E. *Totalidad e infinito*: ensayo sobre la exterioridad. Salamanca: Sígueme, 1995.

MANÇANO, B. Movimento de Trabalhadores Rurais Sem Terra (MST). In: CALDART, R.S. et al. (org.). *Dicionário da Educação do Campo*. Rio de Janeiro/São Paulo: Escola Politécnica de Saúde Joaquim Venâncio/Expressão Popular, 2012.

MARICATO, E. Posfácio. In: DAVIS, M. *Planeta Favela*. São Paulo: Boitempo, 2006.

PALUDO, C. & DARON, V.L.P. Movimento de Mulheres Camponesas (MMC Brasil). In: CALDART, R.S. et al. (orgs.). *Dicionário da Educação do Campo*. Rio de Janeiro/São Paulo: Escola Politécnica de Saúde Joaquim Venâncio/Expressão Popular, 2012.

QUIJANO, A. *Cuestiones y horizontes*: de la dependencia histórico-estructural a la colonialidad/descolonialidad del poder. Buenos Aires: Clacso, 2014.

_____. Colonialidade do poder e classificação social. In: SANTOS, B.S. & MENEZES, M.P. (orgs.). *Epistemologias do Sul*. São Paulo: Cortez, 2010.

RIZZINI, I. *A arte de governar crianças*. São Paulo: Cortez, 2009.

SANTOS, B.S. & MENEZES, M.P. (orgs.). *Epistemologias do Sul*. São Paulo: Cortez, 2010.

SANTOS, M. *Território, globalização e fragmentação*. São Paulo: Hucitec, 2009.

VIELLA, M.A.L. & VENDRAMINI, C.R. Consumindo corpos infantis e juvenis: o intrincado fenômeno da exploração sexual e comercial de crianças e jovens. In: ARROYO, M. & SILVA, M.R. (orgs.). *Corpo-infância: exercícios tensos de ser criança* – Por outras pedagogias dos corpos. Petrópolis: Vozes, 2012, p. 81-102.

CULTURAL
Administração
Antropologia
Biografias
Comunicação
Dinâmicas e Jogos
Ecologia e Meio Ambiente
Educação e Pedagogia
Filosofia
História
Letras e Literatura
Obras de referência
Política
Psicologia
Saúde e Nutrição
Serviço Social e Trabalho
Sociologia

CATEQUÉTICO PASTORAL
Catequese
Geral
Crisma
Primeira Eucaristia

Pastoral
Geral
Sacramental
Familiar
Social
Ensino Religioso Escolar

TEOLÓGICO ESPIRITUAL
Biografias
Devocionários
Espiritualidade e Mística
Espiritualidade Mariana
Franciscanismo
Autoconhecimento
Liturgia
Obras de referência
Sagrada Escritura e Livros Apócrifos

Teologia
Bíblica
Histórica
Prática
Sistemática

REVISTAS
Concilium
Estudos Bíblicos
Grande Sinal
REB (Revista Eclesiástica Brasileira)

VOZES NOBILIS
Uma linha editorial especial, com importantes autores, alto valor agregado e qualidade superior.

PRODUTOS SAZONAIS
Folhinha do Sagrado Coração de Jesus
Calendário de mesa do Sagrado Coração de Jesus
Almanaque Santo Antônio
Agendinha
Diário Vozes
Meditações para o dia a dia
Encontro diário com Deus
Guia Litúrgico

VOZES DE BOLSO
Obras clássicas de Ciências Humanas em formato de bolso.

CADASTRE-SE
www.vozes.com.br

EDITORA VOZES LTDA.
Rua Frei Luís, 100 – Centro – Cep 25689-900 – Petrópolis, RJ
Tel.: (24) 2233-9000 – Fax: (24) 2231-4676 – E-mail: vendas@vozes.com.br

UNIDADES NO BRASIL: Belo Horizonte, MG – Brasília, DF – Campinas, SP – Cuiabá, MT
Curitiba, PR – Fortaleza, CE – Juiz de Fora, MG – Petrópolis, RJ – Recife, PE – São Paulo, SP